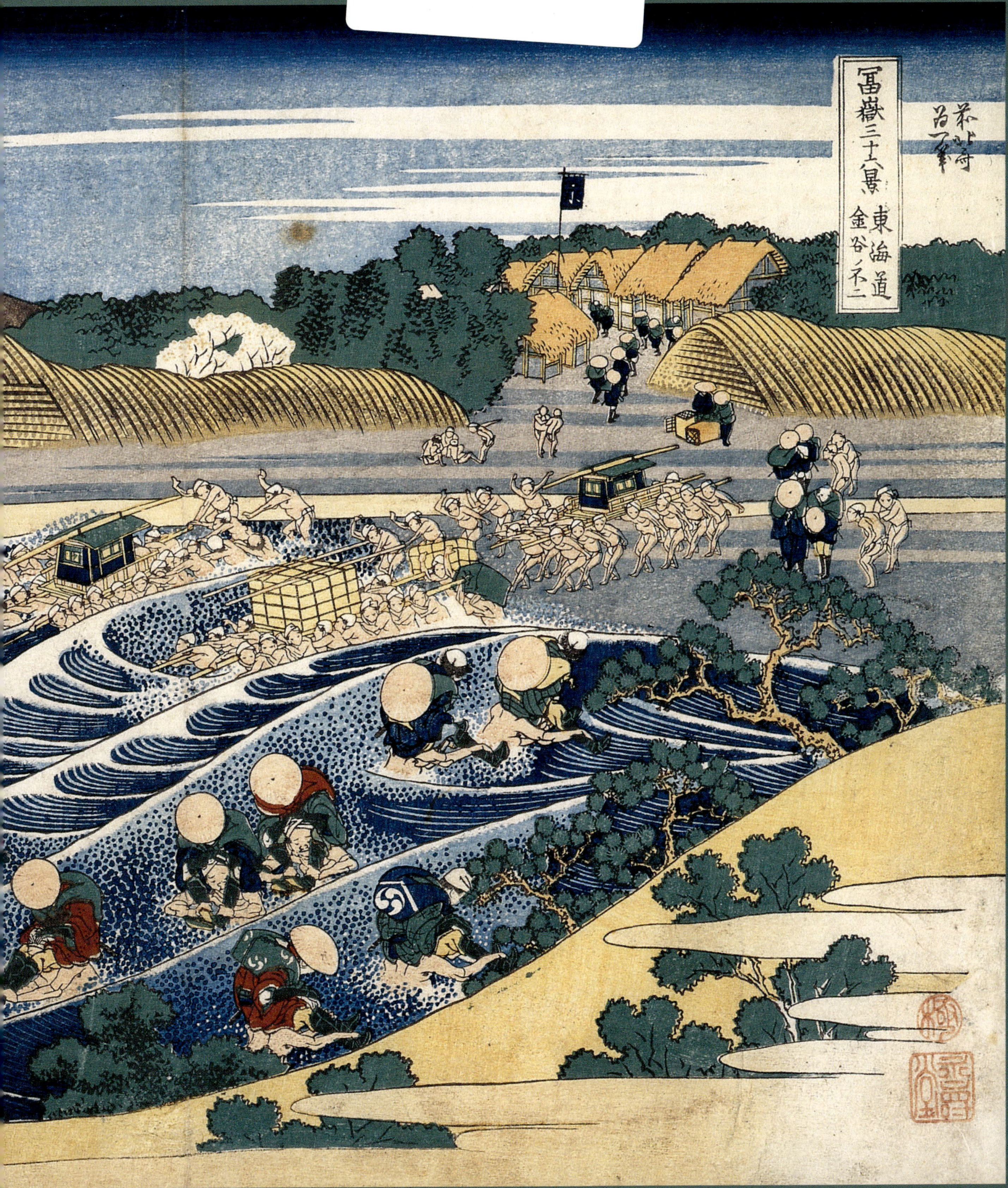
冨嶽三十六景
東海道
金谷ノ不二

HOKUSAI, L'ÂME DU

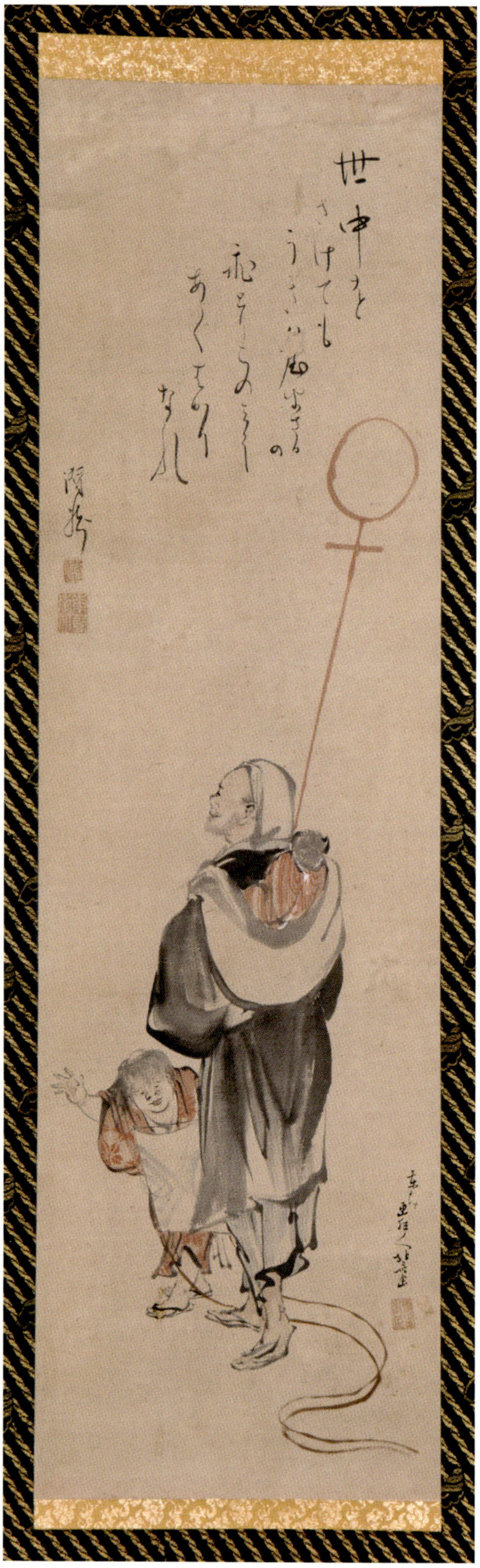

ARTISTE PRODIGIEUX, PEINTRE, DESSINATEUR, GRAVEUR, ILLUSTRATEUR, HOKUSAI EST DEVENU CÉLÈBRE POUR SES MULTIPLES VUES DU MONT FUJI. CONÇUE EN DEUX TEMPS, L'EXPOSITION ORGANISÉE AU GRAND PALAIS PRÉSENTE 500 ŒUVRES EXCEPTIONNELLES, DONT UNE GRANDE PARTIE NE QUITTERA PLUS LE JAPON À COMPTER DE L'OUVERTURE DE L'INSTITUT HOKUSAI, À TOKYO, AU PRINTEMPS 2015.

Rencontre avec Laure Dalon, conservateur, adjointe au directeur scientifique de la Réunion des musées nationaux-Grand Palais, co-commissaire de l'exposition avec Seiji Nagata, directeur du Katsushika Hokusai Museum of Art de Tsuwano, au Japon.

PROPOS RECUEILLIS PAR JEANNE FOUCHET-NAHAS

Ci-contre :
Montreur de singes,
vers 1801-1804, encre de Chine et couleurs légères sur papier, 88,6 x 26 cm, Paris, musée Guimet.

Page de droite :
Pêcheur,
vers 1818-1830, *surimono*, 20,6 x 17,4 cm, Tokyo, Sumida City.

Qu'est-ce qui a présidé à la réalisation de cette exposition ?

Laure Dalon. Seiji Nagata, un des plus grands spécialistes de Hokusai, est le maître d'œuvre de cette exposition monographique de grande ampleur qui couvre la totalité de la vie de l'artiste dont il reste, malgré son immense célébrité, beaucoup de choses à découvrir. Nous présentons des œuvres qui ont été rarement montrées, provenant de collections japonaises, notamment celles du Katsushika Hokusai Museum of Art, mais aussi de grands musées tels le British Museum à Londres, le Metropolitan Museum of Art à New York, plusieurs musées d'Allemagne et de Belgique, ainsi que le musée Guimet à Paris.
Aux côtés des grandes séries d'estampes, la vraie surprise de l'exposition ce sont les peintures, peu connues, moins faciles d'accès, qui proviennent pour l'essentiel de collections japonaises. Les livres illustrés constituent un autre volet très important de l'exposition, particulièrement les *Manga,* sa grande anthologie de recueils à laquelle une salle entière est dédiée. Pour la première fois sont présentés plusieurs exemplaires de chacun de ces quinze volumes, qui offrent une idée assez large de l'extraordinaire capacité d'invention et de renouvellement

JAPON

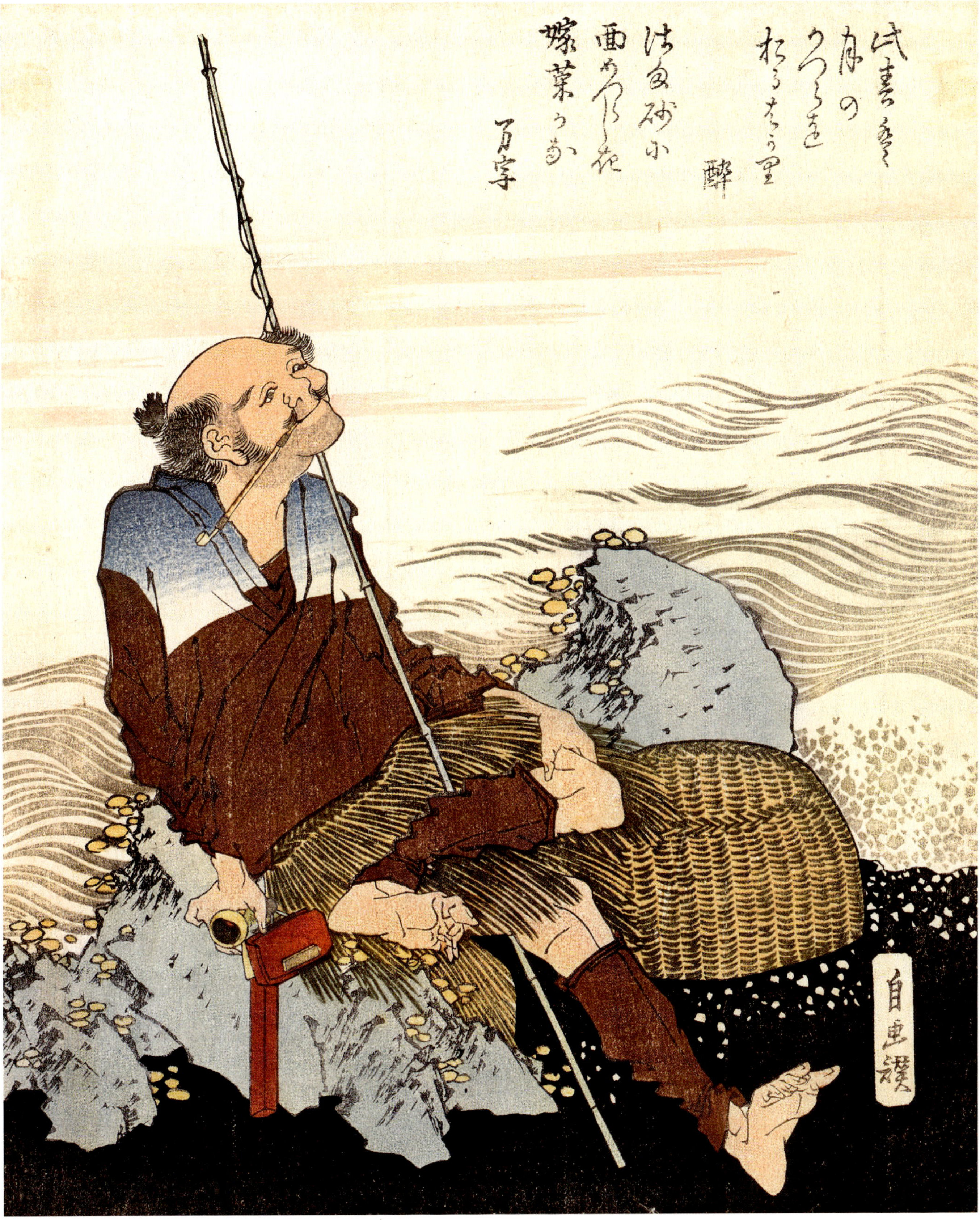

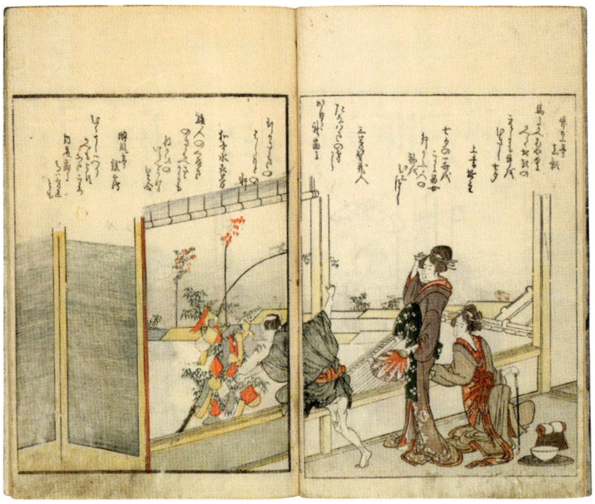

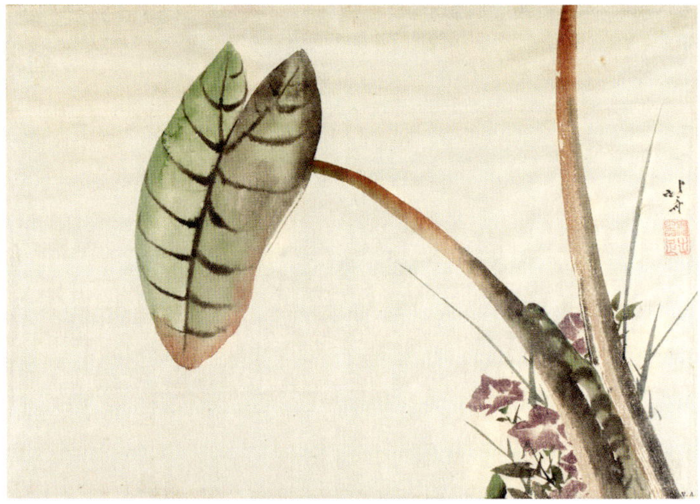

Ci-dessus, à gauche :
Poèmes burlesques : d'une montagne l'autre,
1804, livre de *kyôka*, format *ôban*,
3 volumes, signature : « Hokusai ga », Tsuwano, Katsushika Hokusai Museum of Art.

Ci-dessus, à droite :
Album de peintures,
série *Grandes Fleurs*, vers 1808-1809,
un volume sur papier, signature : « Hokusai », Londres, Victoria and Albert Museum.

Page de droite :
Fleurs du troisième mois, série *Saynètes improvisées au quartier des plaisirs*,
vers 1790- 1792, estampe *nishiki-e*, format *chûban*,
22 x 16 cm, signature : « Shunrô ga », Tsuwano, Katsushika Hokusai Museum of Art.

de l'artiste qui, toute sa vie, a illustré des livres. Cet aspect de l'œuvre a fait l'objet de longues recherches que Seiji Nagata a consignées dans un texte publié dans le catalogue de l'exposition.
Un autre défi de l'exposition a précisément été la publication de ce catalogue, qui devrait devenir un ouvrage de référence. L'une des exigences de Seiji Nagata était de reproduire toutes les œuvres exposées – plus de cinq cents au total –, y compris *Dans le creux d'une vague au large de Kanagawa* en trois versions, car trois tirages différents seront exposés à tour de rôle durant le temps de l'exposition.

Vous avez privilégié un parcours chronologique plutôt que thématique.

L. D. Notre but est de montrer toutes les facettes du travail de cet artiste qui a eu une très longue vie et une très longue carrière, ponctuée d'au moins six grandes périodes de création. Hokusai a changé d'identités et de signatures à de nombreuses reprises – nous insistons particulièrement sur les périodes dites Shunrô, Sôri, Hokusai, Taito, Iitsu et Gakyô Rôjin Manji. À chaque nouvelle étape, son style évolue, il s'intéresse à certains sujets plus qu'à d'autres à des moments particuliers. Il était donc logique, pour ne pas dire indispensable, de suivre le fil de sa vie.

Quelle place accordez-vous aux liens de Hokusai avec l'Occident ?

L. D. La France a joué un rôle majeur dans la postérité de Hokusai en Occident. Notamment Edmond de Goncourt qui a laissé une biographie très documentée. Les Français ont fait de Hokusai un génie à une époque où il n'était pas du tout considéré comme tel par ses compatriotes, qui voyaient surtout en lui un artisan illustrateur de littérature populaire, dont les estampes se réduisaient souvent à des objets commerciaux. Hokusai a proposé une synthèse séduisante entre les traditions japonaises et les influences occidentales, c'est une des raisons pour lesquelles des artistes comme Pierre Bonnard, Paul Gauguin, Vincent van Gogh ou Claude Monet se sont sentis aussi proches de son travail. L'Europe du dernier tiers du XIXe siècle a connu une véritable révolution du regard. Il était donc important d'évoquer le japonisme et le regard posé sur le travail de Hokusai dans ce contexte. La première salle de l'exposition fait ainsi office d'introduction au parcours monographique, évoquant par une sélection de quelques ouvrages et objets d'art la manière dont les Français ont découvert Hokusai et dont les artistes français ont utilisé ce répertoire de motifs nouveaux. On trouve ainsi, par exemple, dans des recueils d'ornements ou sur des objets signés Gallé, une même grenouille empruntée au premier carnet de *Hokusai manga*, ou, interprétée de maintes façons, la célèbre vague sur des imprimés, des vases ou des assiettes de l'époque.

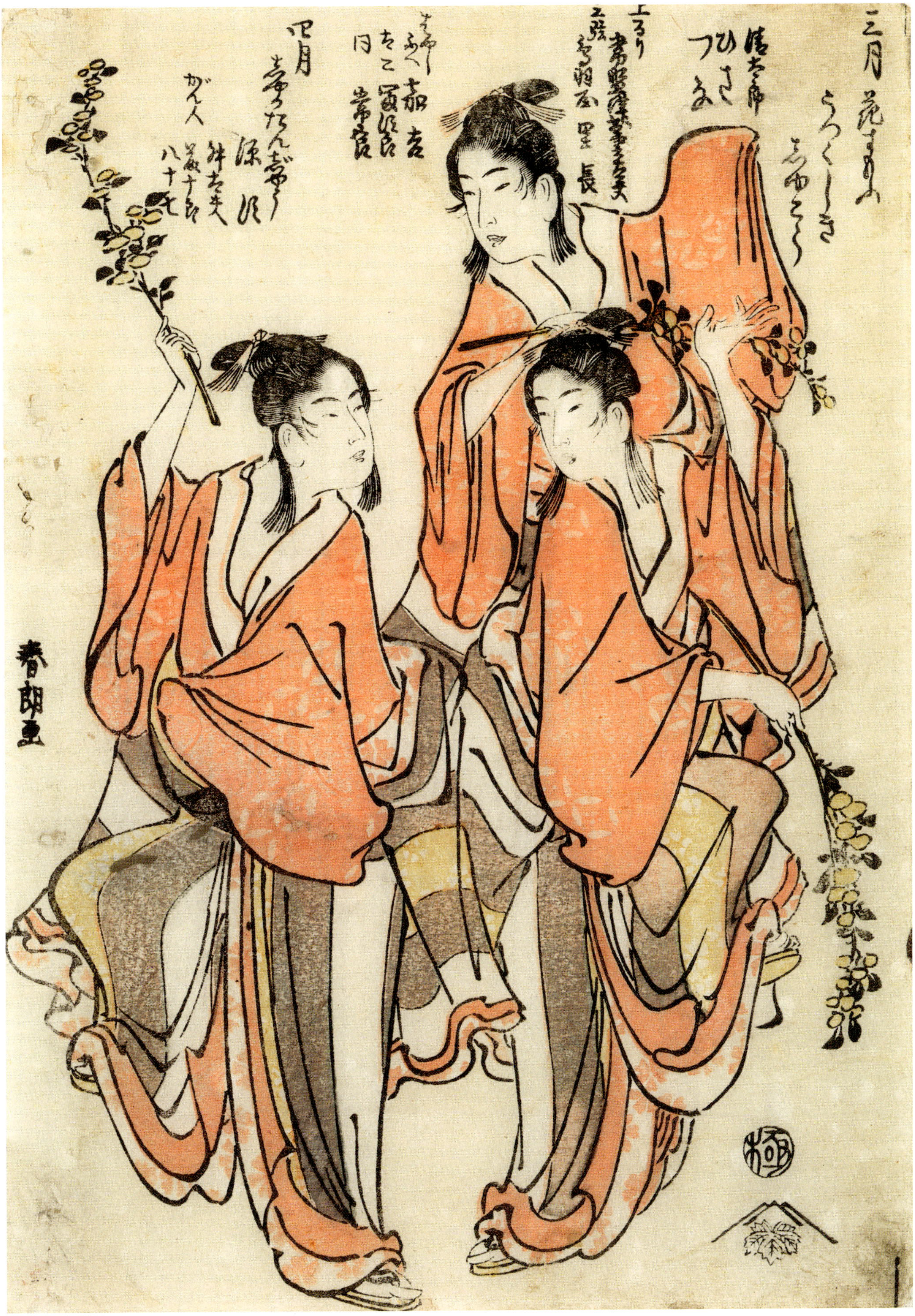
春朗画
極

LES SIX VIES

SIX VIES, SIX NOMS : HOKUSAI A CHANGÉ DE STYLE ET DE NOM AVEC UNE AISANCE SANS PAREILLE, DE SHUNRÔ, SÔRI, HOKUSAI, TAITO, IITSU À CELUI DE GAKYÔ RÔJIN MANJI. LE DESTIN A ACCORDÉ À CE GÉNIE « FOU DE DESSIN ET DE PEINTURE » UNE TRÈS LONGUE VIE, EMPLOYÉE À LA RECHERCHE DU TRAIT JUSTE, DANS UNE INFINIE DIVERSITÉ DE STYLES ET DE SUPPORTS.

PAR VALÉRIE BOUGAULT

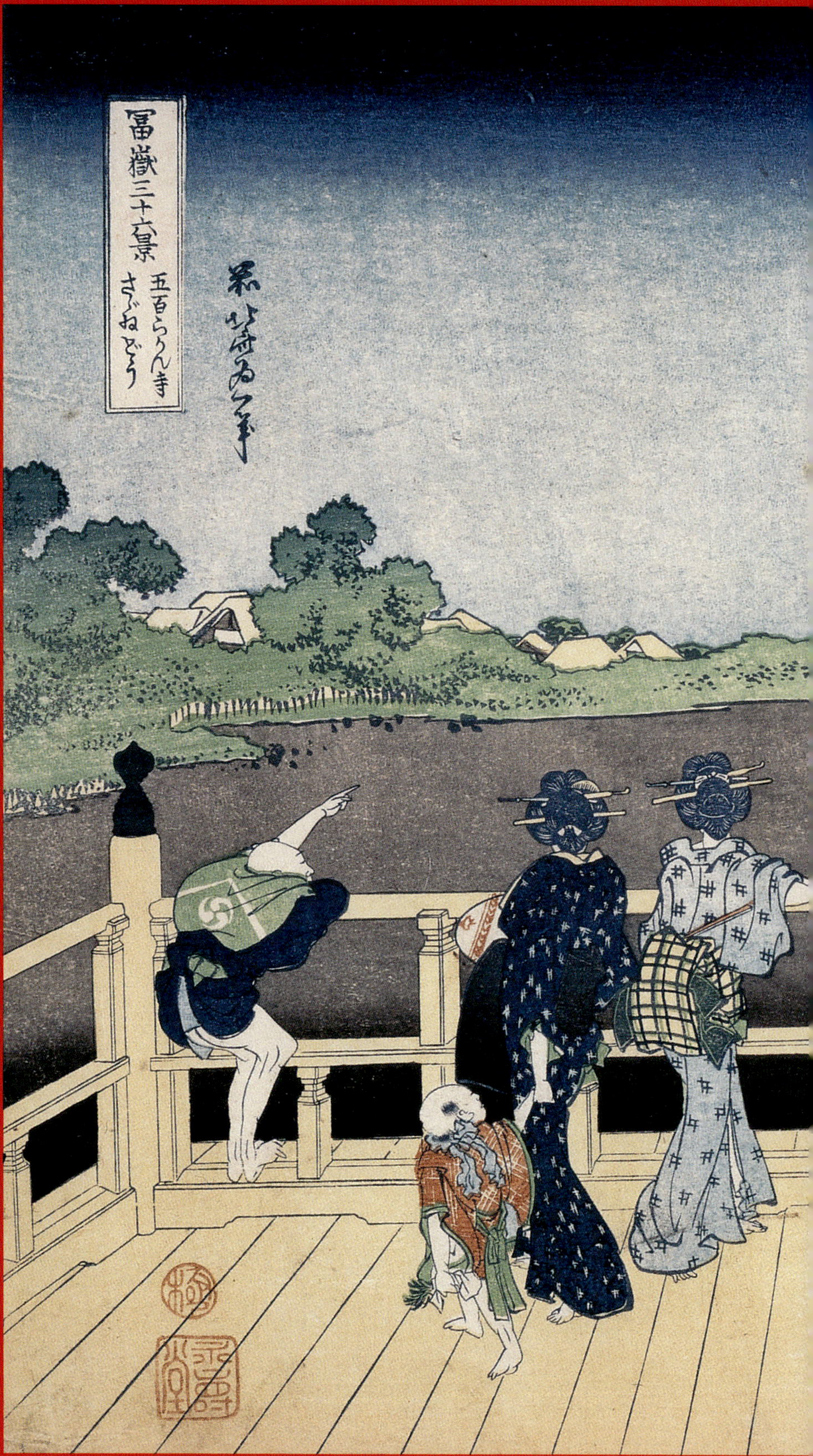

Le Pavillon du turbo cornu au Gohyakurakan-ji (monastères des Cinq Cents Grands Disciples, série *Trente-Six Vues du mont Fuji*, vers 1830-1834, estampe *nishiki-e*, format *ôban*, 25,6 x 38,5 cm, signature : « Saki no Hokusai Iitsu hitsu », Tsuwano, Katsushika Hokusai Museum of Art.

DE HOKUSAI

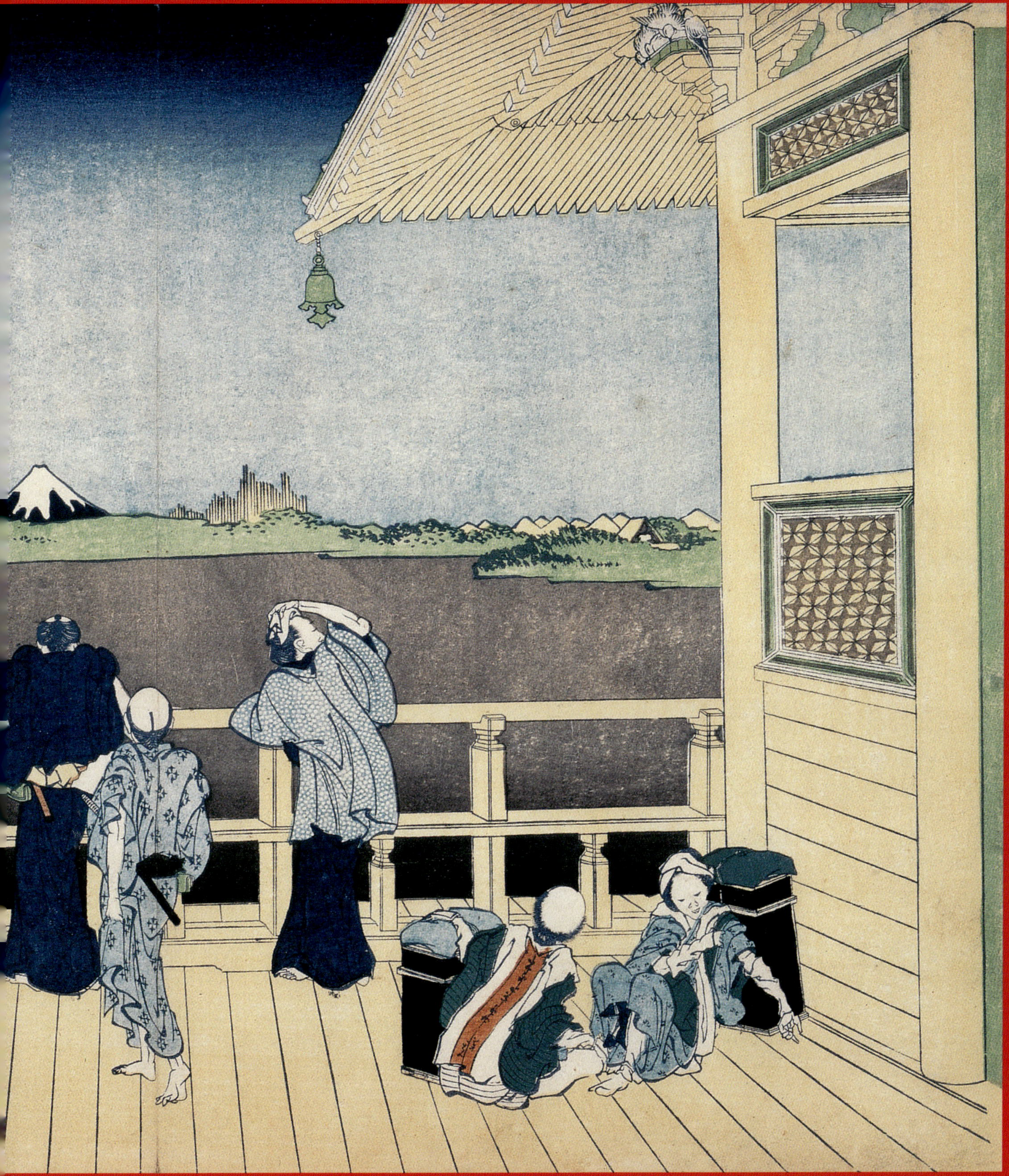

SHUNRÔ (1778-1794)

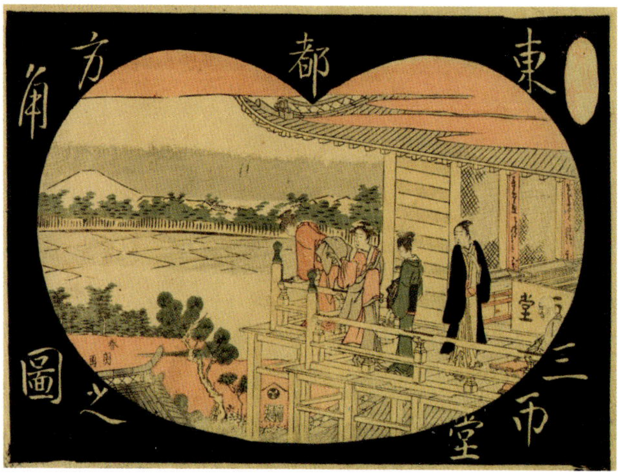

Ci-dessus :
Le Pavillon du turbo cornu,
série *Sites à la mode dans les quatre directions de la capitale de l'Est,*
vers 1785-1787, estampe *nishiki-e,* format *chûban,*
19 x 25,5 cm,
signature : « Shunrô ga »,
Japon, collection particulière.

Ci-dessous :
Vendeur de boissons fraîches,
vers 1793-1794,
surimono, 18,2 x 49,6 cm,
signature : « Kusamura Shunrô ga (Kaô) »,
Tsuwano, Katsushika Hokusai Museum of Art.

Il est sans doute malaisé pour un esprit occidental de comprendre qu'à un seul individu peuvent s'attacher des dizaines de noms. On ne devrait pourtant pas s'en étonner dans un pays, le Japon, où chaque changement de règne entraîne le choix d'une nouvelle appellation. Pourquoi celui d'un patronyme ne serait-il pas également variable selon les circonstances, infiniment diverses, qui traversent toute une vie ?
C'est le cas de celui que la postérité a fini par désigner sous le nom de Hokusai (1760-1849) et dont on estime qu'il a pu porter plus d'une centaine de noms : Tokitarô à 3 ans, Tetsuzô à 9, Tatsumasa, Katsushika, et ainsi de suite jusqu'à l'un des derniers, et sûrement son favori, Gakyôjin Hokusai, le « fou de dessin ». Presque un nom par année de vie, avancent certains historiens, d'une vie qui avoisine 90 ans et a produit pas loin de trente mille dessins, dont l'attribution, on l'imagine, n'est pas toujours aisée... La profusion, la vitalité, l'inventivité sont indissociables de la vie de Hokusai qui éprouvait le besoin d'abandonner son nom ancien lorsqu'il changeait de genre, comme on se dépouille d'un manteau usagé, passant de l'estampe de théâtre aux livres illustrés, puis aux gravures de vœux, aux paysages ou aux manuels

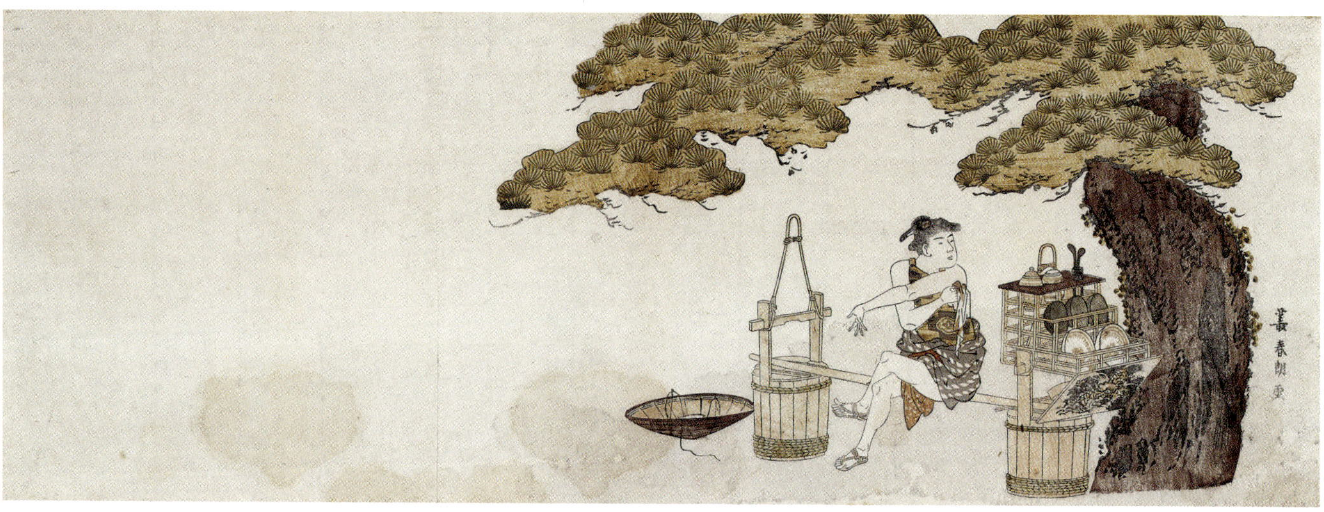

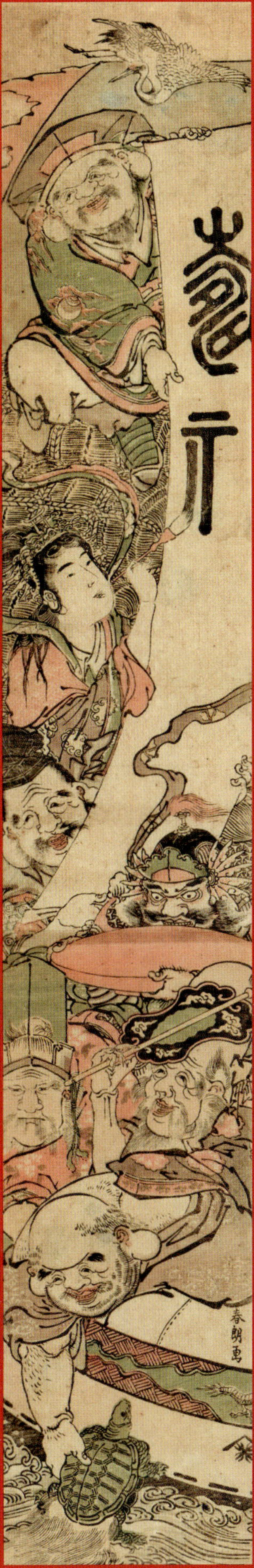

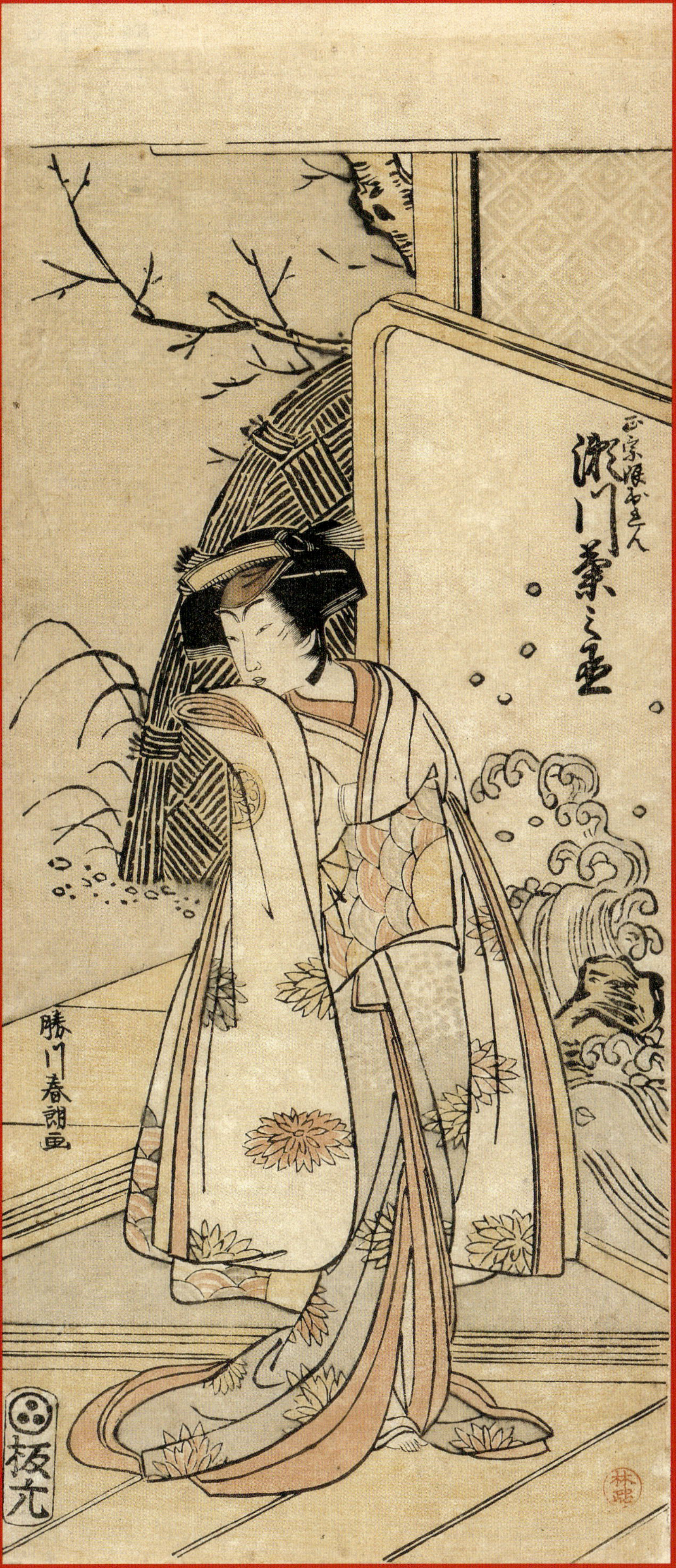

À gauche :
Les Sept Divinités du bonheur sur la nef aux trésors, vers 1785- 1787, estampe *nishiki-e*, format *hashira-e*, 69,7 x 11,9 cm, signature : « Shunrô ga », Tsuwano, Katsushika Hokusai Museum of Art.

À droite :
L'Acteur Ôtani Hiroji dans le rôle du lutteur de sumô Nuregami no Chôgorô, 1789, estampe *nishiki-e*, format *hosoban*, 28 x 13 cm, signature : « Shunrô ga », Japon, collection particulière.

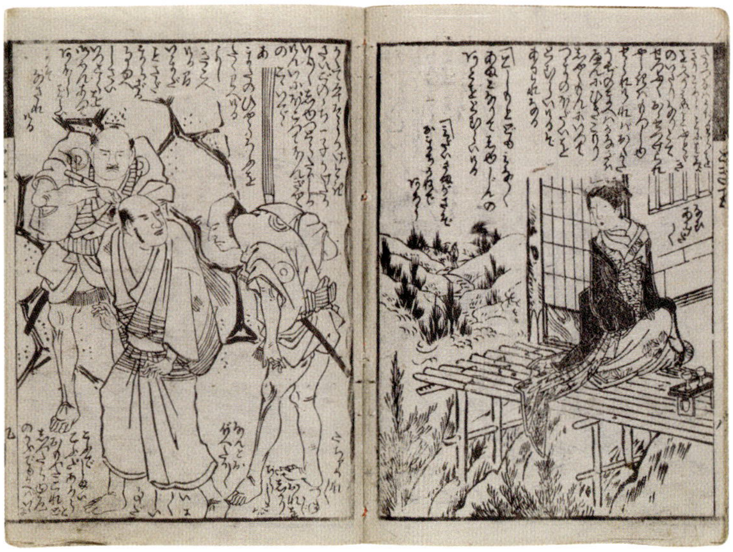

techniques, les extraordinaires *Manga*. Quelques-uns d'entre eux, cependant, correspondent à six étapes importantes de sa carrière.

Son premier nom d'artiste, Shunrô, « l'éclat du printemps », il l'a reçu de son maître Katsukawa Shunshô (1726-1792), dans l'atelier duquel il est entré en 1778. Cet apprenti de 18 ans est probablement né le 31 octobre 1760, année du Dragon, dans le quartier de Honjô, à l'est d'Edo, l'ancien nom de Tokyo. Le district est aussi connu sous le nom de Katsushika, qui lui servira plus tard de patronyme. On ne sait rien de sa famille, si ce n'est qu'il a certainement été adopté par un miroitier au service du *shôgun*, vers l'âge de 3 ou 4 ans. Est-ce d'avoir été élevé dans une famille d'artisans qui façonne sa sensibilité artistique? Hokusai n'a pas écrit de mémoires, pourtant, à l'occasion de deux textes accompagnant ses œuvres, il note que sa *« passion sincère pour l'art »* s'est développée dès l'âge de 6 ans. À 13 ans, il est apprenti chez un xylographe, et, peut-être en même temps, commis chez un libraire, deux formations qui sont à la racine de son amour de la gravure et de la littérature classique.

Katsukawa Shunshô est un des maîtres reconnu de l'art de l'estampe, réputé pour ses portraits d'acteurs du *kabuki* et de belles femmes, les *bijin*. Le premier, il a su se démarquer des stéréotypes de ce genre d'images et rendre à ses modèles la particularité de leurs expressions physiques. Ce style expressif, qui lui vaut un grand succès, va imprégner le futur Hokusai. En cette fin du XVIIIe siècle, l'estampe, désormais entièrement polychrome, *nishiki-e*,

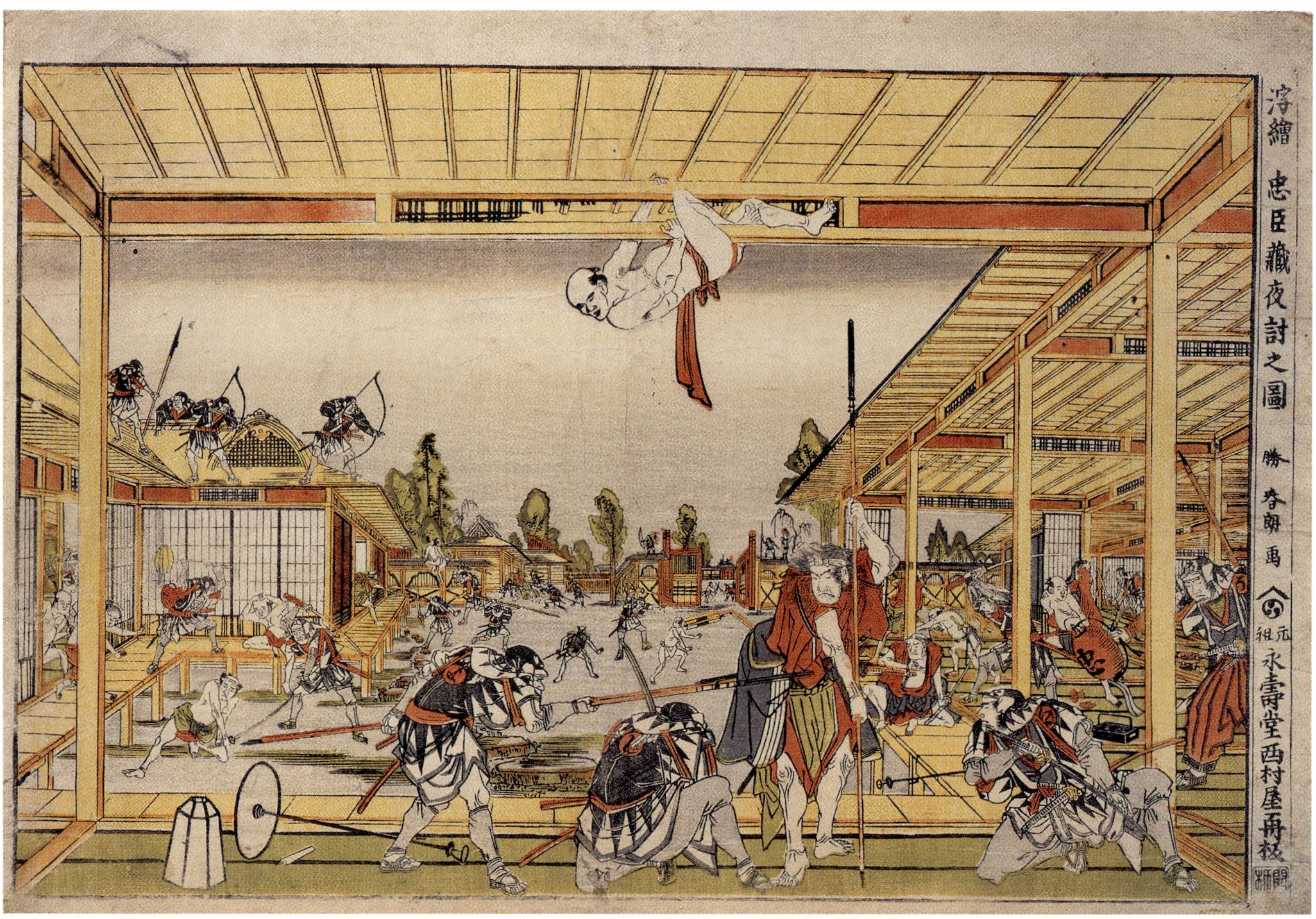

est devenue un art qui suscite un engouement extraordinaire dans toutes les classes sociales d'une société prospère. Appelée *ukiyo-e*, « image du monde flottant », elle cristallise, par son style vif et raffiné, l'esprit de ce monde de divertissement et de pur plaisir qu'on trouve dans les théâtres et les jardins d'Edo, la nouvelle capitale, et près des « maisons vertes » de Yoshiwara, le quartier des courtisanes.

Romans populaires et cartes de vœux

« Vivre seulement pour l'instant, contempler la lune, la neige, les cerisiers en fleur et les feuilles d'automne, aimer le vin, les femmes et les chansons, se laisser porter par le courant de la vie... », écrit le romancier Asai Ryôi, en 1661. Le jeune Shunrô débute modestement dans ce monde brillant : des estampes commerciales d'acteurs en bichromie, des illustrations de romans populaires, ces « livres à couverture jaune » ou *kibyôshi*, des cartes de vœux, qu'on appelle *surimono*. Quelques indices, cependant, permettent de penser que Shunrô a déjà été remarqué : un éditeur, Tsutaya, lui commande spécifiquement, en 1790, des estampes d'acteurs et des illustrations de programmes de théâtre...

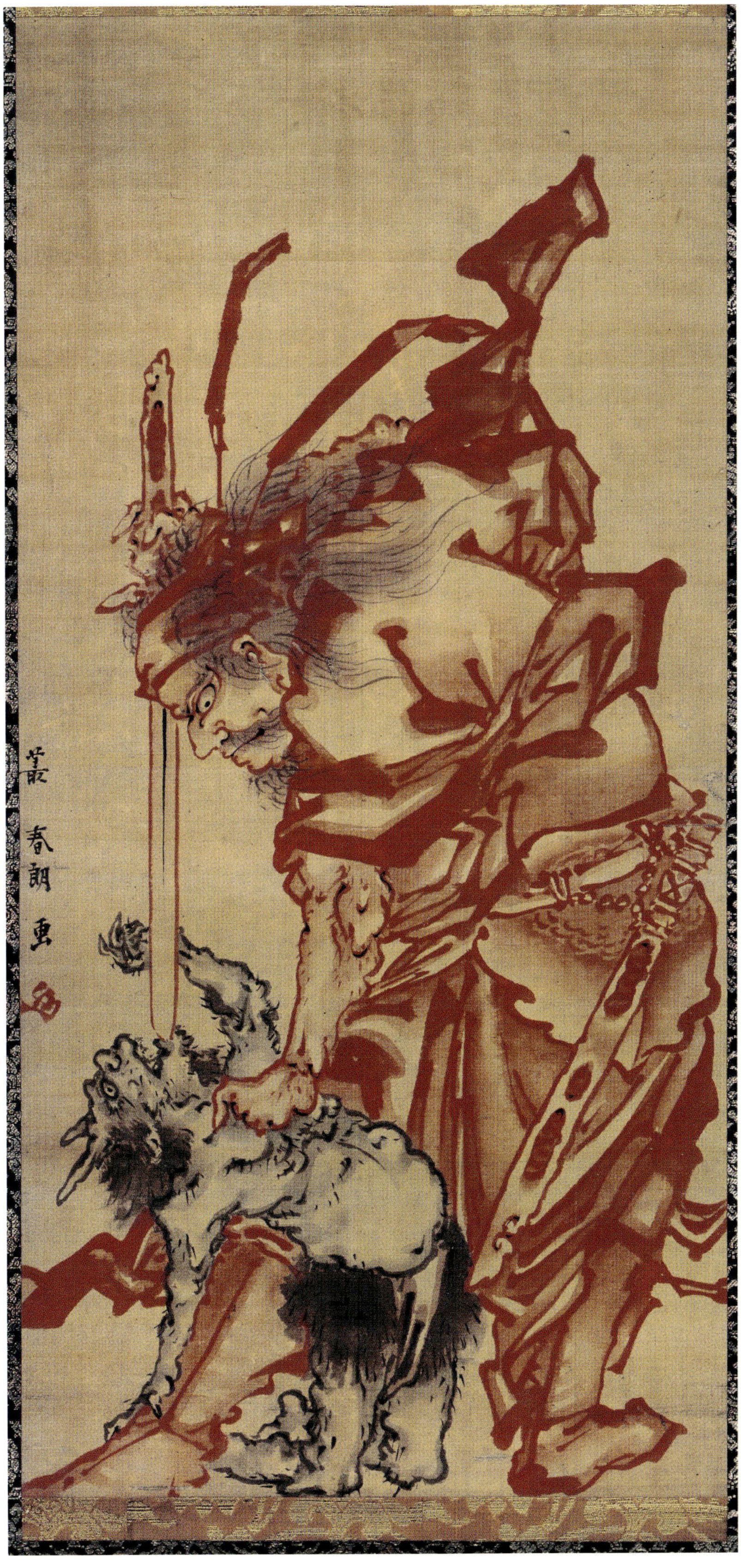

Page de gauche, en haut :
Plaisirs de ma demeure au mont Kamakura,
1786, livre *kibyôshi*, format *chûbon*, un volume, signature : « Gunbatei ga », Tsuwano, Katsushika Hokusai Museum of Art.

En bas :
Le Trésor des fidèles vassaux. L'Assaut nocturne,
série *Images flottantes*, vers 1781-1789, estampe *nishiki-e*, format *ôban*, 25,6 x 38 cm, signature : « Katsu Shunrô ga », Japon, collection particulière.

Ci-contre :
Zhong Kui l'Exorciste,
vers 1793-1794, *kakemono*, *kempon*, 53,6 x 26 cm, signature : « Kusamura Shunrô ga (Kaô) », Tsuwano, Katsushika Hokusai Museum of Art.

SÔRI (1794-1805)

Ci-dessous :
Le Fossé d'Ushigafuchi à Kudanzaka, vers 1804-1807, estampe *nishiki-e,* format *chûban,* 18 x 24,5 cm, signature : « Hokusai Egaku », Paris, Bibliothèque nationale de France.

Page de droite :
Sifflet de la cerise d'hiver, série *Sept Manies des jeunes femmes sans élégance,* 1801-1804, estampe *nishiki-e,* format *ôban,* 38,2 x 25,8 cm, signature : « Kakô-ga », États-Unis, collection particulière.

Le maître Sunshô meurt en 1793 et Shunrô quitte son atelier cette année-là, sans que l'on sache s'il a été congédié ou s'il est parti de son plein gré, après une querelle que la rumeur attribue à son caractère ombrageux et foncièrement indépendant. Reste que, très curieux des nouvelles techniques et modes d'expression – un trait de personnalité qui mérite d'être souligné dans un Japon totalement fermé à tout apport étranger depuis 1638 –, il s'est déjà intéressé à la perspective occidentale telle que l'utilisent les estampes de Toyoharu (1735-1814). Il est possible aussi qu'il ait suivi l'enseignement de Shiba Kôkan (1747-1818), peintre familier des Hollandais autorisés à accoster à Nagasaki. Entre 1793 et 1795, l'artiste doit faire face à de grandes difficultés, tant sur le plan personnel – sa femme meurt, le laissant seul avec trois enfants en bas âge – que professionnel, produisant peu d'œuvres signées Kusamura Shunrô. Mais, en 1795, Hokusai se voit proposer de prendre la direction de l'atelier de peinture de Tawaraya Sôri (actif entre 1760 et 1780). Il adopte le nom de Sôri II en hommage au maître.

Pour brève qu'elle soit, la période qui s'engage alors porte en germe l'évolution à venir de l'artiste. Il se détourne du monde de l'*ukiyo-e,* bien décidé à prouver qu'il peut développer une carrière de « vrai » peintre. Peut-être profite-t-il à ce moment-là des enseignements du style Kanô, école de peinture officielle du *shôgun,* inspirée de l'esthétique chinoise.

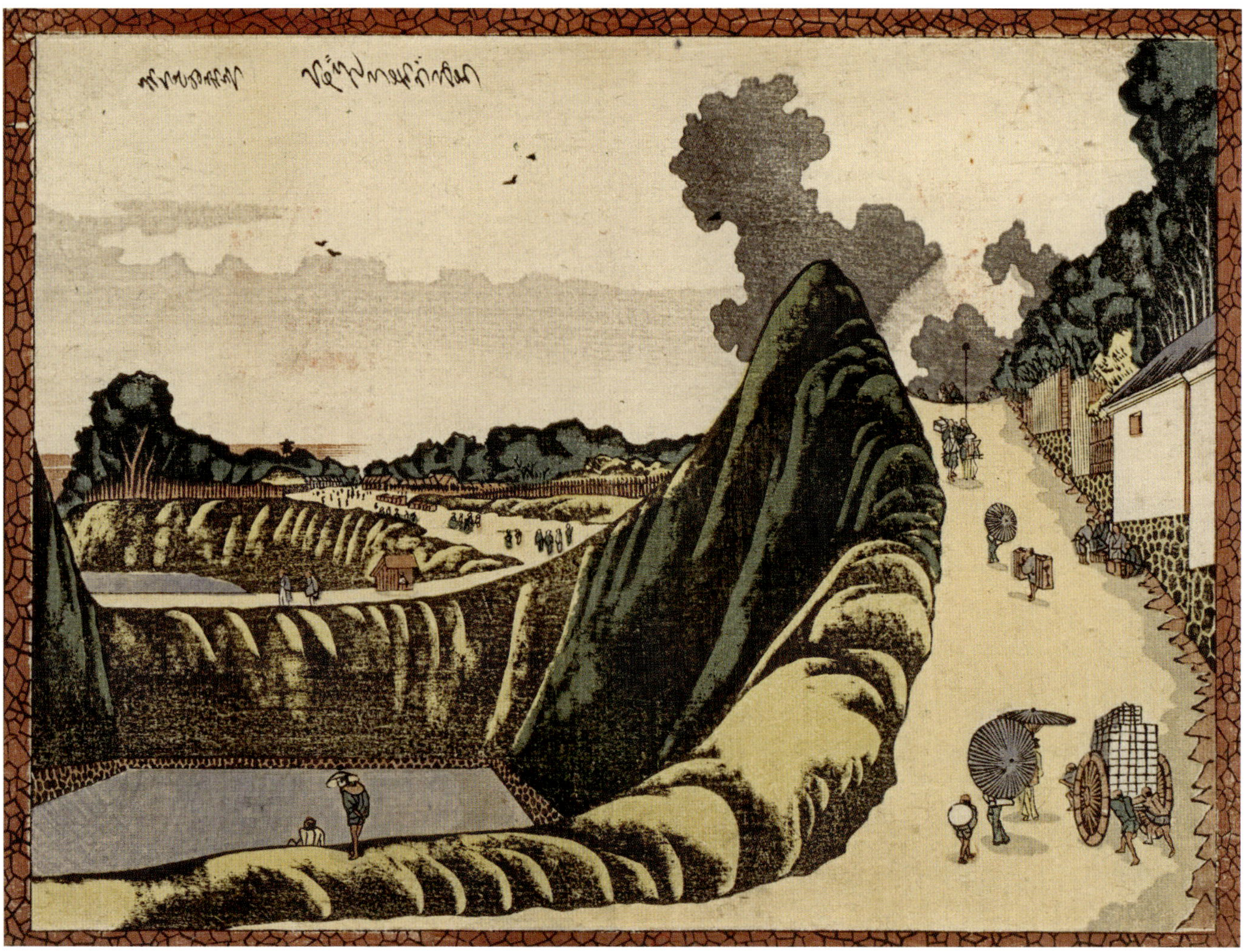

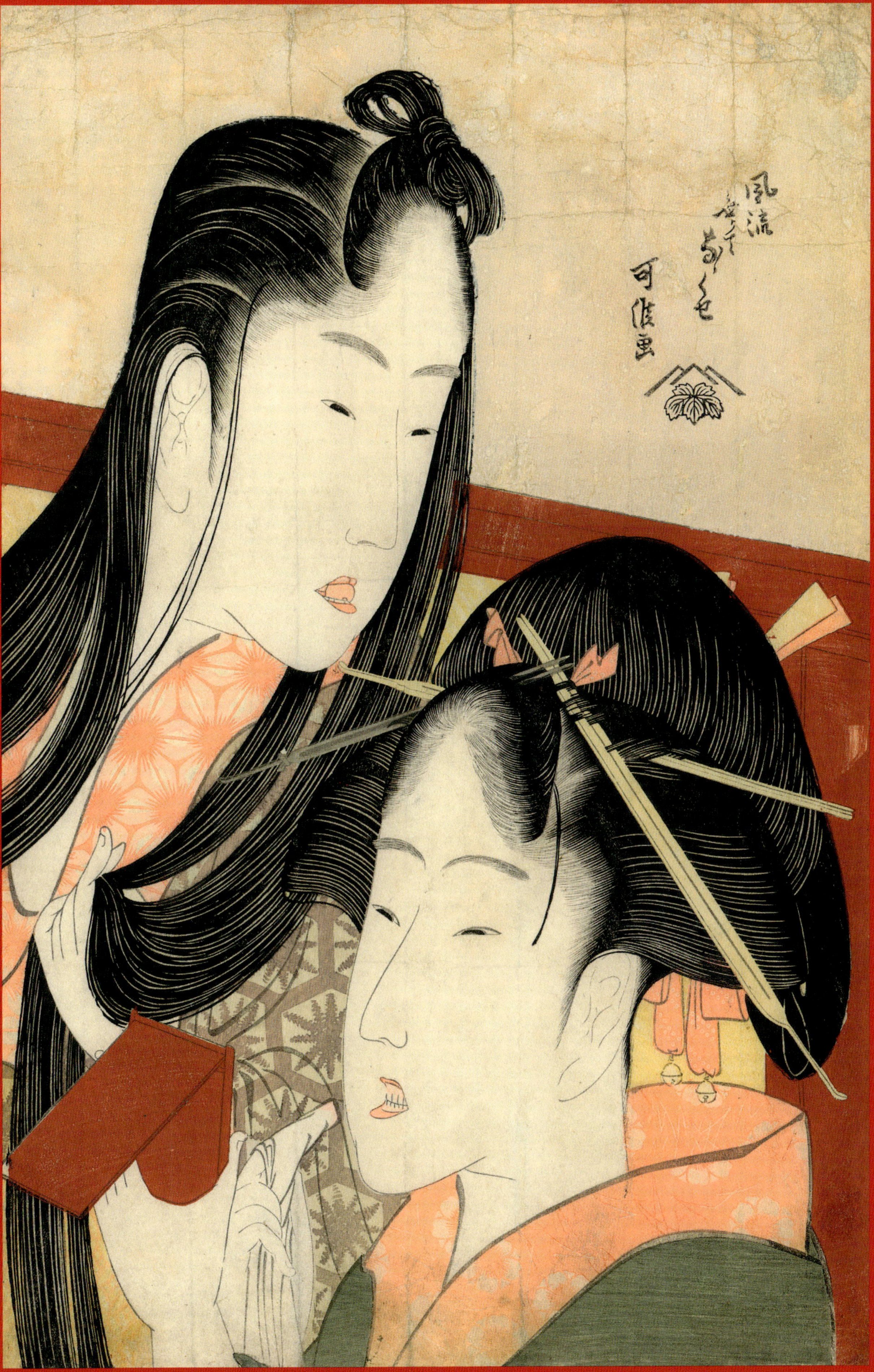
風流
可候画

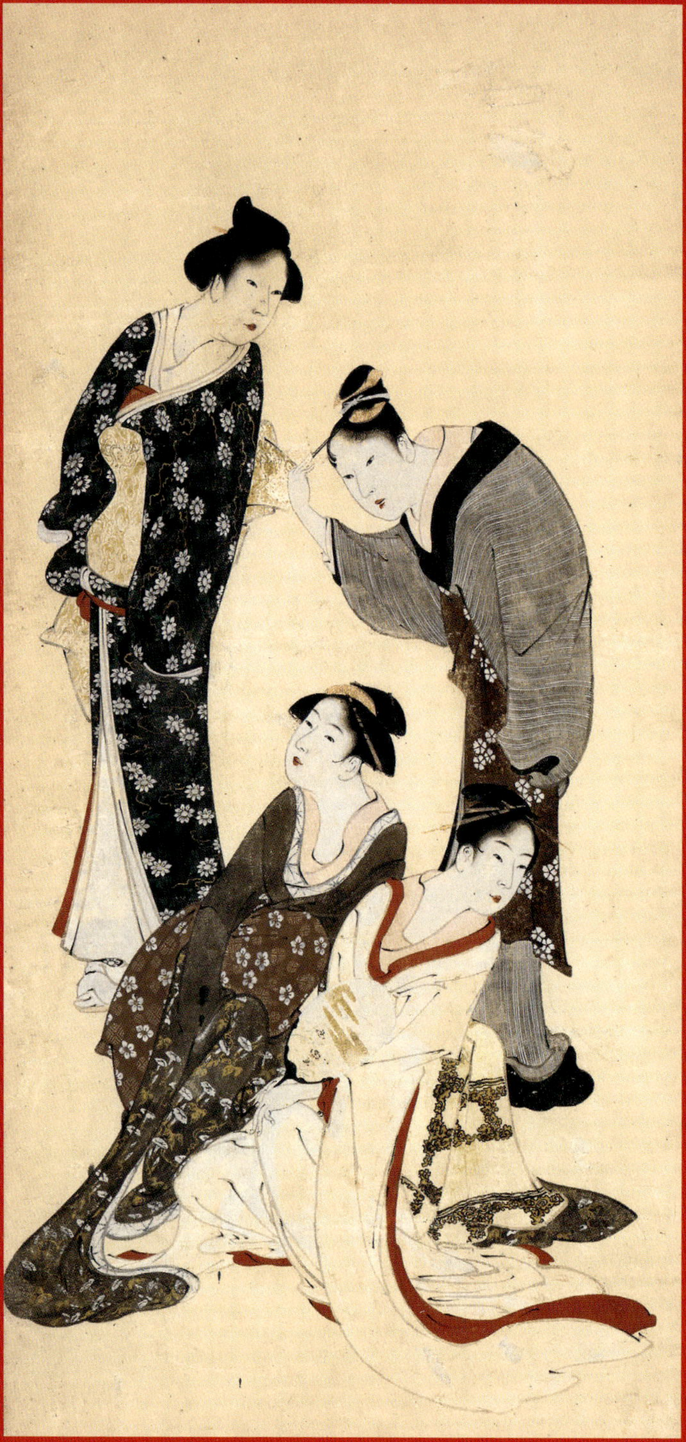
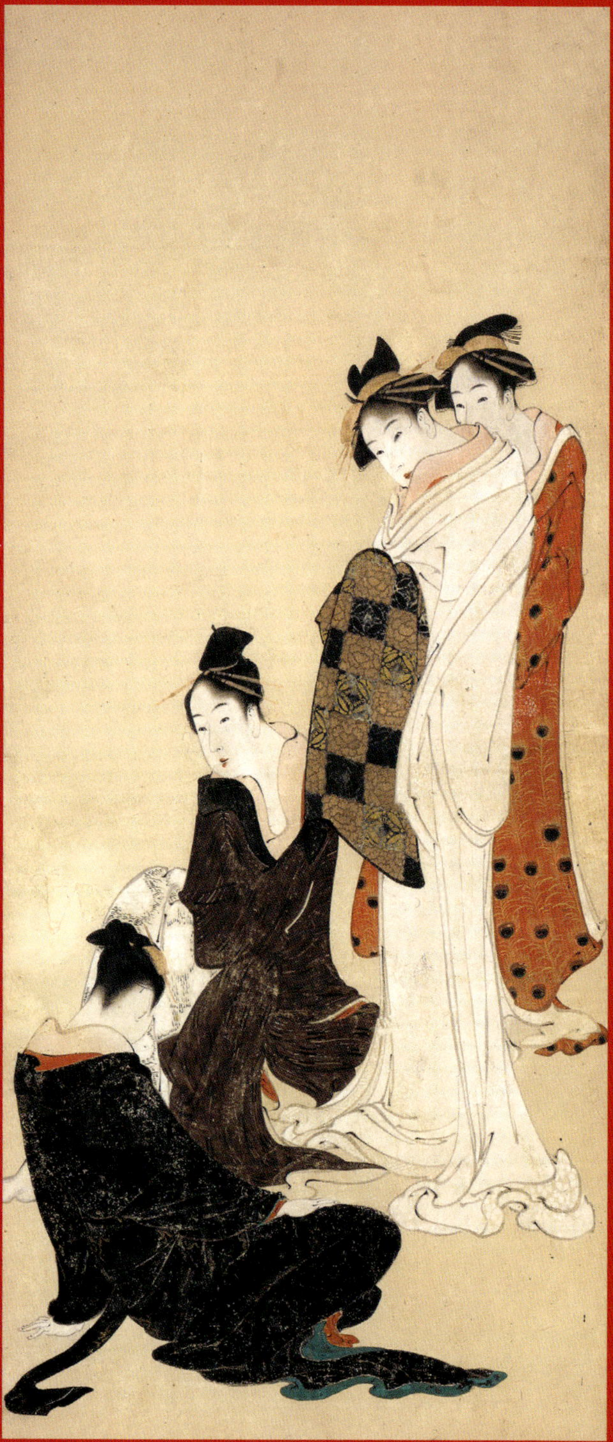

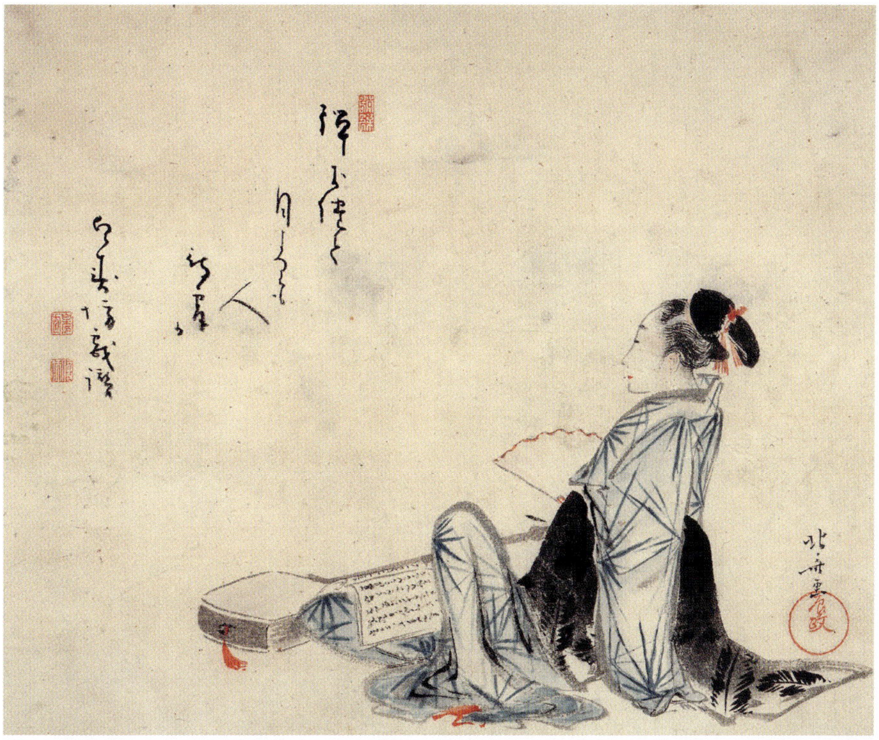

Page de gauche :
Tableau des mœurs féminines du temps, vers 1792-1794, *shihon,* diptyque, 107 x 52,7 cm, Tsuwano, Katsushika Hokusai Museum of Art.

Ci-contre :
Jolie femme attendant une visite, vers 1797-1804, *kakemono,* rouleau de papier, 38,6 x 48,6 cm, signature : « Hokusai ga », collection particulière.

Ci-dessous :
Imitation des gestes et danses des acteurs de kabuki, vers 1801-1807, *surimono,* 21,4 x 57,5 cm, signature : « Gakyôjin Hokusai ga », Tsuwano, Katsushika Hokusai Museum of Art.

Quoi qu'il en soit, Hokusai Sôri est à la recherche d'une nouvelle vision de la peinture. Il se rapproche des cercles littéraires de son temps, il compose des poèmes, écrit des récits et s'intéresse à l'édition d'estampes non commerciales. Apparaissent en effet, dans les années 1790, les *kyôka surimono,* poèmes accompagnés d'illustrations. Hokusai, dont la notoriété s'étend, propose aux sociétés de poètes, tel le cercle Asakusa, d'inverser le procédé : il fournit des séries d'estampes sur lesquelles on composera *kyôka* ou *haiku*. Il en dessinera trente-deux entre 1799 et 1809.

Perspective occidentale

Le style Sôri s'affirme dans sa pleine singularité. Ses personnages, femmes à la toilette, courtisanes en promenade, paysans ou artisans vaquant à leurs occupations, semblent mus par une sorte de mélancolie indolente, une tristesse diffuse qui les rend immatériels. Les belles délicates étirent leur frêle silhouette avec raffinement, et leurs visages allongés ont déjà la forme de « pépin de melon », si caractéristique de ses œuvres ultérieures. Dans la même période, il poursuit ses recherches sur la perspective occidentale qu'il met en application dans la série *Chûshingura. Nouvelles Estampes en perspective,* sur le thème très célèbre de *La Vengeance des 47 rônin* : la ligne de fuite mais aussi les nuages sur le mont Fuji sont un emprunt à l'art occidental. Enfin, on voit naître son style si particulier de paysage et ses thèmes de prédilection : le mont Fuji, les plantes, les vagues. Les personnages, toutefois, n'y sont pas encore intégrés, comme ils le seront dans les chefs-d'œuvre des années 1830. Mais le siècle qui se termine a vu l'apparition d'un artiste doué d'un style graphique qu'on ne peut confondre avec aucun autre. Le peintre Hokusai est né.

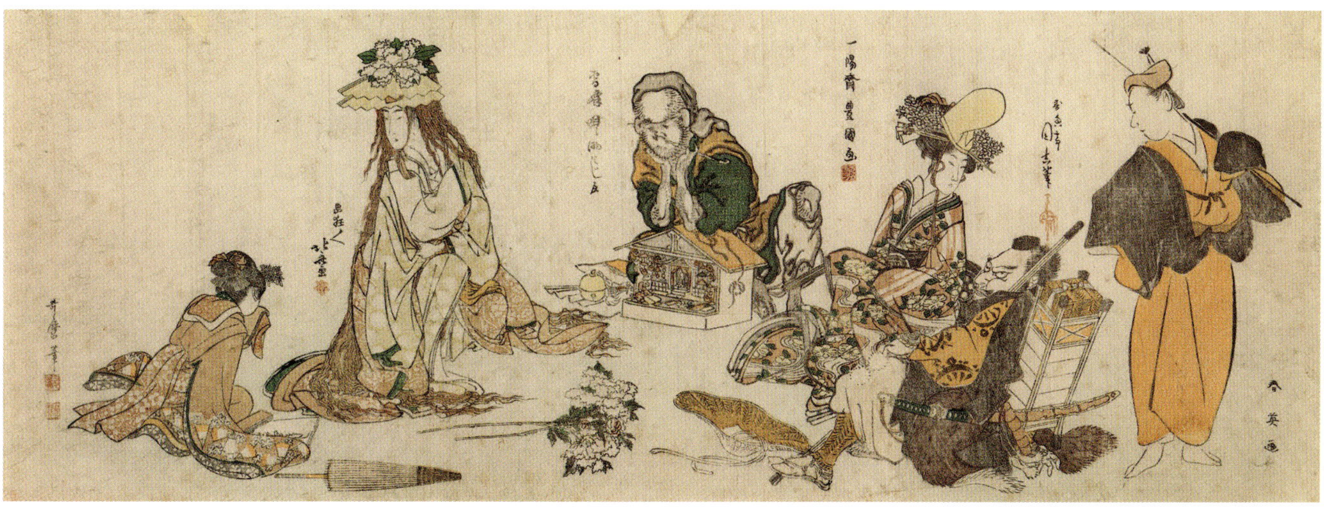

HOKUSAI (1805-1810)

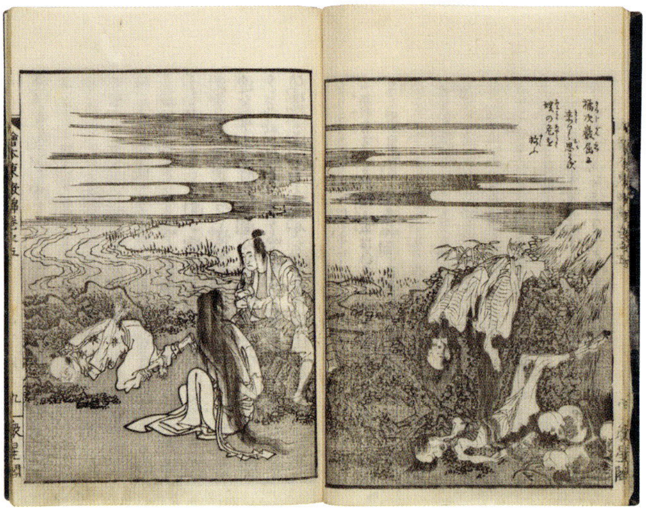

Ci-contre :
Récit étrange d'une vengeance : les deux jeunes brocarts des provinces de l'Est,
1805, livre *yomihon,*
format *hanshibon,*
5 volumes, signature : « Gakyô Rôjin Hokusai », Tsuwano, Katsushika Hokusai Museum of Art.

Ci-dessous :
Enfants à leurs jeux,
entre 1804 et 1813, *surimono,*
38,4 x 53,2 cm,
signature : « Katsushika Hokusai ga », Tsuwano, Katsushika Hokusai Museum of Art.

Page de droite :
Cloche du soir à Ueno,
série *Huit Vues à la mode de la capitale de l'Est,* 1804-1808, estampe *nishiki-e,*
format *chûban,*
23,2 x 17,3 cm,
Tsuwano, Katsushika Hokusai Museum of Art.

À partir de 1800, Sôri signe désormais Hokusai, qui signifie « atelier de l'étoile polaire », un signe probable que le peintre aurait rallié la secte bouddhique de Nichiren, spécifiquement attirée par le culte du bodhisattva Myôken, incarnation de l'étoile polaire. Depuis quelques années déjà, l'artiste a choisi cet astre comme son symbole, et le montrera désormais à de nombreuses occasions tout au long de sa vie. À l'intérieur même de cette période, ses signatures vont néanmoins varier : il est, entre autres, Katsushika Hokusai pour les romans ou les estampes populaires, Hokusai Tatsumasa ou Gakyôjin Hokusai, « fou de peinture », pour les *kyôka surimono,* et on peut affirmer que ce changement selon les genres est important pour lui, un peu, souligne l'historien Matthi Forrer, comme s'il appliquait un nom de marque à ses œuvres.

1798 constitue un tournant dans sa carrière. Hokusai quitte l'atelier Tawaraya et fonde sa propre école. Sa notoriété est déjà grande et il apparaît comme le principal dessinateur de *kyôkabon* et *kyôka surimono.* Peu à peu cependant, sans abandonner complètement ce domaine des estampes non commerciales (ses élèves ont aussi repris le flambeau de cette activité), il renoue brillamment avec les gravures bon marché et les livres populaires : plus de mille illustrations, entre

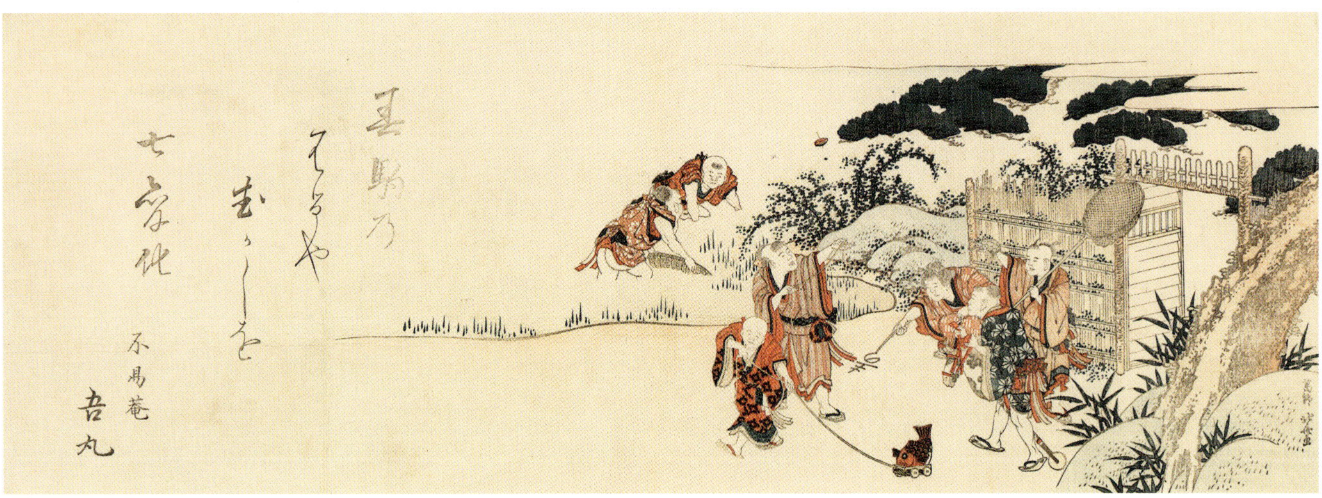

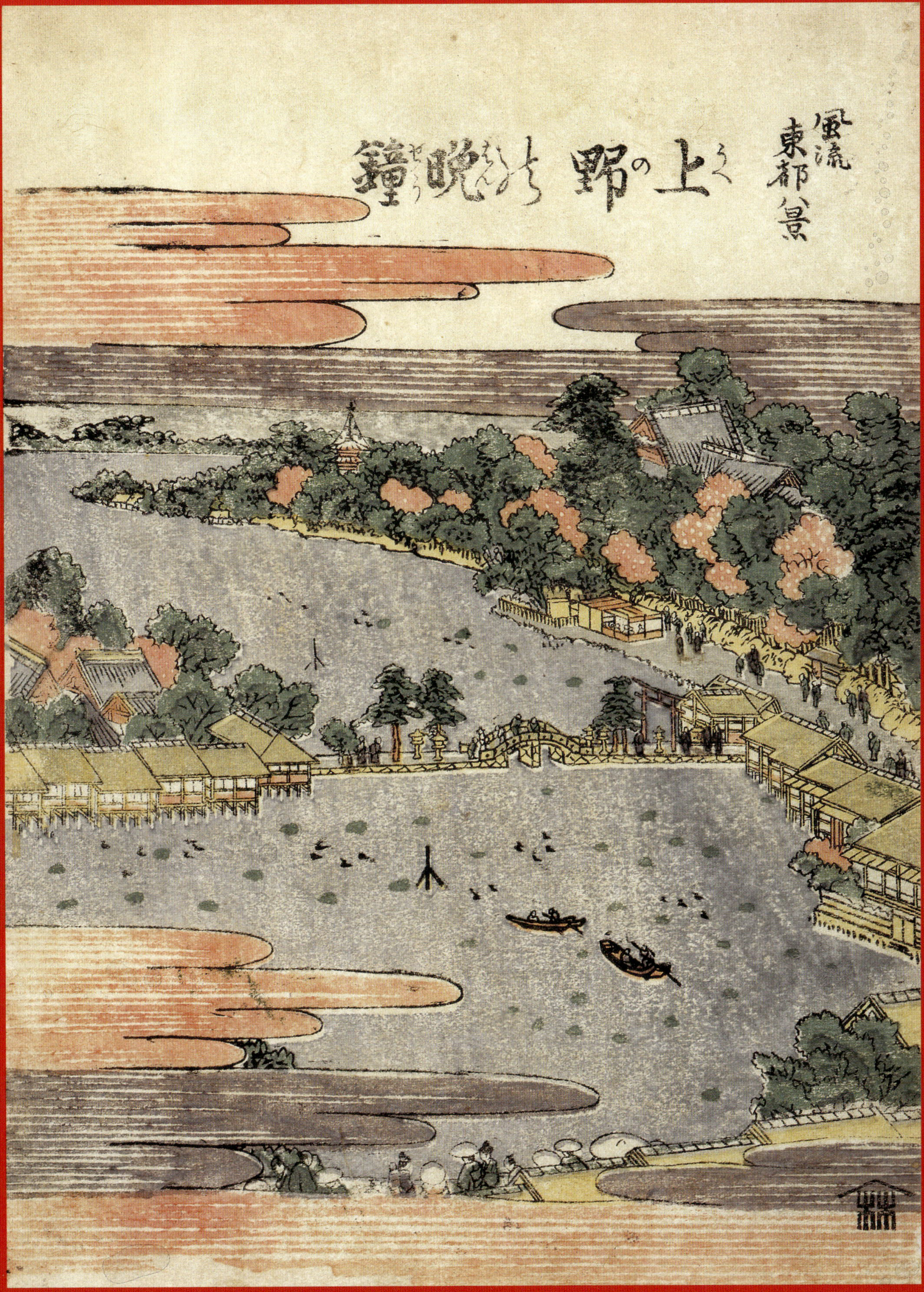
風流東都八景
上野晩鐘

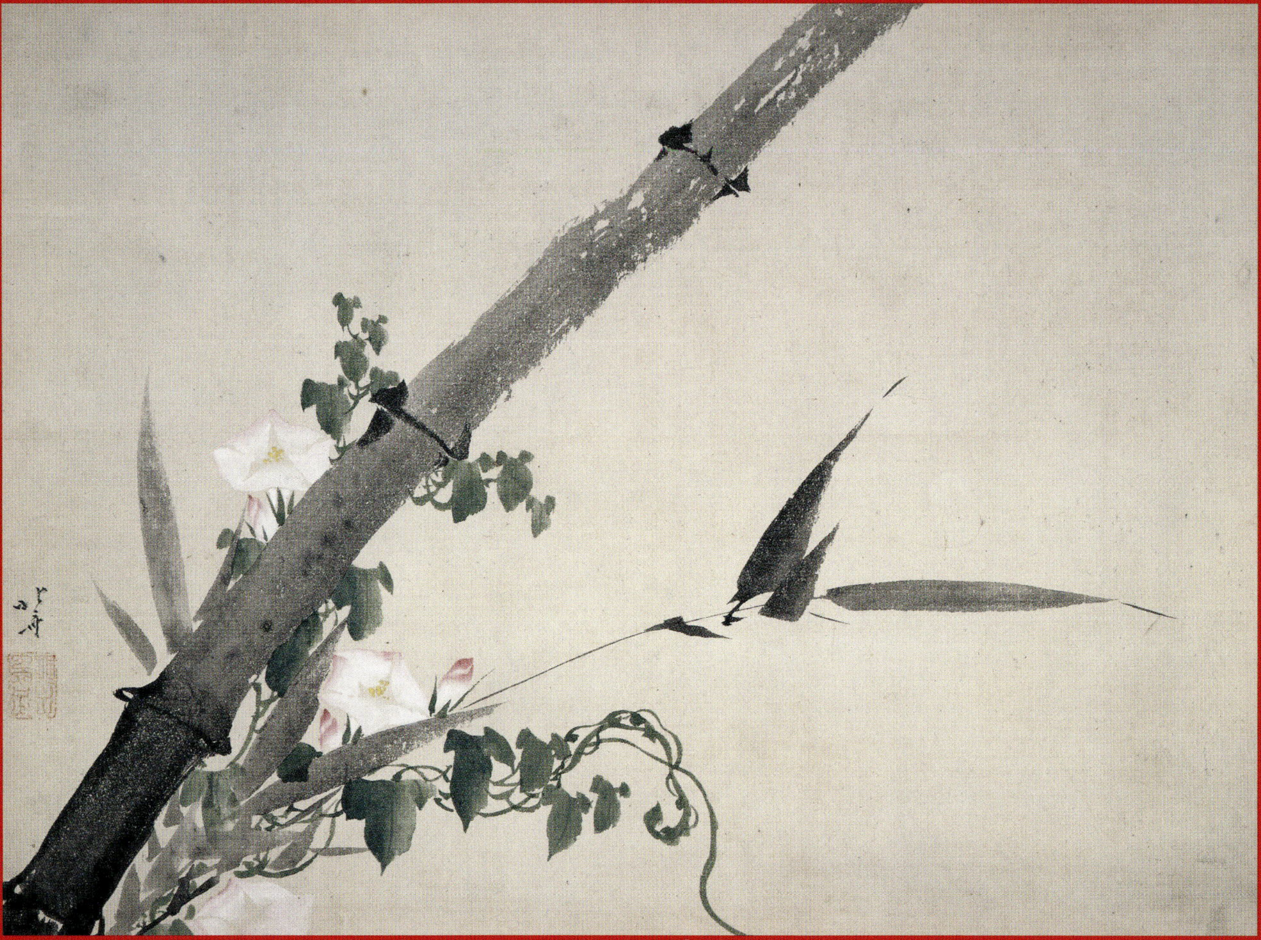

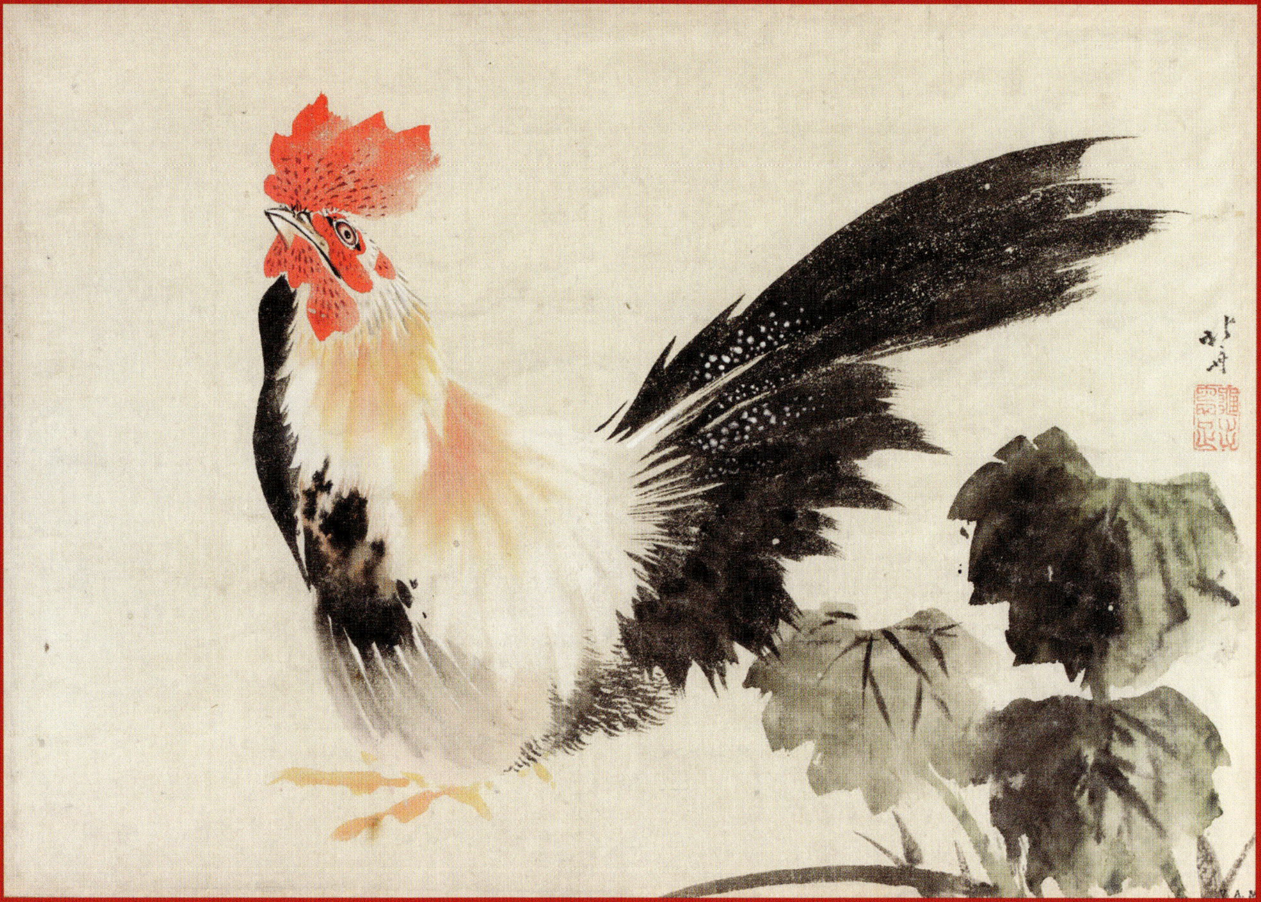

1804 et 1815, pour ces derniers, soit à peu près deux cent trente-cinq volumes! En 1805, il travaille avec le grand écrivain Kyotukei Bakin (1767-1848) à une édition japonaise du grand classique chinois *Contes au bord de l'eau,* un projet qui fera date.

Est-ce parce qu'il y règne une plus grande liberté à la fois de sujets et de format et que son inventivité passionnée peut se déployer sur ce terrain? Dans une première période, de 1798 à 1804, Hokusai continue à exploiter le style des années Tawaraya: personnages féminins à l'expression douce et mélancolique, aux figures souples et allongées. À partir de 1807, apparaissent les grandes lignes de recherche qu'il développera par la suite. Les expressions des visages, leurs émotions affleurent sous son pinceau et trouvent un écho dans le rendu des paysages, aussi délicats et éthérés que sont l'âme et l'esprit de ceux qui les traversent. Par ailleurs, Hokusai s'intéresse de plus en plus à la perspective occidentale, qu'il avait déjà mise en œuvre dans une série des *Vues des lieux célèbres d'Edo,* en 1799. En 1805, avec une *Vue de la plage de Noboto à marée basse depuis la côte de Gyôtoku,* il persévère dans cette direction et introduit même dans une autre estampe la notion de clair-obscur, en utilisant une ombre par-dessus les couleurs: c'est la première apparition de ce genre dans l'estampe japonaise.

Excentricités artistiques

Cette période est aussi celle où ses excentricités artistiques, qui deviendront célèbres, se manifestent. En 1805, sa renommée de peintre égale celle de graveur. Il se lance, au temple Gokoku, proche d'Edo, dans un véritable *« happening »* public: un portrait de cent vingt *tatami* (21, 6 mètres sur 9) de Daruma, le fondateur du bouddhisme zen. Hokusai a tapissé une surface de 350 mètres carrés de papier et y a promené un énorme balai de bambou trempé dans une cuve d'encre. Ce n'est que lorsque le panneau a été dressé sur cadre que les spectateurs ébahis ont compris qu'il s'agissait du buste du patriarche porte-bonheur...

Page de gauche, en haut: **Bambou et belle-de-jour,** vers 1807-1813, *kakemono, shibon,* 25,8 x 37,5 cm, signature: « Hokusai », Tsuwano, Katsushika Hokusai Museum of Art.

Page de gauche, en bas: **Album de peintures,** 1808-1809, un volume sur papier, signature: « Hokusai », Londres, Victoria and Albert Museum.

Ci-dessous, à gauche: **Le Supérieur Henjô,** 1809-1813, estampe *nishiki-e,* format *ôban,* 38,7 x 26,2 cm, signature: « Katsushika Hokusai ga », Tsuwano, Katsushika Hokusai Museum of Art.

Ci-dessous, à droite: **Recueil de caricatures: Valets attitrés à la classe militaire,** vers 1809-1813, estampe *nishiki-e,* format *chûban,* 22,5 x 16,5 cm, signature: « Hokusai ga », Bruxelles, Musées royaux d'art et d'histoire.

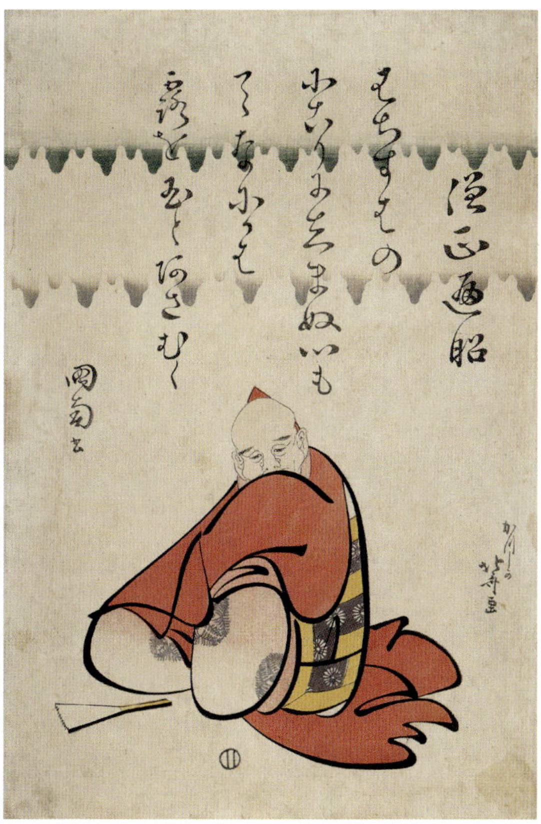

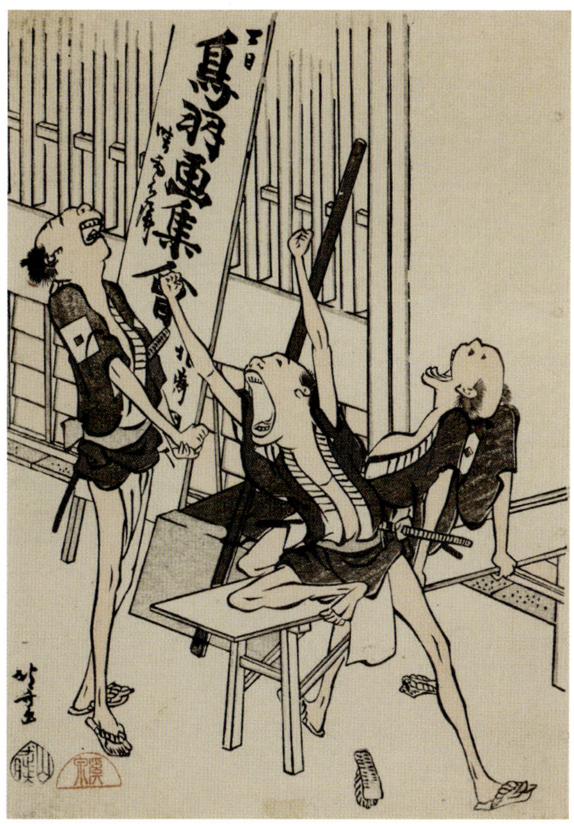

TAITO (1810-1819)

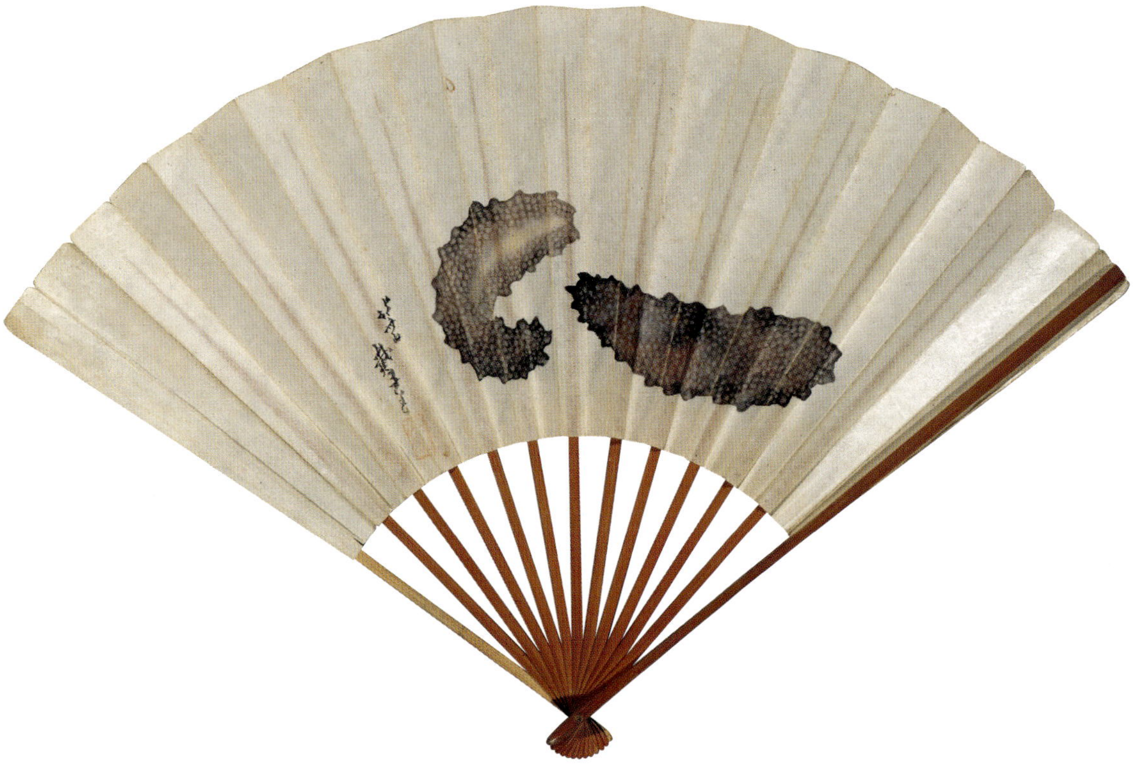

Ci-dessus :
Holothuries,
vers 1810-1817, *shihon,* format *uchiwa-e,* 16,7 x 43,8 cm, signature : « Hokusai aratame Taito hitsu », Tsuwano, Katsushika Hokusai Museum of Art.

Page de droite, en haut :
Coq et poule,
1818-1821, *kakemono, kempon,* 27 x 37,1 cm, signature : « Saki no Hokusai Taito hitsu », Tsuwano, Katsushika Hokusai Museum of Art.

Page de droite, en bas :
Panorama des sites célèbres du Tôkaidô,
1818, estampe *nishiki-e,* format *ô-ôban,* 44 x 58,2 cm, signature : « Katsushika saki no Hokusai Taito hitsu », Tsuwano, Katsushika Hokusai Museum of Art.

En 1810, la célébrité de Hokusai est un fait établi. Ne raconte-t-on pas que le *shôgun* Ienari l'a convié, en 1804, à un concours de peinture où il doit affronter un autre artiste renommé, Tani Bunchô (1763-1840) ? Loin de se plier aux règles de la compétition, Hokusai a fait démonter une porte coulissante qu'il a balayée d'encre bleue, en lignes sinueuses. Puis il a fait venir un coq qu'il a incité à se promener sur la surface, après lui avoir trempé les pattes dans de la peinture rouge. Une fois le panneau remis en place, toute l'assemblée a reconnu la rivière Tatsuta, chargée de feuilles d'érables à l'automne… L'anecdote, pour vraie qu'elle soit, est révélatrice de la légende qui le nimbe. Car on dit aussi que Hokusai peut immortaliser une volée de moineaux sur un grain de riz ou peindre en utilisant ses doigts, ses ongles ou le manche d'un pinceau, enfin, n'importe quel objet… Rien ne résiste à ce « fou de peinture ».

Hokusai a 50 ans, un âge déjà avancé dans le Japon du XIXe siècle, et songe en conséquence à ce qu'il pourra léguer de son savoir à la postérité. C'est l'époque des manuels qui s'ouvre, étonnante à nos yeux d'Occidentaux mais non pour l'esprit d'un bouddhiste convaincu qui a connu une illumination : l'artiste est investi d'une mission, celle de transmettre son expérience, ses découvertes, les nouvelles voies d'exploration de la peinture. Hokusai adopte alors le nom de Taito, inspiré par Taihokuto, l'« étoile de la Petite Ourse ». Nombreux sont les disciples qui accourent à lui lors d'un voyage à Nagoya, en 1812. *« Cet automne, le Vieil Homme a fait par hasard un voyage vers l'ouest et s'est arrêté dans notre ville,* écrit un artiste. *Nous nous sommes d'abord rencontrés chez Gekkôtei Bokusen […] puis il a exécuté plus de trois cents croquis de toutes sortes. D'immortels, du Bouddha, d'érudits et de femmes, d'oiseaux, de bêtes sauvages, d'herbes et*

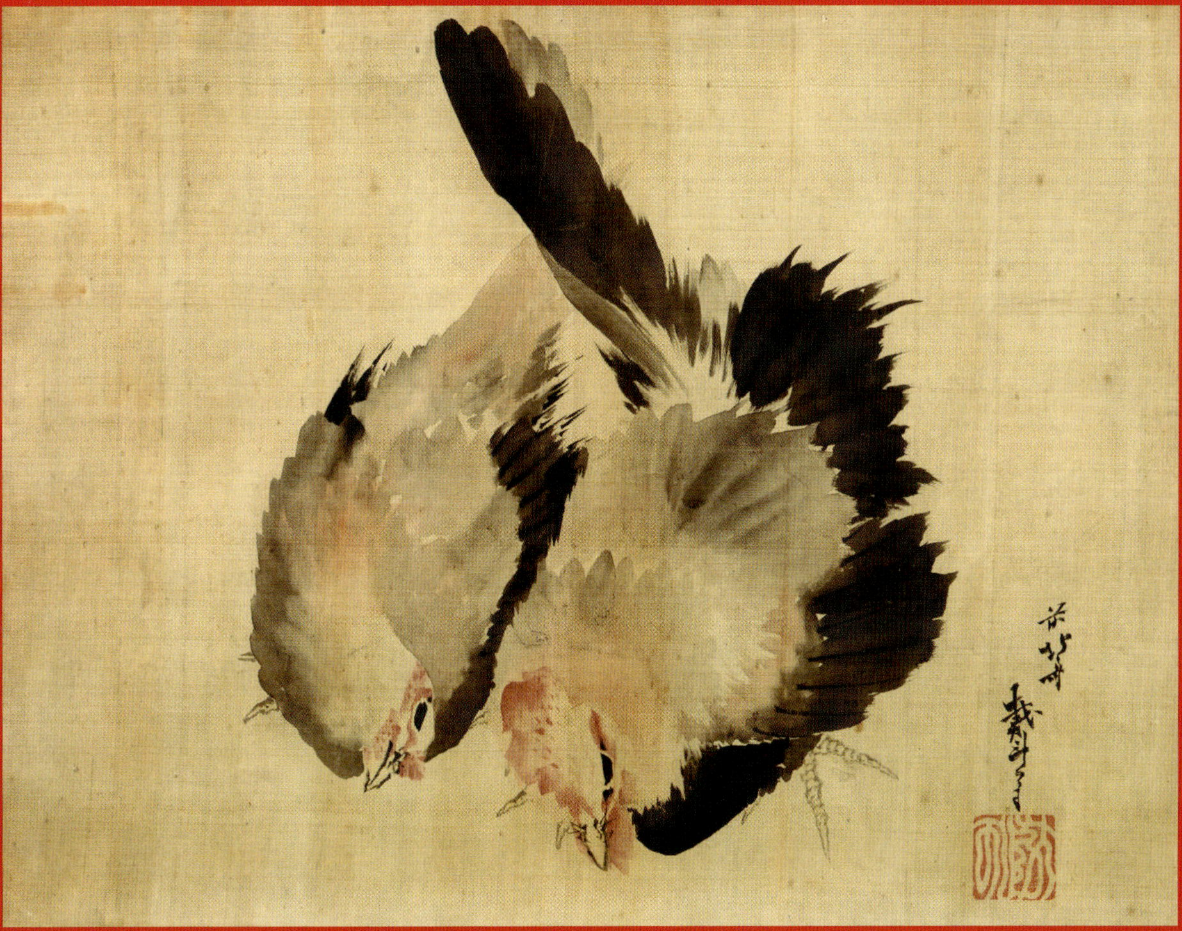

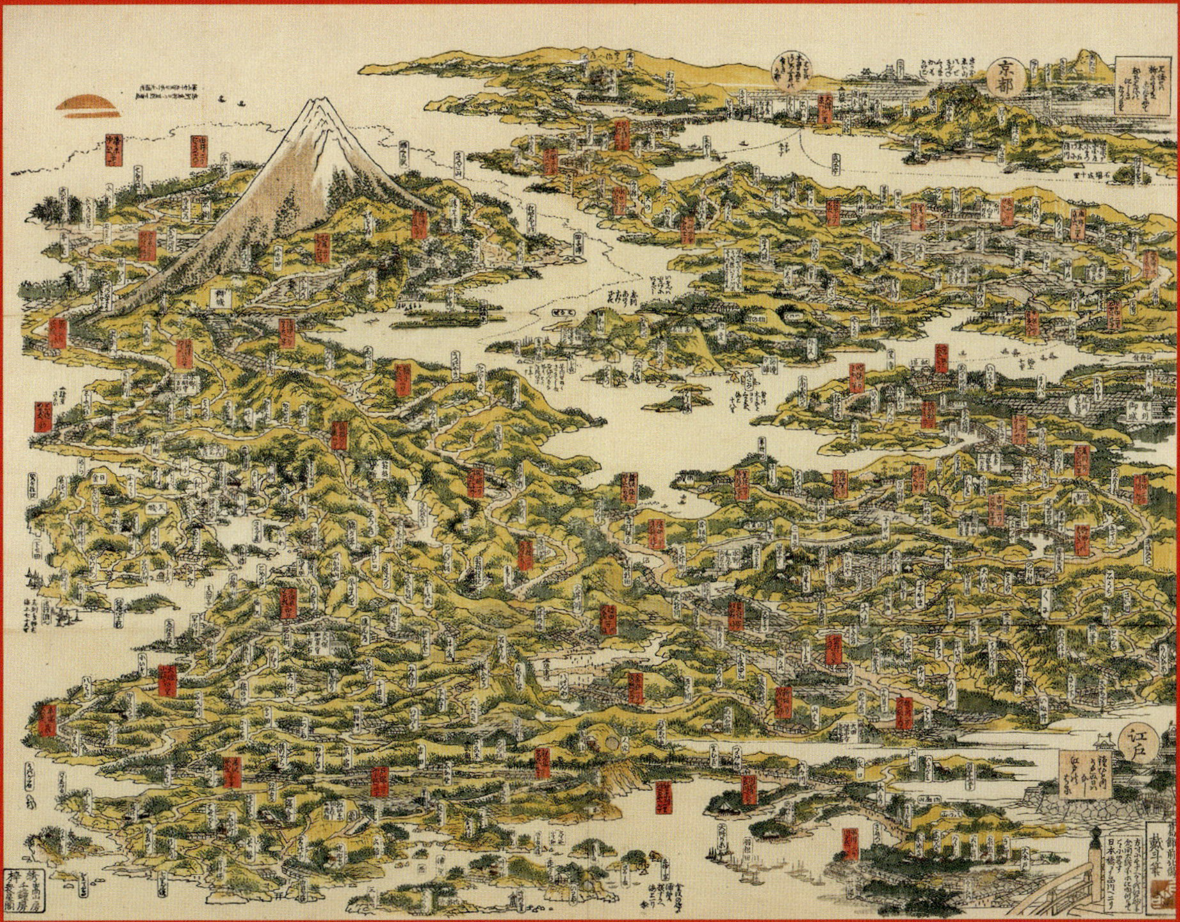
京都
江戸

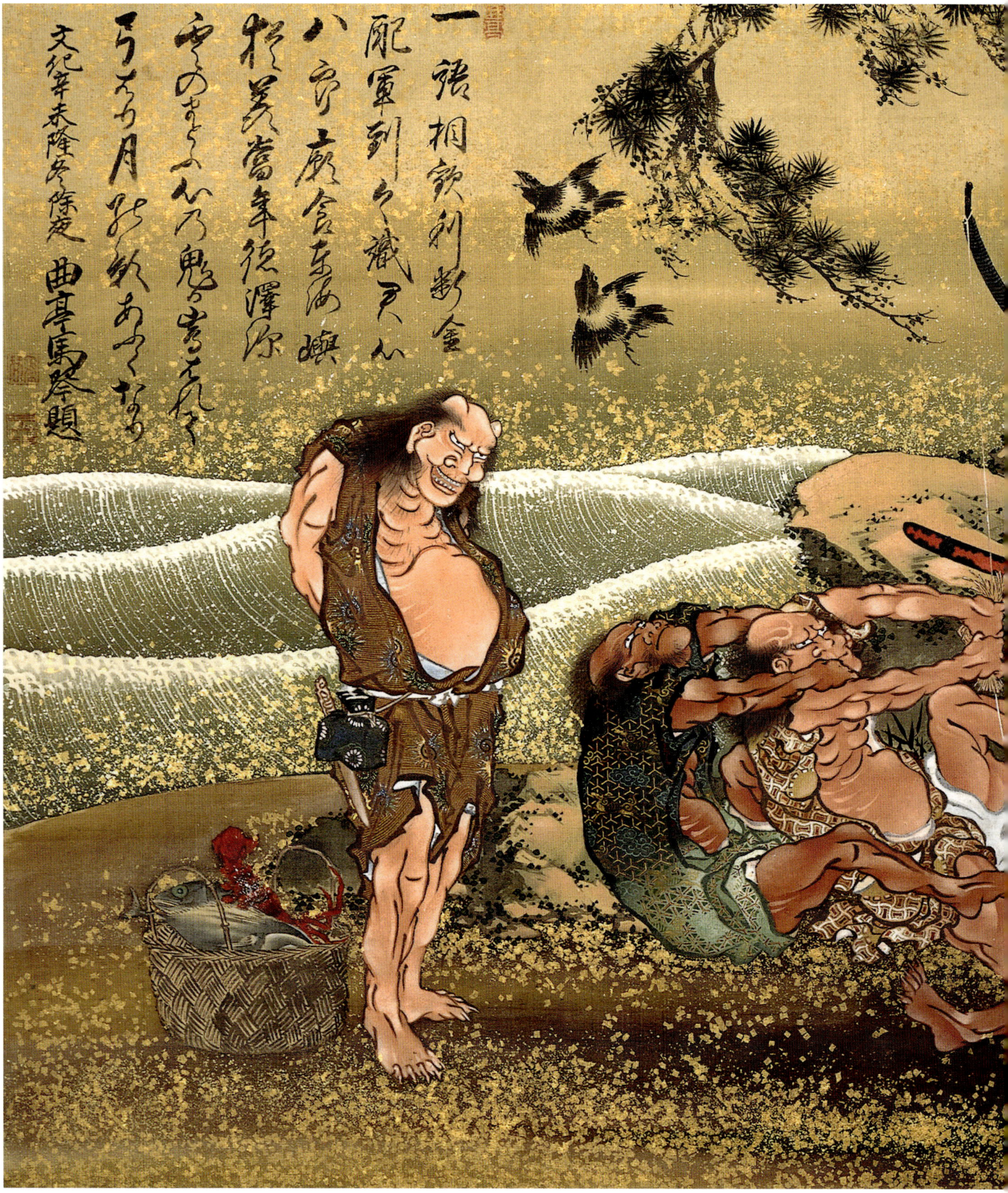

d'arbres, en dessinant aussi le véritable esprit de tout cela. » Les élèves vont recopier et mettre en page beaucoup de ces croquis, publiés par un éditeur en 1814 : c'est le premier volume des fameux « dessins au fil du pinceau », *Hokusai manga,* une méthode qui va connaître un tel succès qu'on demandera au maître d'en produire de nouvelles séries.

La vie quotidienne du Japon

Ce sont près de quatre mille dessins en quinze volumes qui seront réimprimés au long du XIXe siècle. Toute la vie quotidienne du Japon s'y trouve, saisie sur le vif avec un humour et une affection palpables: les plantes et les animaux, mais aussi les paysages et les artisans, croqués avec leurs outils, leurs attitudes, les gestes de leur travail.

Des écrivains célèbres préfacent chaque tome, s'émerveillant de *« ces images indescriptibles et sans égales, dont la contemplation ne cesse d'inspirer ».* D'autres manuels techniques suivront, dont les études amorcent certaines visions des grandes estampes du mont Fuji. À la même époque, Taito s'attache avec une particulière virtuosité aux *shunga,* les « peintures de printemps » ou images érotiques, qui sont le fruit d'une longue tradition de l'art japonais. Il y décrit les acrobaties sexuelles, et parfois singulières, souvent malicieuses, de couples où les femmes pulpeuses et épanouies ont remplacé les silhouettes frêles des années précédentes.

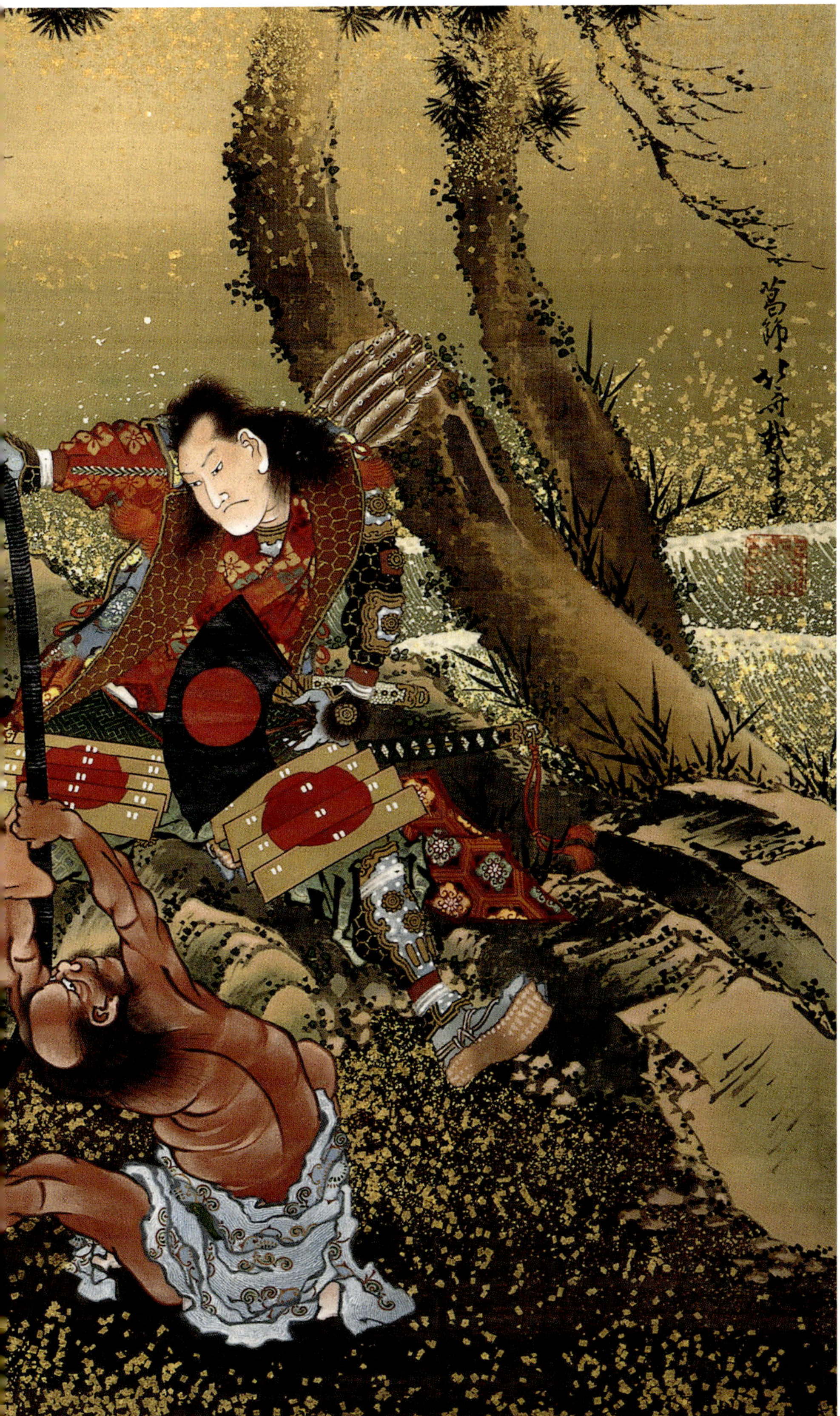

Sans titre (Tamétomo),
1811, dernier jour du dernier mois, *kakemono, kempon,* 156,5 x 104 cm, signature : « Katsushika Hokusai Taito ga », Londres, The British Museum.

IITSU (1820-1834)

Ci-contre :
Deux carpes,
1831, estampe *nishiki-e*, format *uchiwa-e*, 23,2 x 28,7 cm, signature : « Hokusai Aratame Iitsu hitsu », Paris, musée Guimet.

Ci-dessous :
Tenpôzan sur la rivière Aji dans la province de Sesshû,
série *Vues extraordinaires des ponts des diverses provinces*, vers 1834, estampe *nishiki-e*, format *ôban*, 26,4 x 38,6 cm, signature : « Saki no Hokusai Iitsu hitsu », Tsuwano, Katsushika Hokusai Museum of Art.

Page de droite, en haut :
Pont en ceinture de brocart dans la province de Suhô,
série *Vues extraordinaires des ponts des diverses provinces*, vers 1834, estampe *nishiki-e*, format *ôban*, 26,1 x 38,5 cm, signature : « Saki no Hokusai Iitsu hitsu », Tsuwano, Katsushika Hokusai Museum of Art.

Page de droite, en bas :
Village de Sekiya sur la Sumida,
série *Trente-Six Vues du mont Fuji*, vers 1830-1834, estampe *nishiki-e*, format *ôban*, 24,6 x 36,5 cm, signature : « Saki no Hokusai Iitsu hitsu », Londres, Victoria and Albert Museum.

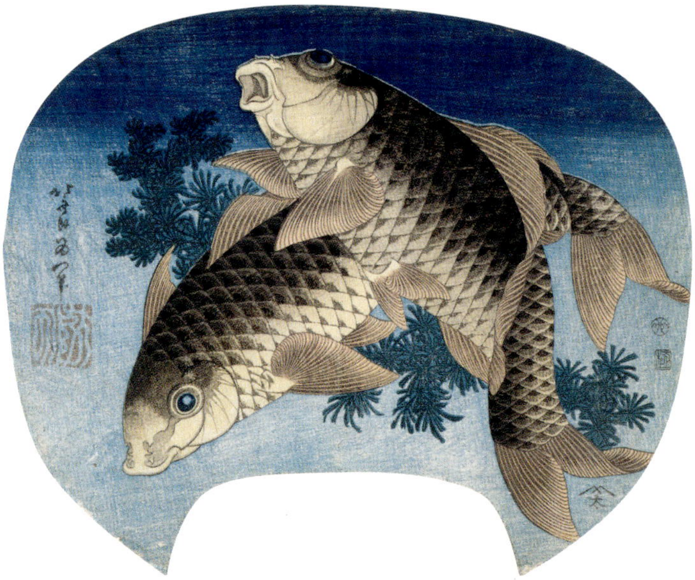

En 1820, Hokusai atteint l'âge de 60 ans, et son anniversaire conclut un cycle complet du zodiaque, formé de soixante combinaisons possibles. L'importance est extrême pour tout Japonais, d'autant que l'année est, logiquement, à nouveau celle du Dragon. Hokusai change de nom pour prendre, non sans malice, celui d'Iitsu, « âgé de nouveau de un an ». Une nouvelle vie commence, symboliquement et, étonnamment (mais faut-il vraiment s'en étonner, parlant de Hokusai, le plus fécond, le plus incroyablement inventif des artistes de son temps ?), esthétiquement aussi. C'est de cette période, pourtant très noire sur le plan personnel (sa femme et une de ses filles meurent, une autre divorce, son petit-fils l'accable de ses dettes de jeu) que dateront les grandes estampes qui feront de Hokusai le peintre le plus connu de l'art japonais et l'identifieront définitivement aux yeux des Occidentaux.

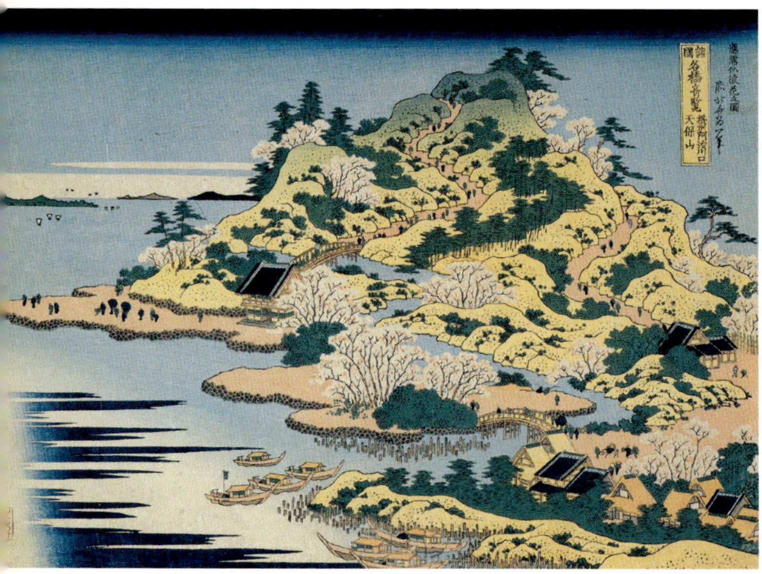

Nourri d'un enthousiasme renouvelé, Hokusai Iitsu retourne d'abord au monde littéraire. Une commande importante de trente-six *surimono* carrés lui est faite, en 1821, année du Serpent, sur le thème des coquillages. Hokusai déploie toute son ingéniosité et sa liberté de ton pour faire de cette série, *Coquillages de l'ère Genroku*, une œuvre unique dans les annales de la nature morte. Il multiplie les références littéraires, historiques, légendaires et les jeux de mots pour chaque illustration de mollusque, cernée d'un cartouche rouge. L'année suivante, année du Cheval, il dessine une mémorable suite de chevaux, *Umazukushi*, d'un raffinement stupéfiant : sur l'estampe du *Talisman du cheval*, le cartouche du titre, en forme de calebasse, est une

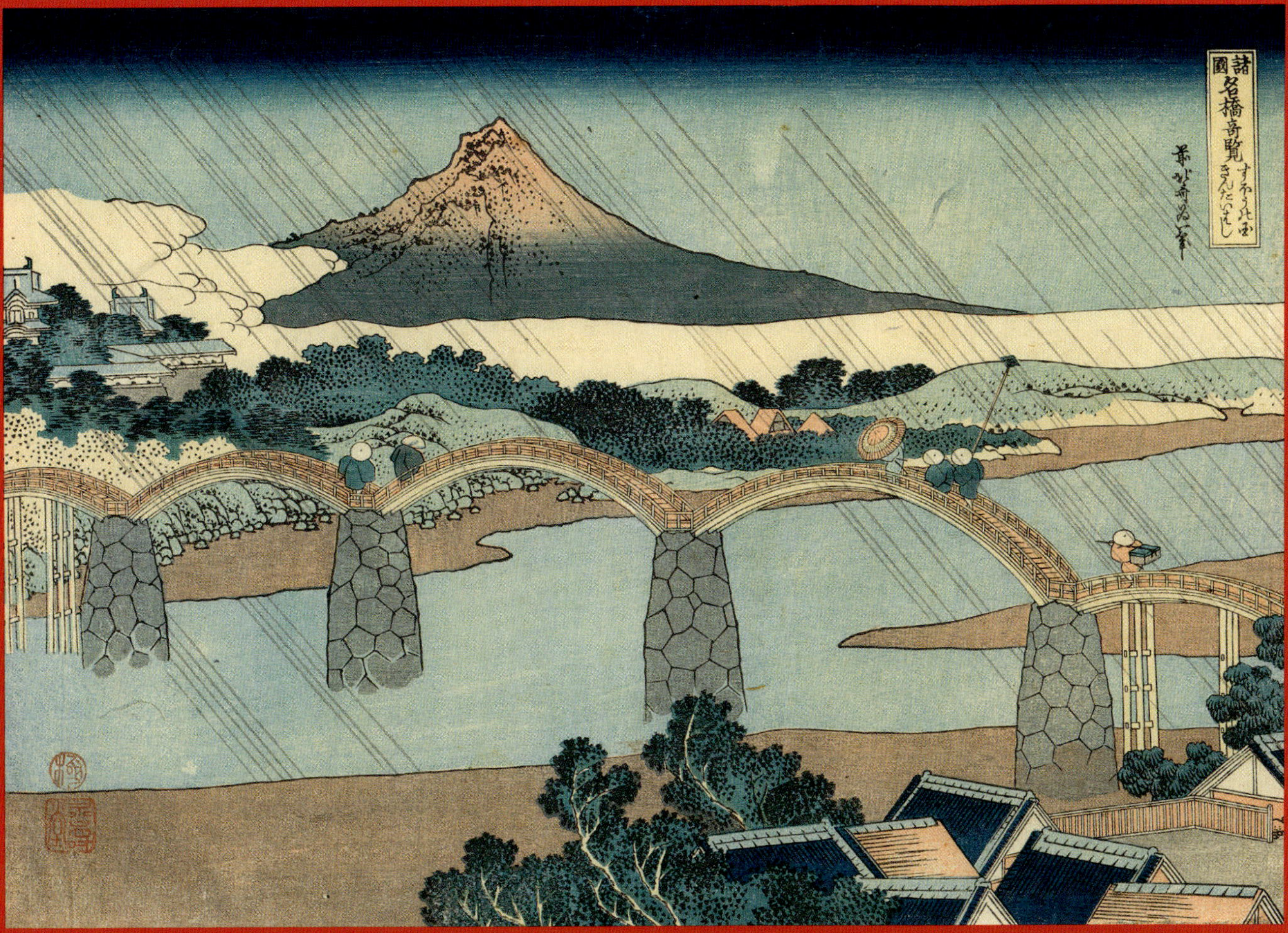
諸國名橋奇覧

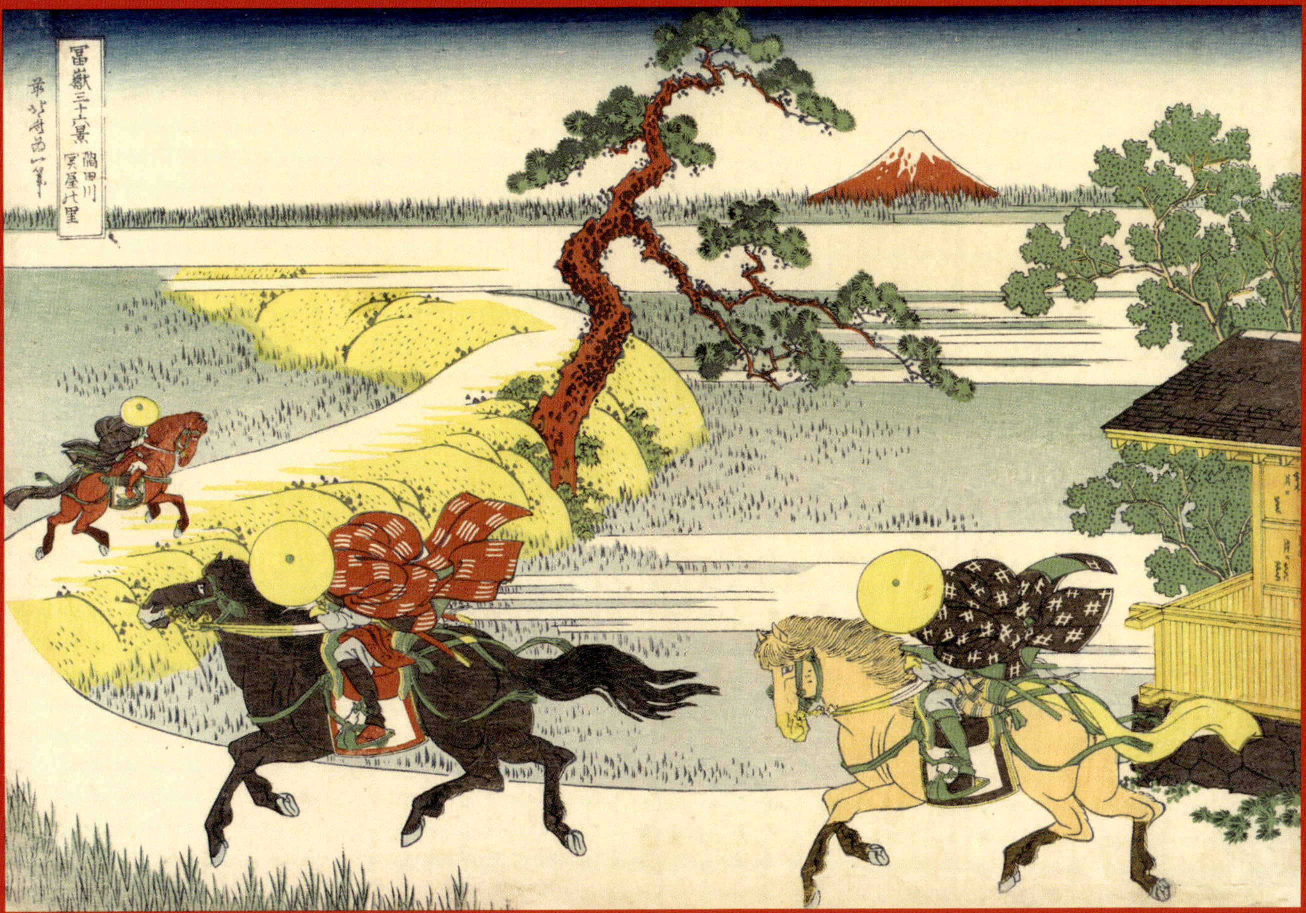
冨嶽三十六景
隅田川

allusion à celle dans laquelle l'ermite chinois Chôkarô range son cheval magique. Peut-on imaginer plus grande subtilité ? Le thème du paysage est récurrent dans l'œuvre de Hokusai depuis ses débuts, par sa présence aussi bien dans les estampes commerciales que dans les *surimono* ou les illustrations de livres. Mais la manière dont il le traite à partir des années 1830 dans trois séries d'estampes, *Trente-Six Vues du mont Fuji, Voyage au fil des cascades des différentes provinces* et *Vues extraordinaires des ponts des diverses provinces,* constitue une véritable révolution dans le genre, en même temps qu'elles rendent soudain les Japonais curieux de leur archipel et de sa nature. Une des conséquences sera la multiplication des pèlerinages et des voyages destinés à admirer la beauté des sites célèbres.

Le bleu de Berlin

Jusque-là, dans la peinture aristocratique chinoise ou japonaise, le paysage n'avait servi que de faire-valoir, de décor à des scènes ou des portraits. Désormais, sujet à part entière, il acquiert une âme et renvoie son spectateur à sa vision intérieure. Le mont Fuji n'est évidemment pas un lieu banal. Montagne la plus sacrée du Japon, incarnation d'Amaterasu, plus grande déesse du panthéon shintô, sa représentation est déjà présente chez Hokusai en 1790, telle un phare qui aimanterait ses pensées. L'investissement spirituel n'a d'égale que l'extrême modernité du traitement : choix d'un grand format, précision topographique, description méticuleuse et pleine d'humour des activités humaines, audace des cadrages et des signes graphiques...

Même la couleur est une nouveauté, la belle polychromie ayant été précédée d'une série imprimée en *aizuri-e,* grâce au *Berorin ai,* le bleu de Berlin ou de Prusse, fraîchement débarqué, qui est un pigment stable, contrairement à l'indigo japonais. Le succès fut tel que l'éditeur commanda à Hokusai dix estampes supplémentaires, portant le nombre des vues du mont Fuji à quarante-six.

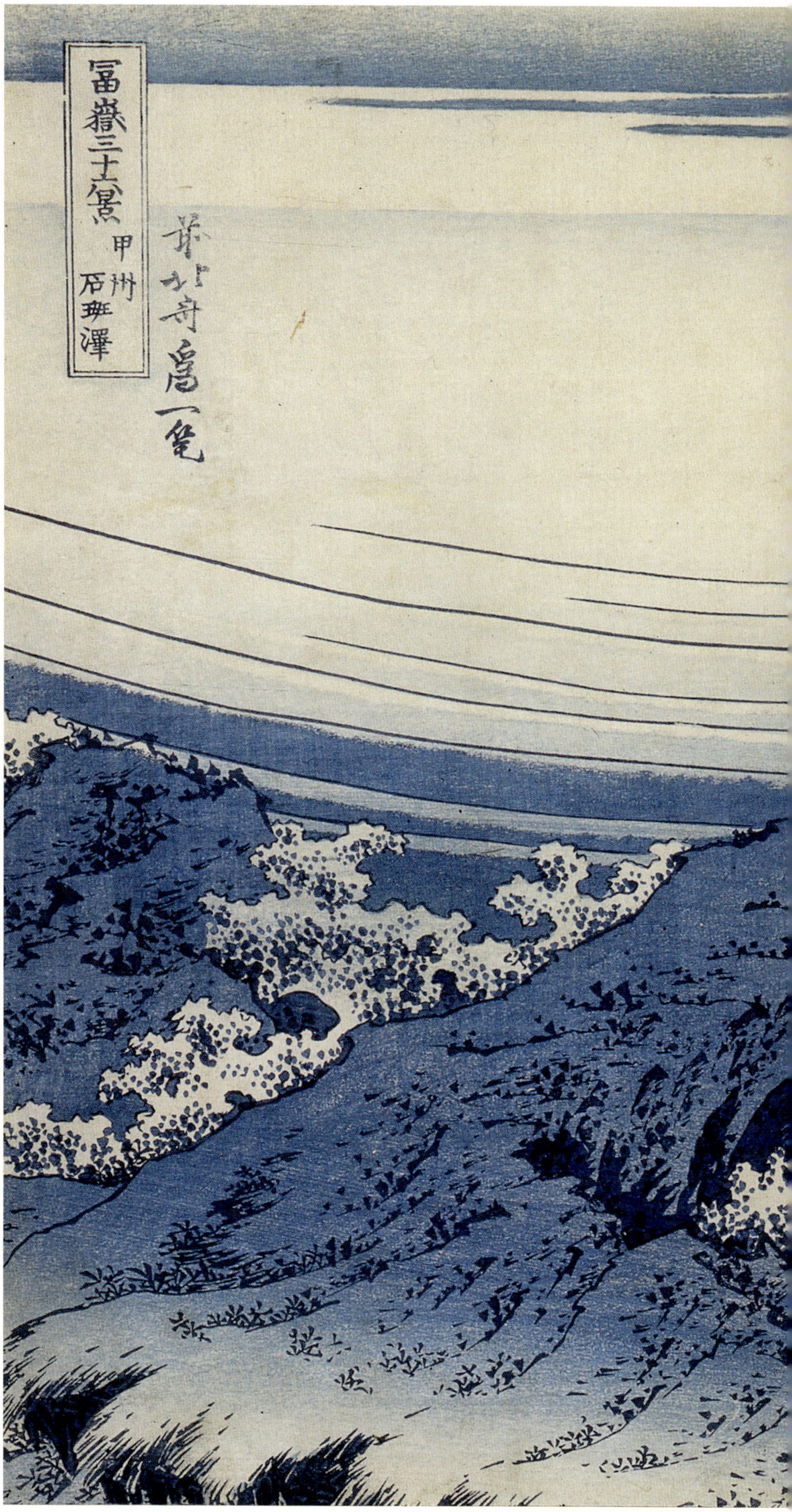

Kajikazawa dans la province de Kôshû, série *Trente-Six Vues du mont Fuji,* vers 1830-1834, estampe *nishiki-e,* format *ôban,* 24,7 x 36,7 cm, signature : « Saki no Hokusai Iitsu hitsu », Tokyo, Sumida City.

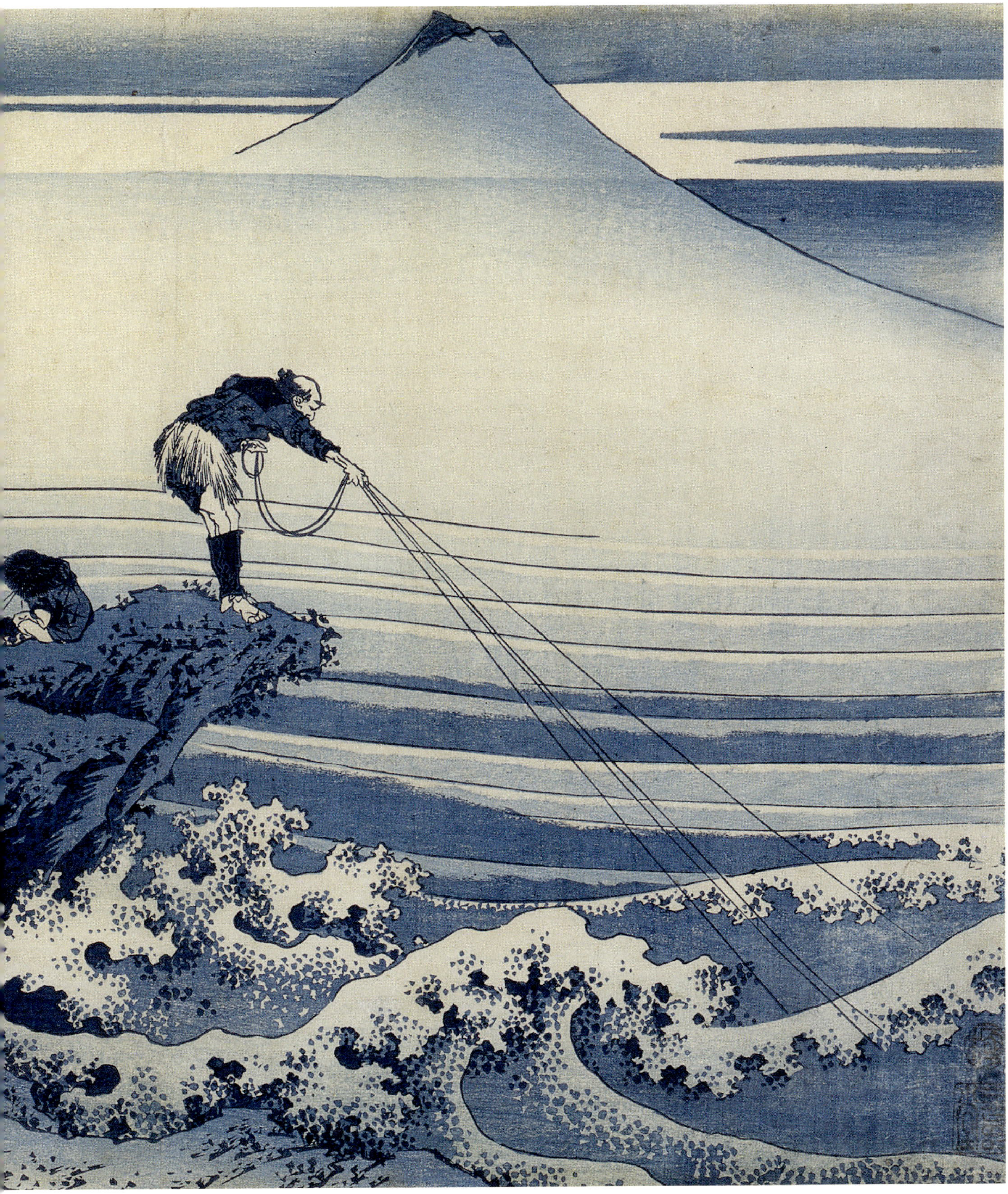

GAKYÔ RÔJIN MANJI (1834-1849)

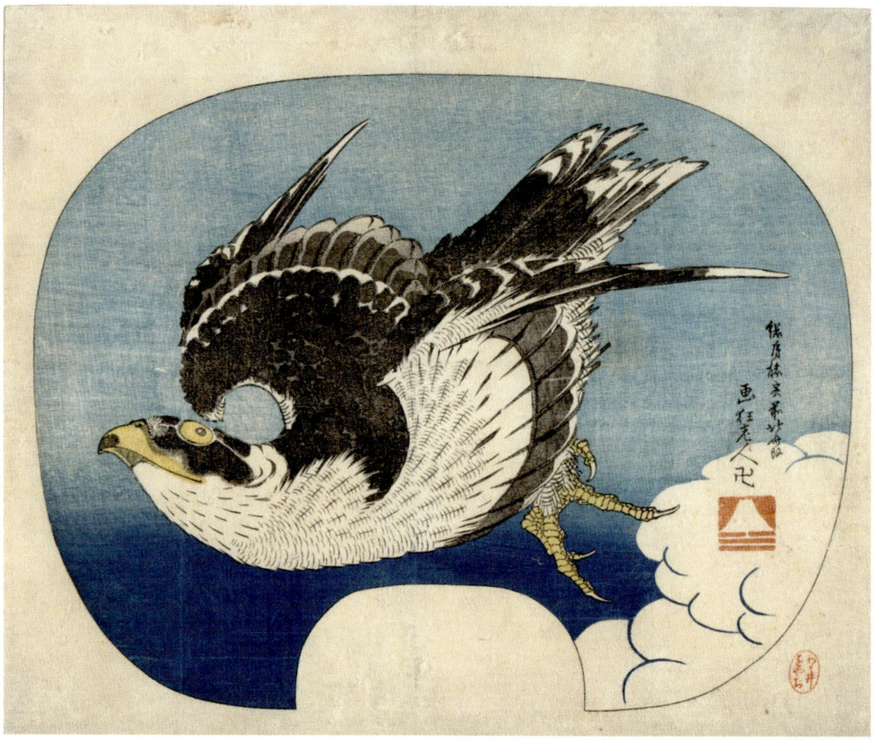

Ci-dessus :
Faucon en vol,
vers 1834-1835,
estampe *nishiki-e*, format *uchiwa-e*, 25,7 x 32 cm,
signature : « Sobô Ryokyaku Saki no Hokusai aratame Gakyô Rôjin Manji »,
Paris, musée Guimet.

Page de droite, à gauche :
Dragon volant au-dessus du mont Fuji,
kakemono, 95,8 x 36,2 cm,
signature : « Kaei Ni tsuchinoto Tori doshi Shôgatsu Tatsu no hi, Hôreki jû Kanoetatsu no toshi shusshô, Kyûjû Rôjin Manji hitsu »,
Obuse, Hokusai Museum.

Page de droite, à droite :
Canards dans le courant,
1847, *kakemono*,
peinture, 111,2 x 40,3 cm,
signature : « Yowai Hachijû Hachi Manji », Londres, The British Museum.

Que peut-on encore espérer lorsqu'on atteint 75 ans, âge considérable dans le Japon du XIXe siècle, et qu'on a été reconnu comme le plus grand artiste de son époque ? La perfection de son art, et rien d'autre. C'est à la poursuite de celle-ci que Hokusai s'attache les quinze dernières années de sa vie. Et c'est bien le moins que, pour cheminer avec une telle ambition, il choisisse derechef un nouveau nom. Ce sera Manji, « dix mille ans », précédé de Gakyô Rôjin, littéralement « le Vieil Homme fou de dessin ».

De 1830 à 1834, Hokusai a non seulement produit des paysages exceptionnels mais aussi des estampes extraordinaires sur les fleurs et les animaux. Ce sont ces *Carpes sous une cascade, Tortues nageant* ou *Iris et Sauterelle,* qui, parvenant en Europe, auront une grande influence sur les impressionnistes et les créateurs de l'Art nouveau.

Ce n'est certainement pas la première fois que l'art de Hokusai atteint l'Europe. Même, en 1826, un épisode singulier a eu lieu. Une délégation du comptoir colonial hollandais de Deshima, cette enclave autorisée aux étrangers, se rend à Edo et, après avoir rencontré le *shôgun,* trois de ses membres demandent à connaître Hokusai. S'ensuivra un échange surprenant : Hokusai recevra du papier et des aquarelles hollandaises et répondra à la commande de plusieurs peintures, peut-être une quarantaine, de scènes de la vie japonaise et des vues d'Edo. Certaines se trouvent aujourd'hui au musée d'Ethnologie de Leyde, aux Pays-Bas.

Un univers fantastique

Si Hokusai reste dans ses dernières années un immense graveur, il accorde une place prépondérante à la peinture. La crise économique de la fin des années 1830 le réduit à la misère et le force, pour survivre, à vendre ses dessins dans la rue. Comble de malheur, un incendie détruit son atelier et la plupart de ses

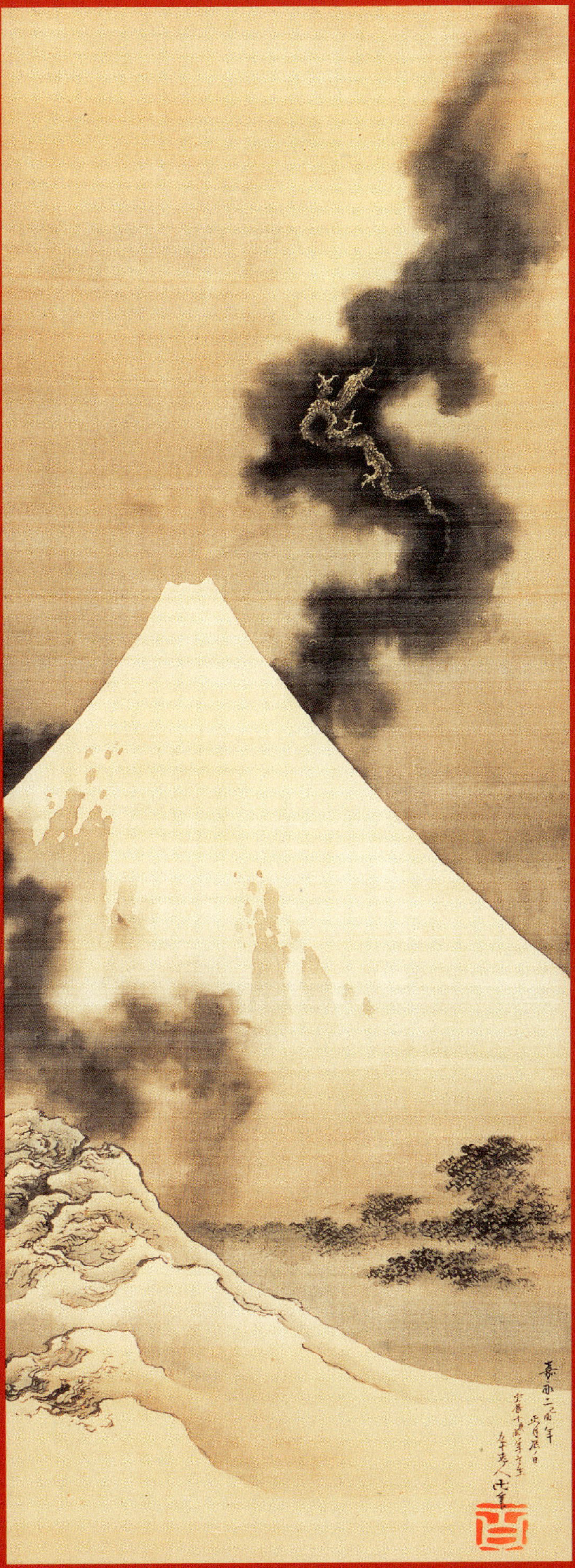

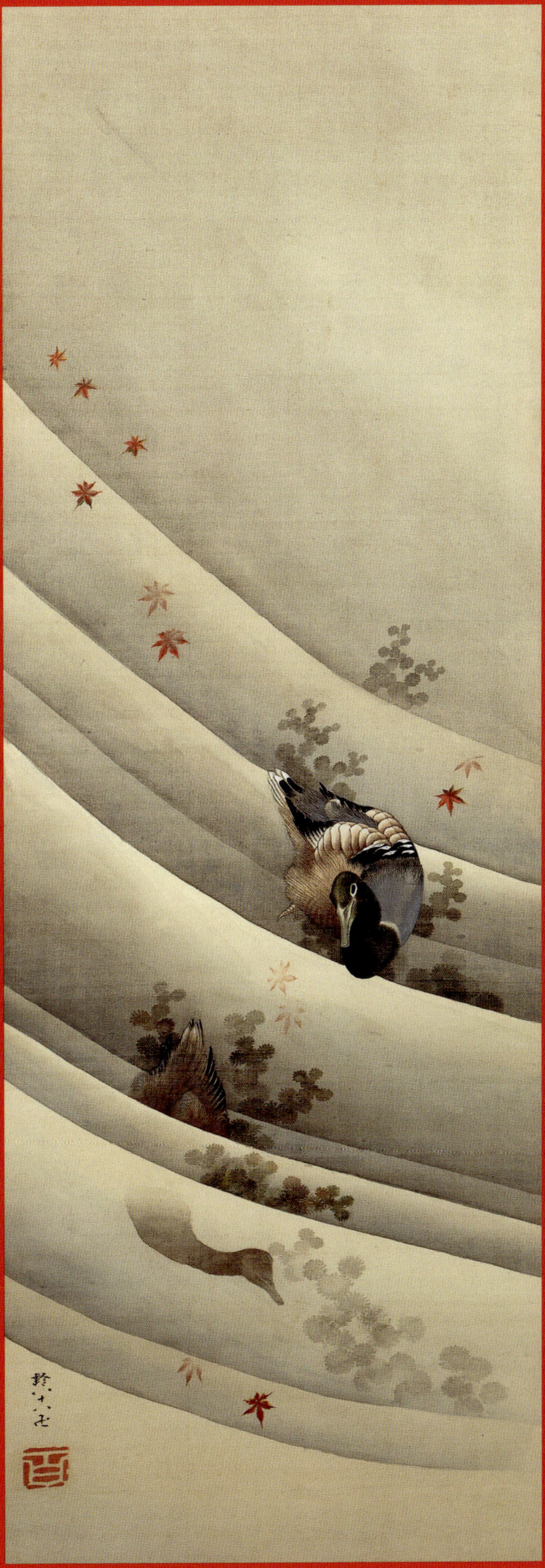

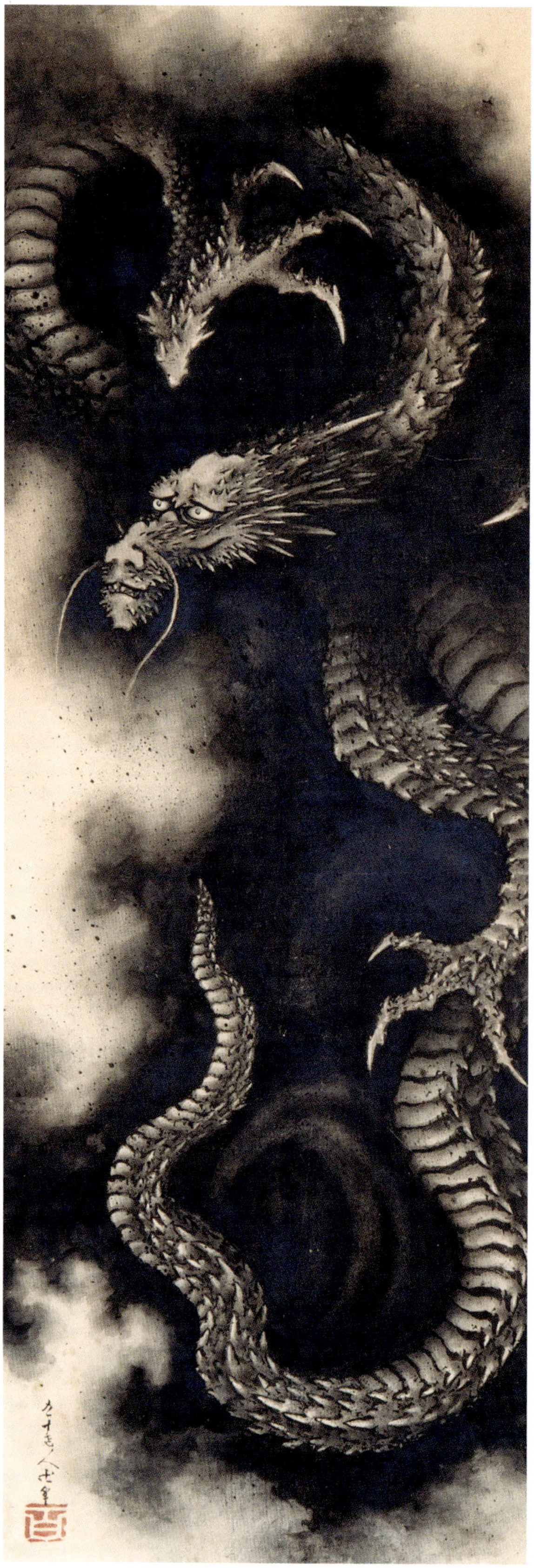

Ci-contre :
Dragon dans les nuées,
1849, *kakemono, shihon,* encre de Chine et lavis bleu outremer sur papier, 102,5 x 42,5 cm, signature : « Kyûjû Rôjin Manji hitsu », Paris, musée Guimet.

Page de droite, en haut :
Repiquage du riz,
1843, *kakemono, kempon,* 34,2 x 51,5 cm, signature : « Hachijûyonrô Manji hitsu », Mishima, Sano Art Museum.

En bas :
La rivière Minobu dans la province de Kôshû,
série *Vues singulières de paysages célèbres,* vers 1835-1844, estampe *nishiki-e,* format *uchiwa-e,* 22,5 x 30,1 cm, signature : « Saki no Hokusai Manji », Tokyo, Sumida City.

œuvres, en 1839. On dit que, réveillé en pleine nuit, l'artiste de 80 ans n'emporta rien d'autre que ses pinceaux, témoignant par là de sa foi en l'avenir. Une confiance qu'il entretient, en dessinant, chaque jour, entre 1842 et 1844, un lion chinois ou *shishi,* animal de légende porte-bonheur. L'animal est plus qu'un exorcisme contre la maladie et la mort : c'est un exercice de dessin époustouflant, tantôt aimable, tantôt grotesque, accusant de grandes ressemblances avec les personnages qui ont toujours occupé le monde de Hokusai, courtisanes, pêcheurs, artisans ou samouraïs... Il est aussi, par son caractère anthropomorphique, une porte d'entrée dans le dernier monde esthétique du peintre. Un univers à la limite du fantastique, de l'animiste et du mystérieux, où les dragons sourcilleux sont aussi réels que les tigres ondoyants. C'est toute la nature, des cascades aux chrysanthèmes, qui prend une allure surnaturelle : les fantômes et autres monstres ne sont jamais loin.

Fouler les champs d'été

Hokusai s'éteignit le 18e jour du 4e mois de 1849. Avant son dernier soupir, il avait composé un dernier haiku : *« Tel un fantôme, je foulerai d'un pas léger les champs d'été. »* Son testament, néanmoins, il l'avait écrit dix ans auparavant, dans une postface aux *Trente-Six Vues du mont Fuji* : *« Depuis l'âge de 6 ans, j'avais la manie de dessiner la forme des objets. Vers l'âge de 50 ans, j'avais publié une infinité de dessins, mais tout ce que j'ai produit avant l'âge de 70 ans ne vaut pas la peine d'être compté. C'est à l'âge de 73 ans que j'ai compris à peu près la structure de la nature vraie, des animaux, des herbes, des arbres, des oiseaux, des poissons et des insectes. Par conséquent, à l'âge de 80 ans, j'aurai encore fait plus de progrès. À 90 ans, je pénétrerai le mystère des choses ; à 100 ans je serai décidément parvenu à un degré de merveille, et quand j'aurai 110 ans, chez moi, soit un point, soit une ligne, tout sera vivant. Je demande à ceux qui vivront autant que moi de voir si je tiens parole. »*

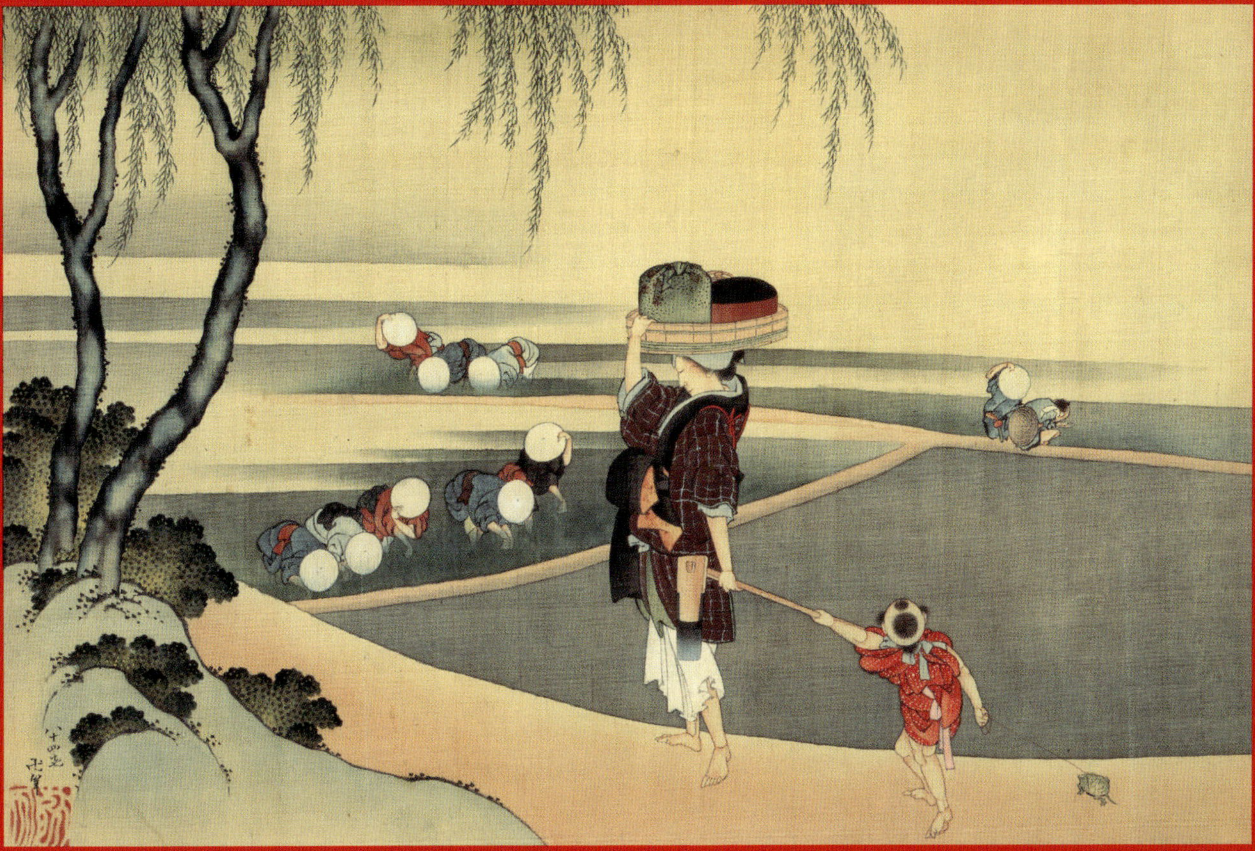

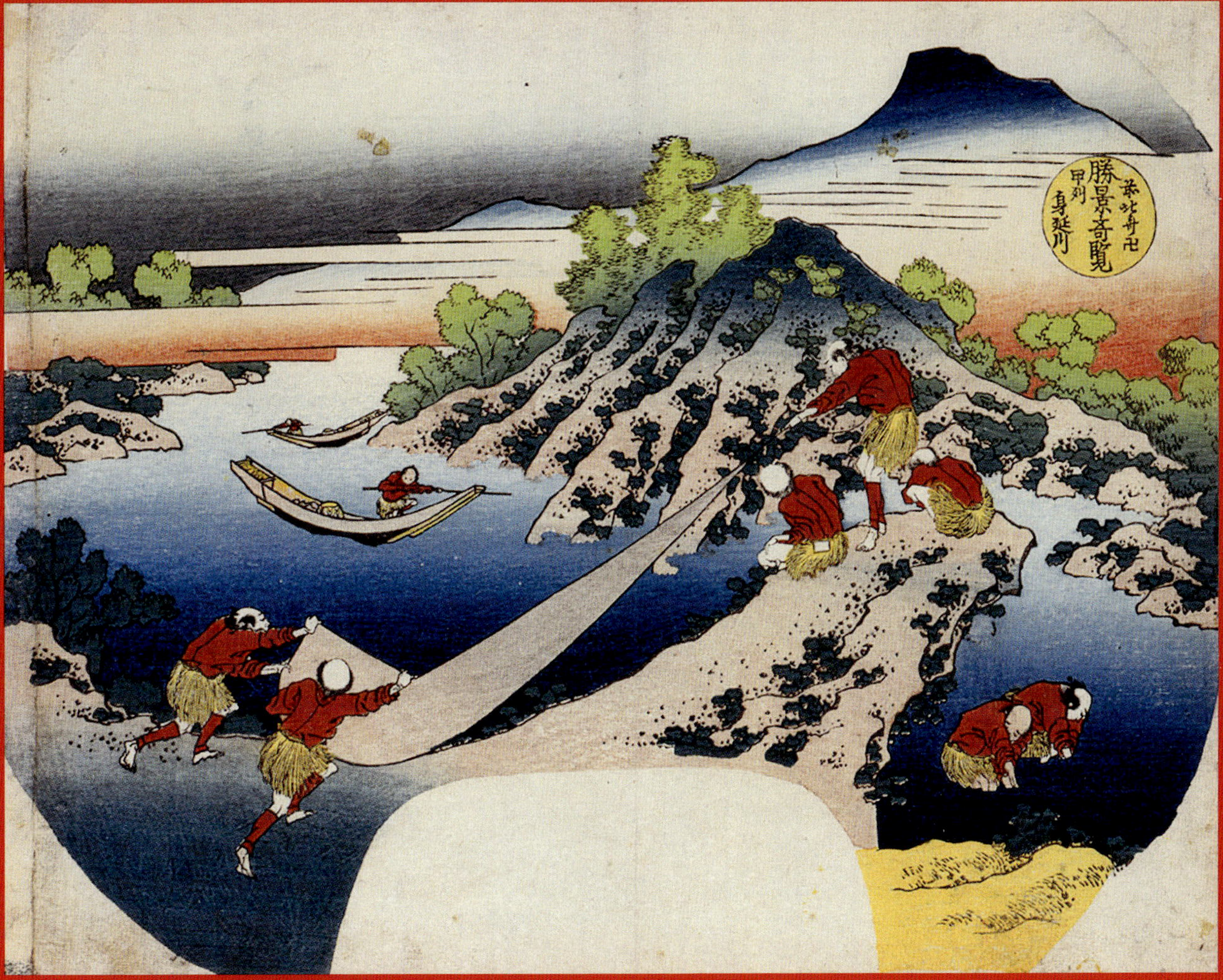
前北斎卍
勝景奇覧
甲州
身延川

UKIYO-E : IMAGES DU MONDE FLOTTANT

HOKUSAI FUT L'UN DES MAÎTRES DE L'ESTAMPE JAPONAISE, QUI CONNUT UN ÂGE D'OR AU DÉBUT DU XIXe SIÈCLE ET SE CONFOND AVEC L'ÉPANOUISSEMENT DU GENRE UKIYO-E, OU « IMAGES DU MONDE FLOTTANT ». **PAR MANUEL JOVER**

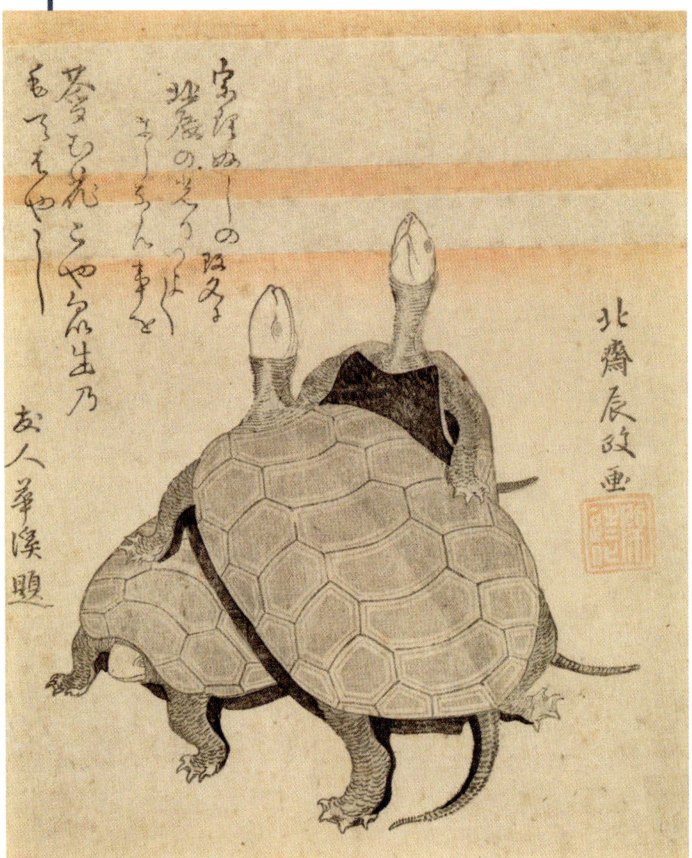

La technique de l'estampe gravée sur bois fut inventée en Chine et introduite au Japon à la suite du bouddhisme. Le terme *ukiyo* était réservé au domaine bouddhique et désignait le caractère transitoire de l'existence terrestre. Mais au XVIIe siècle, plusieurs écrivains associent à ce terme l'évocation d'aspects hédonistes de la vie contemporaine: la boisson, le théâtre de *kabuki,* les courtisanes, soit les principales attractions qu'offrait le quartier des plaisirs à Edo, appelé Yoshiwara. Ce sont là les thèmes privilégiés du genre pictural nommé Ukiyo-e, qui célèbre les plaisirs de l'existence, la beauté des êtres et des choses, tout en faisant discrètement vibrer le sentiment mélancolique de leur fugacité.

Encre brillante et rehauts de couleur

C'est à Hishikawa Moronobu (vers 1618-1694) qu'est généralement attribuée la paternité du style Ukiyo-e. À Osaka, cependant, l'école Torii se spécialise dans l'illustration de pièces de théâtre et les portraits d'acteurs célèbres. Imprimée en noir, l'estampe est recouverte d'encre brillante, laque et rehauts de couleur rouge ou orange posés au pinceau. En 1744, un éditeur met au point le système de repérage des blocs de bois qui permettra l'impression d'estampes polychromes. Perfectionné notamment par Suzuki Harunobu (1724-1770), ce procédé consiste en l'impression successive, sur une même épreuve, d'abord du bois tendre de cerisier porteur du dessin en noir, puis de plusieurs bois encrés chacun d'une couleur différente. Elles sont souvent

Ci-dessus : **Tortues,** 1798, *surimono,* 18,5 x 15,5 cm, signature : « Hokusai Tokimasa ga », Japon, collection particulière.
Page de droite, en haut : **Nouvelles Impressions. Ukiyo-e du Trésor des fidèles vassaux (acte VI),** vers 1803-1805, estampe *nishiki-e,* format *aiban,* 22,8 x 35,3 cm, signature : « Kakô ga », éditeur : Ise-ya Rihei, Tsuwano, Katsushika Hokusai Museum of Art.
Page de droite, en bas : **Yoshiwara,** série *Les Cinquante-Trois Stations de l'an neuf,* 1804, *surimono,* 13,6 x 18,2 cm, signature : « Gakyôjin Hokusai ga », Tsuwano, Katsushika Hokusai Museum of Art.

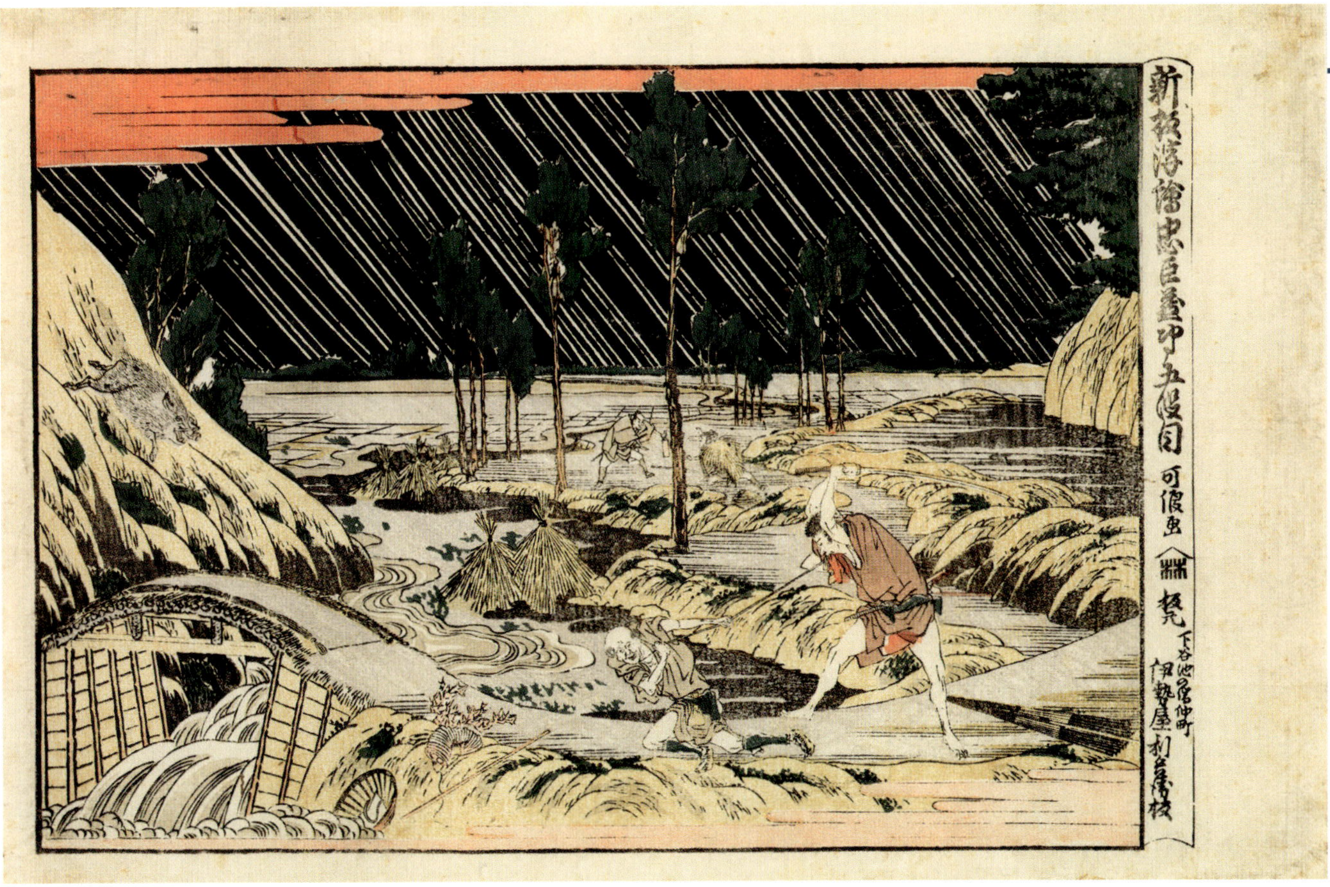
新板浮絵忠臣蔵第五段目
可候画

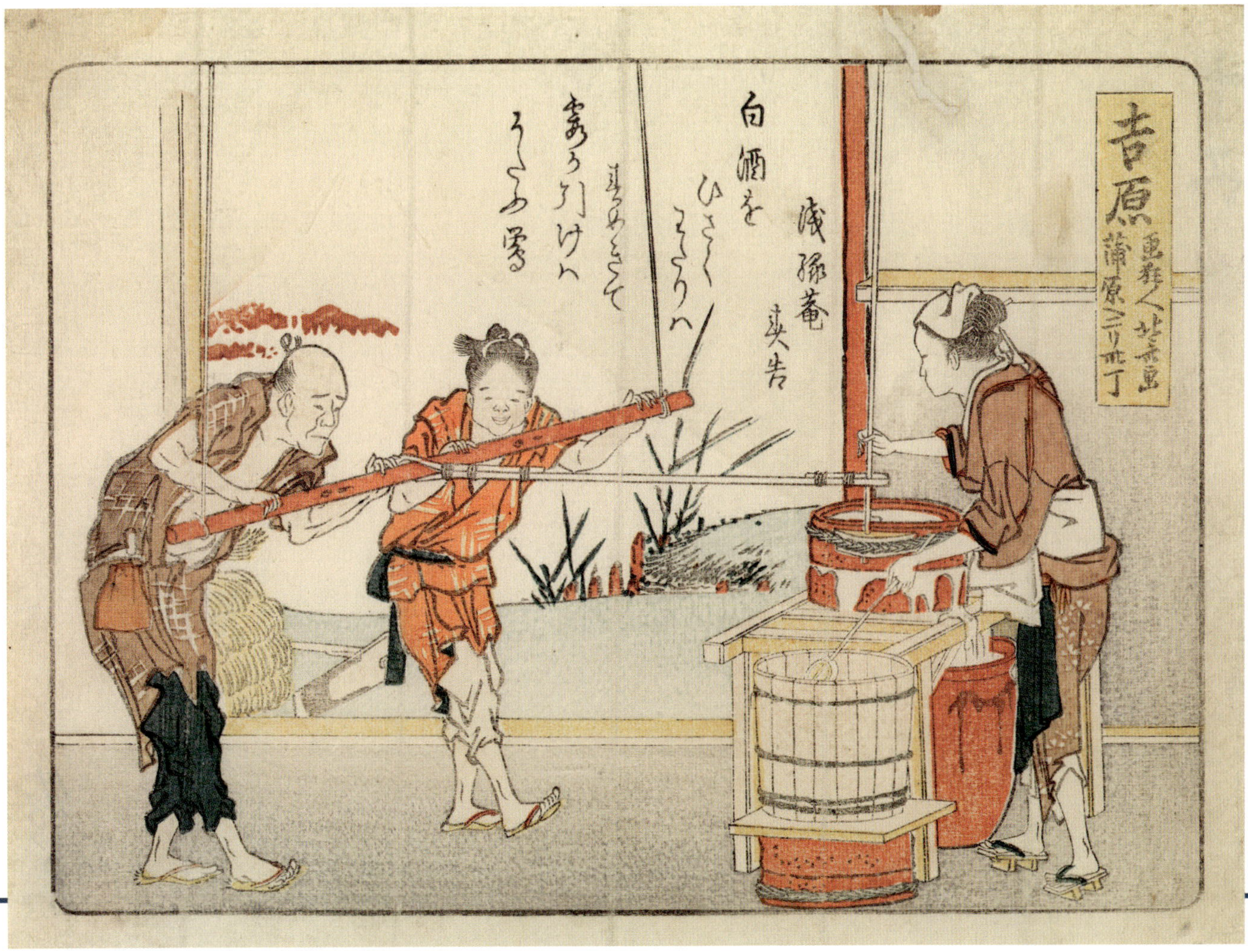
吉原

UKIYO-E : IMAGES DU MONDE FLOTTANT

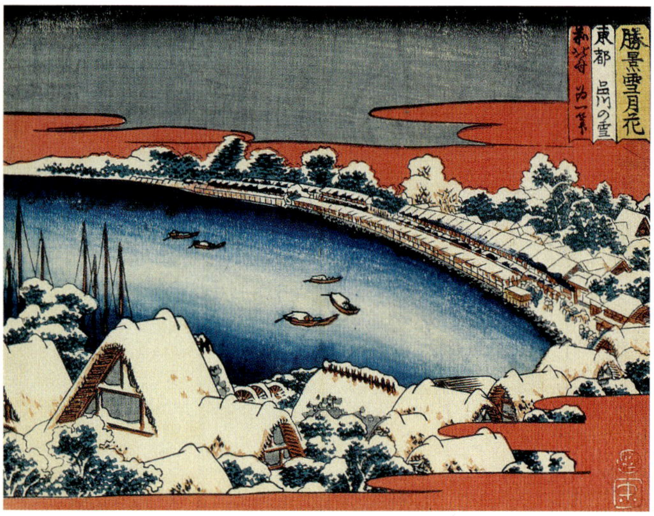

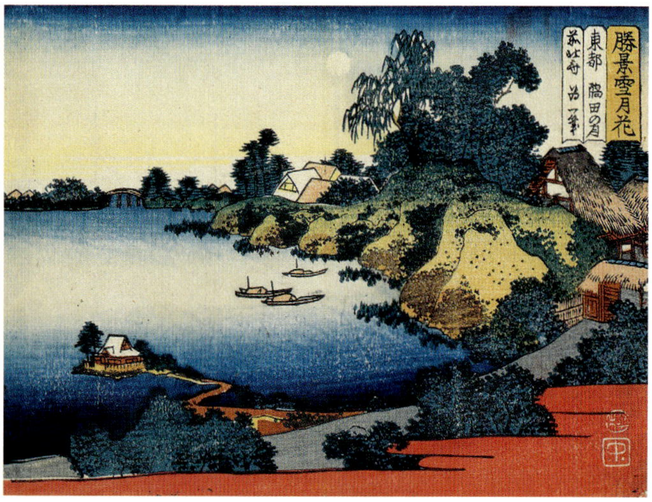

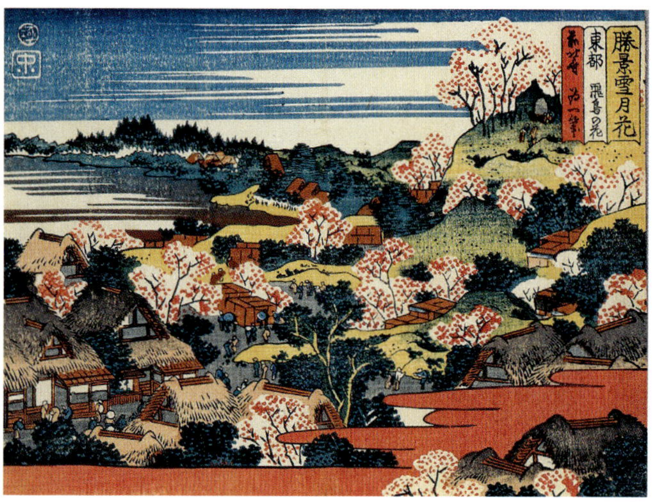

enrichies d'effets de gaufrage, d'où leur nom de *nishiki-e* : « images de brocart ».
La production d'estampes résulte de la collaboration de quatre intervenants. L'éditeur passe commande et assure la diffusion sur le marché. Le dessinateur conçoit les images et fournit les modèles avec les indications de couleurs. Le graveur travaille les bois, dégageant, en relief, les contours du dessin ; il doit préparer autant de blocs qu'il y a de couleurs. L'imprimeur, enfin, applique la feuille de papier humidifiée et recouverte d'une couche d'alun pour éviter que les teintes ne se mélangent ; il doit imprimer ces couleurs une à une, successivement. L'impression se fait manuellement et le gaufrage résulte d'une pression du coude de l'opérateur sur le papier.
Il revient à Okumura Masanobu (1686-1764), suivi par Utagawa Toyoharu (1735-1814), d'avoir introduit la perspective occidentale dans les estampes qualifiées de *ukie,* « images en perspective ». Leurs intérieurs de théâtre et leurs vues d'extérieur ouvrent la voie au paysagisme d'un Hokusai. L'Ukiyo-e connaît son apogée dans les deux dernières décennies du XVIIIe siècle, avec une pléiade de grands maîtres commandités par l'éditeur Tsutaya Jûzaburô. Kitagawa Utamaro (1753-1806), le chantre de la vie intime des femmes, et Tôshûsai Sharaku (actif en 1794-1795), le peintre inspiré des acteurs de *kabuki,* comptent parmi les plus connus.
La période suivante voit l'estampe se populariser, et le paysage occuper une place prépondérante, favorisé par l'introduction du bleu de Prusse venu d'Europe à la fin des années 1820. L'emploi de cette couleur, dont les dégradés font merveille dans le rendu du ciel et de l'eau, va de pair avec la mode croissante du style occidentalisant qui recourt à la perspective linéaire et aux ombres colorées. Si Hokusai est le premier à donner au paysage une ampleur inédite, son jeune rival Ando Hiroshige (1797-1858) instaure des formules nouvelles, avec en premier plan des motifs tronqués par le cadre, qui inspireront les peintres impressionnistes.
À côté des illustrations et des séries éditées en albums, il existe une autre catégorie d'estampes, les *surimono,* réservées, non au marché, mais à une distribution privée, à l'occasion de fêtes, de vœux saisonniers ou autres congratulations. Ce sont des estampes luxueuses, de toutes formes et dimensions, imprimées sur du très beau papier, et sophistiquées, tant par le soin apporté à la réalisation que par l'inspiration. Les commanditaires ou destinataires en étaient le plus souvent des membres de cercles littéraires.

Ci-dessus : **Neige à Nose dans la province de Settsu ; Lune sur la rivière Yodo dans la province de Settsu ; Fleurs au sanctuaire des cerisiers dans la province de Settsu.** Série *Neige, lune et fleurs des sites illustres,* vers 1830-1834, estampes *nishiki-e,* format *koban,* 3 planches, 12,5 x 17 cm chacune, signature : « Saki no Hokusai Iitsu hitsu », Tsuwano, Katsushika Hokusai Museum of Art.

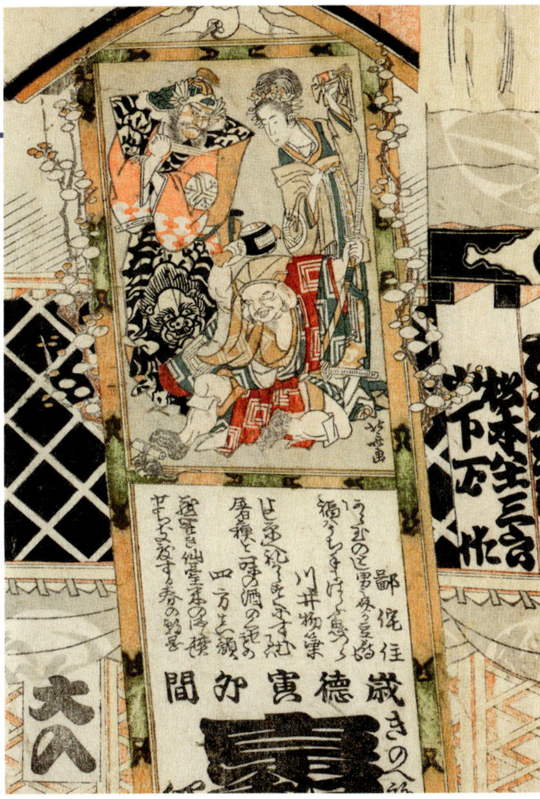

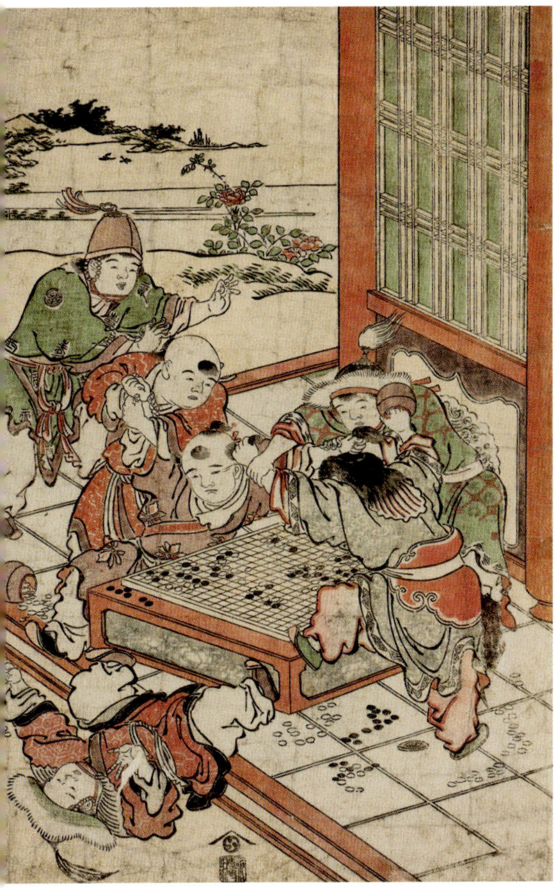

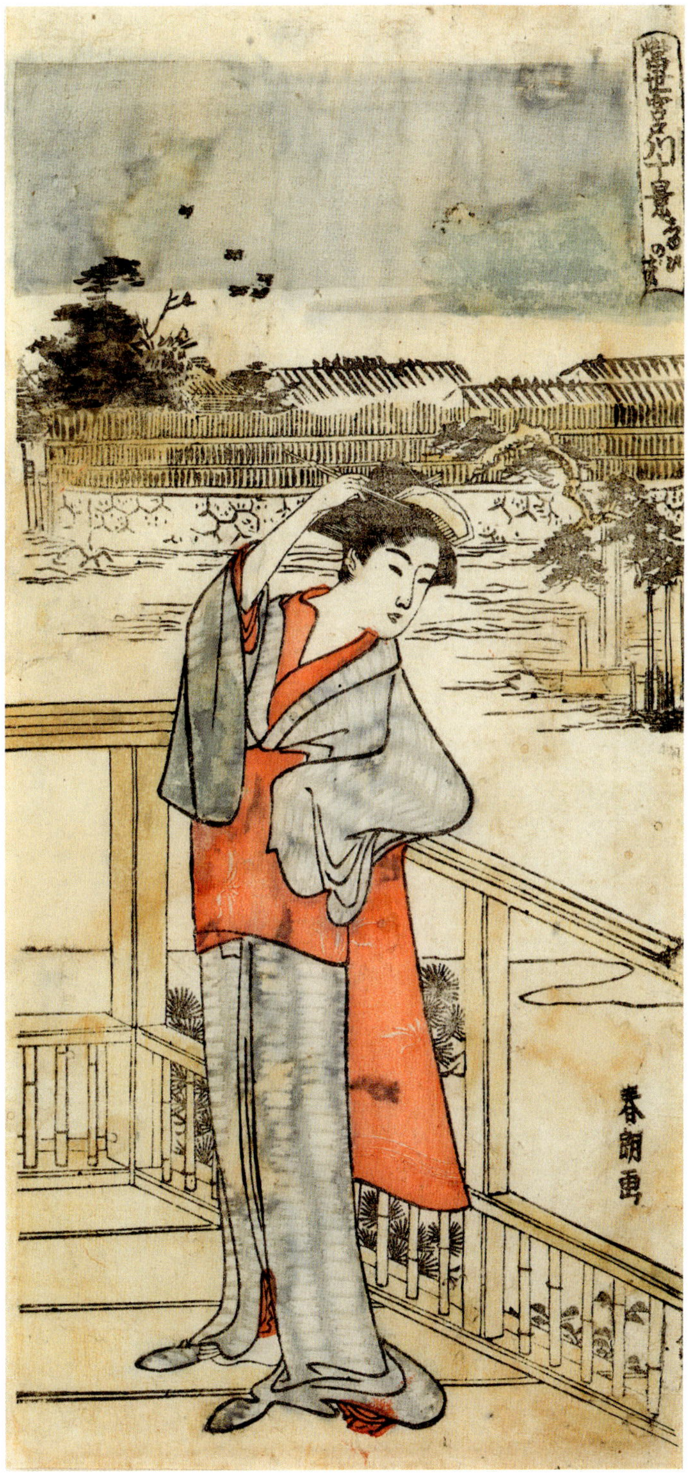

En haut : **Affiche de théâtre kabuki,** 1804, *egoyomi,* format *koban,* 19 x 13,3 cm, signature : « Hokusai ga », Bruxelles, Musées royaux d'art et d'histoire.
Ci-dessus, à gauche : **Dispute d'enfants chinois autour d'une partie de go,** vers 1787-1793, estampe *nishiki-e,* format *ôban,* 34,2 x 23,8 cm, signature : « Shunrô », éditeur : Nishimura-ya Yohachi, Bruxelles, Musées royaux d'art et d'histoire.
À droite : **Le Pin de Yoshiwara,** série *Dix Vues contemporaines de la rivière Miyato,* 1784-1789, estampe *nishiki-e,* format *hosoban,* 28,6 x 13,7 cm, signature : « Shunrô ga », Tsuwano, Katsushika Hokusai Museum of Art.

HOKUSAI MANGA

HOKUSAI N'A PAS SEULEMENT GRAVÉ OU PEINT, IL A AUSSI INVENTÉ LES *MANGA,* SORTE D'ENCYCLOPÉDIE DESSINÉE OÙ IL DÉPLOIE SON EXTRAORDINAIRE SENS DE L'OBSERVATION, DU PITTORESQUE ET DU DÉTAIL.

PAR MANUEL JOVER

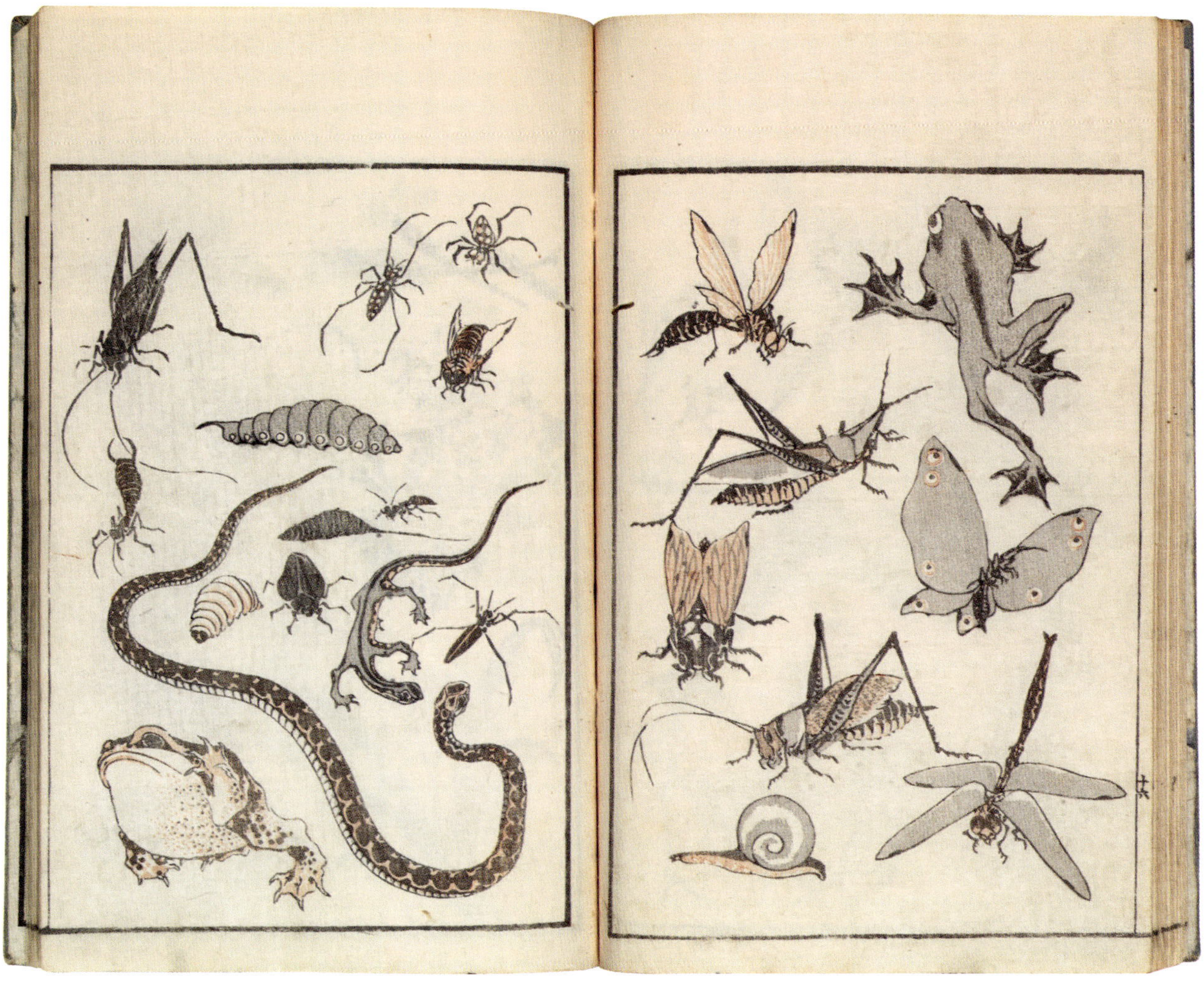

Ci-dessus : **Hokusai manga, carnets de croquis divers de Hokusai,** carnet n° 1, 1814, 1 recueil de motifs pour l'apprentissage du dessin, format *hanshibon,* signature : « Katsushika Hokusai hitsu », éditeur : Eiraku-ya Tôshirô, Tsuwano, Katsushika Hokusai Museum of Art.
Page de droite : **Enveloppe de protection du carnet de croquis n° 5,** 1816, 23,3 x 15,5 cm, éditeur : Kakumaru-ya Jinsuke Japon, collection particulière.

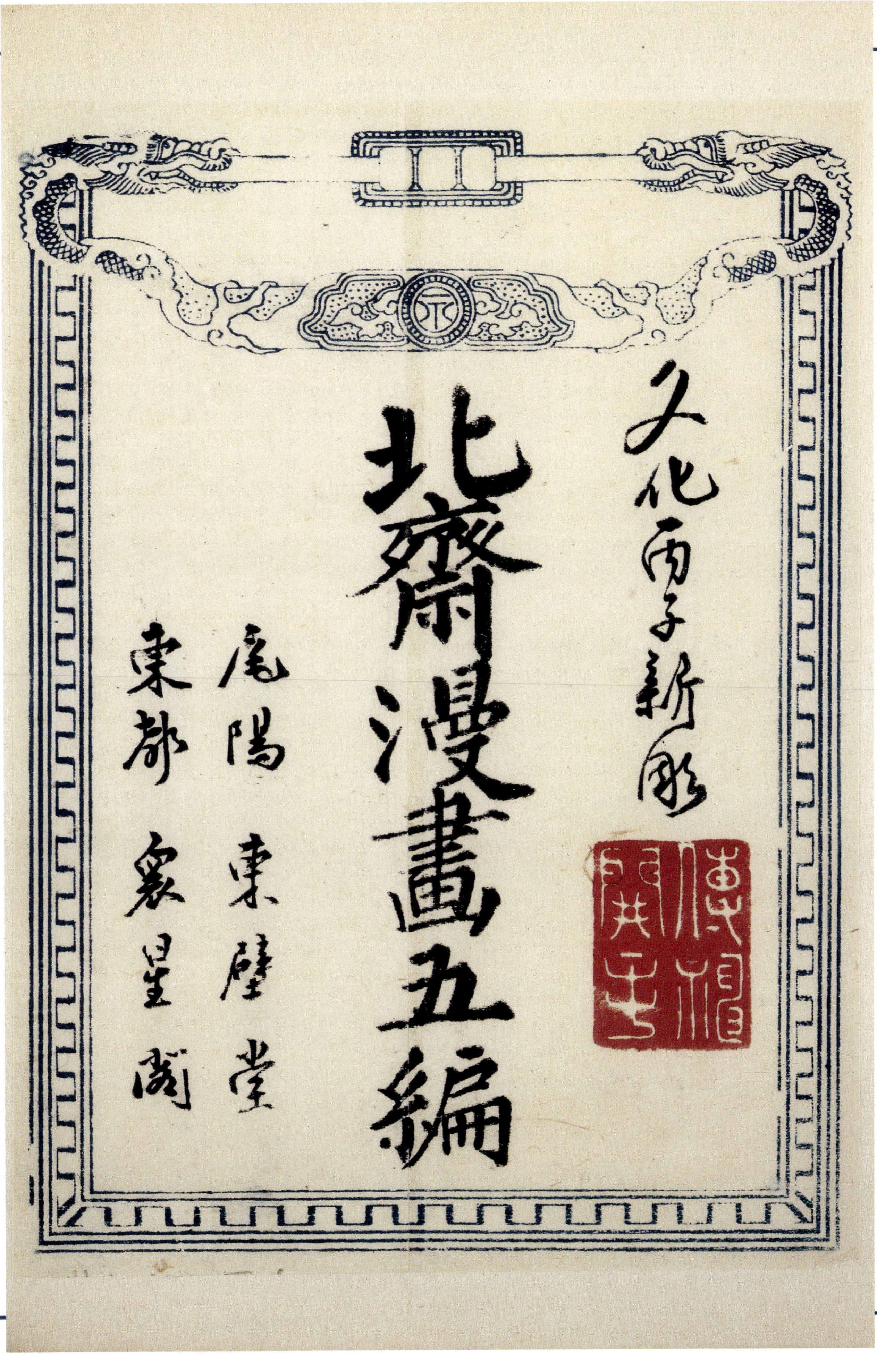
文化丙子新鐫
北斎漫畫五編
尾陽　東壁堂
東都　衆星閣

Le terme *manga* ne prend son sens de bande dessinée qu'au XXe siècle. À l'époque de Hokusai, il signifie « dessins grotesques », d'inspiration fantaisiste et spontanée, volontiers caricaturale, mais correspond aussi à des scènes prises sur le vif. S'il y a eu plusieurs précédents entre la fin du XVIIIe et le début du XIXe siècle, l'entreprise de Hokusai revêt une ampleur inédite, puisqu'elle ne compte pas moins de quinze volumes, publiés à Nagoya entre 1814 et 1834, suivis de deux autres, posthumes. La série s'arrête au dixième volume, peut-être en 1819, et ne reprend qu'en 1834. L'introduction du onzième tome nous apprend que le vieillard Hokusai espérait bien aller jusqu'au vingtième...

Source d'émerveillement

« *Les Manga,* écrit Nagata Seiji dans le catalogue de l'exposition, *étaient des manuels d'apprentissage, qui servaient aux disciples de l'artiste durant leur formation ainsi qu'aux dessinateurs qui le révéraient ; mais l'œuvre était aussi une source d'émerveillement par la richesse de son contenu et donnait envie de l'apprécier esthétiquement chaque fois que cela était possible. La preuve de ce phénomène se trouve dans les sceaux [ex-libris] des propriétaires de l'ouvrage, qui – depuis les seigneurs et les savants jusqu'aux bibliophiles de province – attestent de l'existence d'un nombre très large d'amateurs dont la place dans la hiérarchie sociale d'alors n'avait que peu d'importance.* »

Les *Manga* sont une sorte d'encyclopédie dessinée, sans texte, excepté les différentes préfaces. L'artiste y fait la démonstration époustouflante de son génie de dessinateur, les multiples modulations du trait et quelques grisés, sans recours à la couleur, suffisant à décrire, avec un sens inouï du pittoresque et du détail individuel, les mille aspects, réels ou imaginaires, de l'existence au Japon.

Les *Manga* expriment, *« comme aucune autre œuvre, la réaction de l'artiste face au Japon dans son ensemble, sa vie quotidienne, la ville, la campagne, les gens, tous les métiers, l'histoire, la légende, la mythologie, découvrant quelque chose de gargantuesque et d'aveugle par l'appétit qu'il révèle et quelque chose de surhumain dans l'effort constant à relater son point de vue »,* écrit Jack Hillier. Et Henri Focillon : Hokusai *« est partout, sur la voie publique, au coin des vieux temples, dans la demeure des pauvres et des riches, au bord de la Sumida, sur le rivage de la mer où fourmillent les monstres, sous les pins légendaires de Takasago. Les dieux et les anciens empereurs divinisés, les guerriers chinois fameux succèdent à des acrobates, à des portefaix, à des lutteurs [...] Des enfants se poursuivent et se culbutent au coin des pages. Et toujours les métiers, leurs accessoires, leurs outils, l'élevage des vers à soie [...], une surprenante curiosité des secrets de l'industrie et des miracles de la main. Le tout, au hasard de l'observation et de la fantaisie – le pêle-mêle d'un univers vidé d'un seul coup entre les feuillets de ces albums, où la vie frémit encore. »*

Elle y frémit en effet, et c'est à bon droit que Hokusai pouvait dire que ses figures étaient si vivantes qu'elles voulaient s'échapper de leur page. C'est que l'artiste ne se contente pas de dépeindre un motif : il lui faut encore le représenter sous plusieurs angles et dans des attitudes diverses. Ainsi une femme à sa toilette est montrée dans ses différents gestes, se lavant les aisselles, le cou, s'essuyer le dos... *Idem* pour le plongeur, le danseur, le lutteur : l'impression, en ce cas, est presque cinétique.

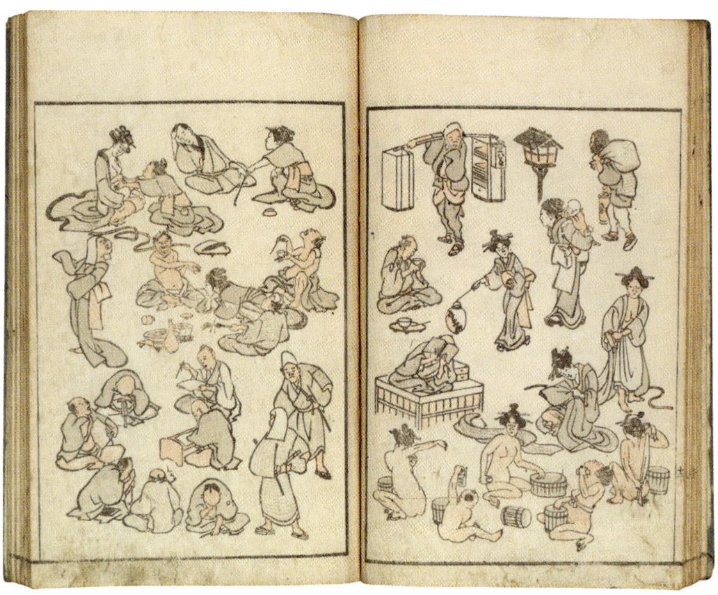

Hokusai manga, carnet de croquis divers de Hokusai, 1814, fascicule de modèles de dessins, format *hanshibon*, signature : « Katsushika Hokusai hitsu », éditeur : Eiraku-ya Tôshirô, Japon, collection particulière.

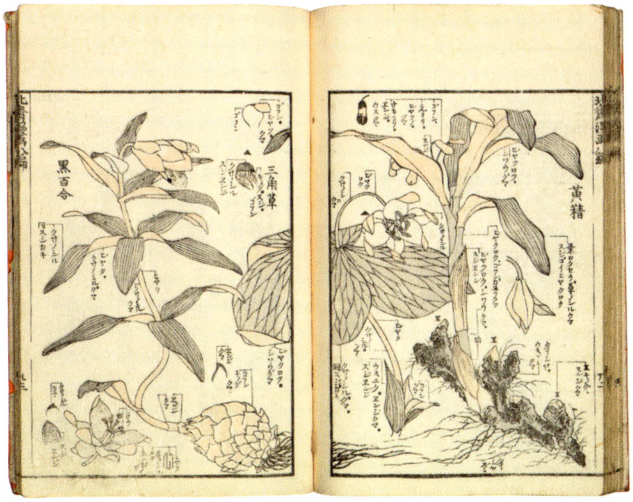

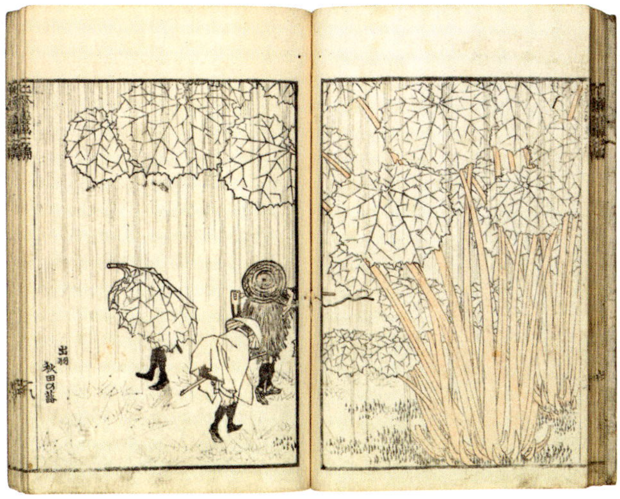

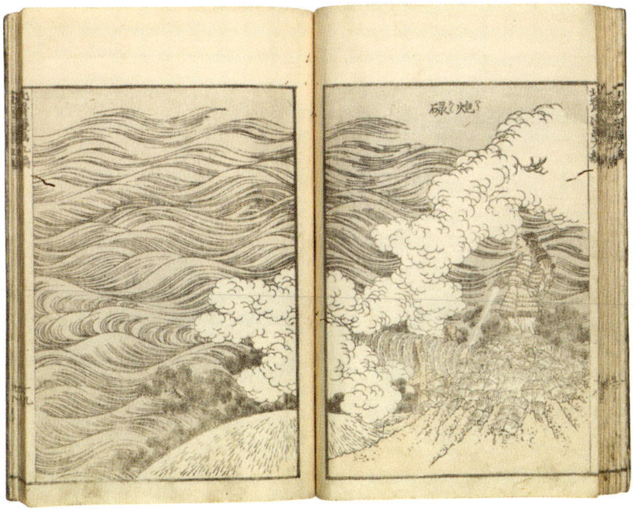

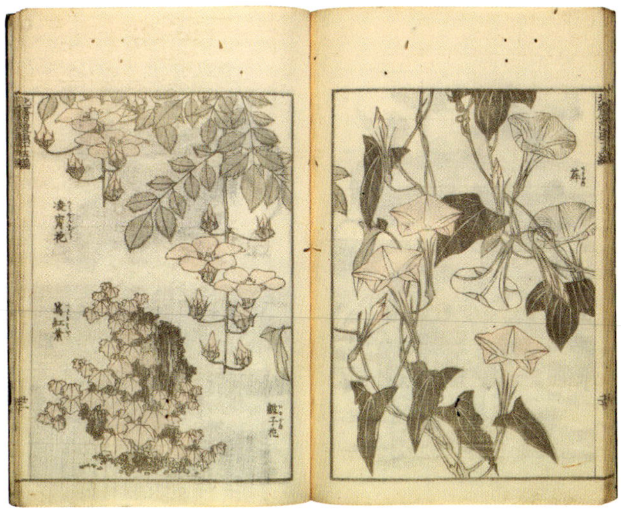

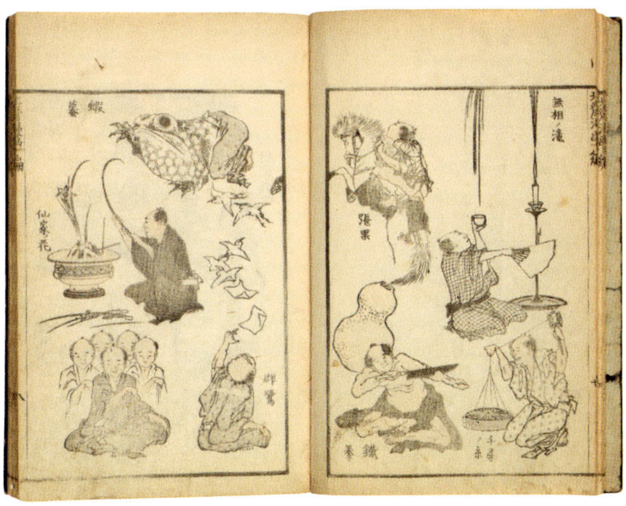

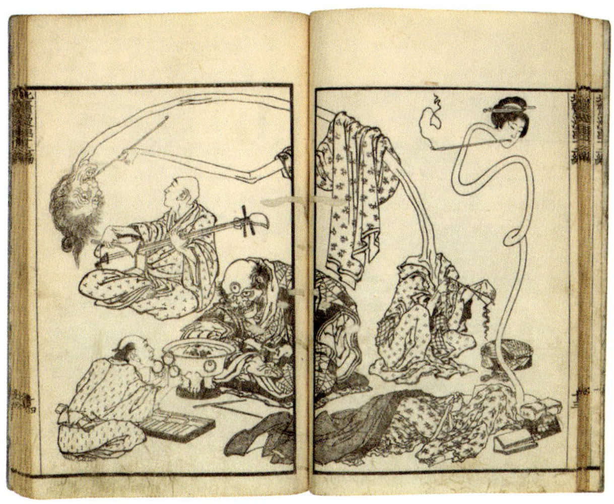

De haut en bas et de gauche à droite : **Hokusai manga, carnet n° 8,** 1818, signature : « Hokusai aratame Katsushika Taito », éditeur : Kakumaru-ya Jinsuke Tsuwano ; **carnet n° 7,** 1817, signature : « Hokusai aratame Katsushika Taito », éditeur : Kakumaru-ya Jinsuke Tsuwano ; **carnet n° 9,** 1819, signature : « Hokusai aratame Katsushika Taito », éditeur : Kakumaru-ya Jinsuke ; **carnet n° 15,** 1878, éditeur : Eiraku-ya Tôshirô ; **carnet n° 10,** 1819, pour les 5 : recueil de motifs pour l'apprentissage du dessin, format *hanshibon,* Tsuwano, Katsushika Hokusai Museum of Art ; **carnet n° 12,** 1834, recueil de motifs pour l'apprentissage du dessin, format *hanshibon,* signature : « Saki no Hokusai Iitsu », éditeur : Eiraku-ya Tôshirô, Japon collection particulière.

ŒUVRES COMMEN

DES ACTEURS ET COURTISANES AUX TRENTE-SIX VUES DU MONT FUJI, DES CASCADES ET CÉLÈBRES PONTS AUX SÉRIES DE GRANDES ET DE PETITES FLEURS, DES POÈTES AUX FANTÔMES ET ANIMAUX FABULEUX, L'ŒUVRE DE HOKUSAI REND COMPTE DES MILLE ASPECTS DE LA NATURE ET DU MONDE, DANS UNE HARMONIE SANS ÉGALE. FLORILÈGE DE QUELQUES-UNES DES PLUS BELLES SÉRIES QUI TÉMOIGNENT DU TALENT DE CET ARTISTE HORS NORMES.

PAR MANUEL JOVER

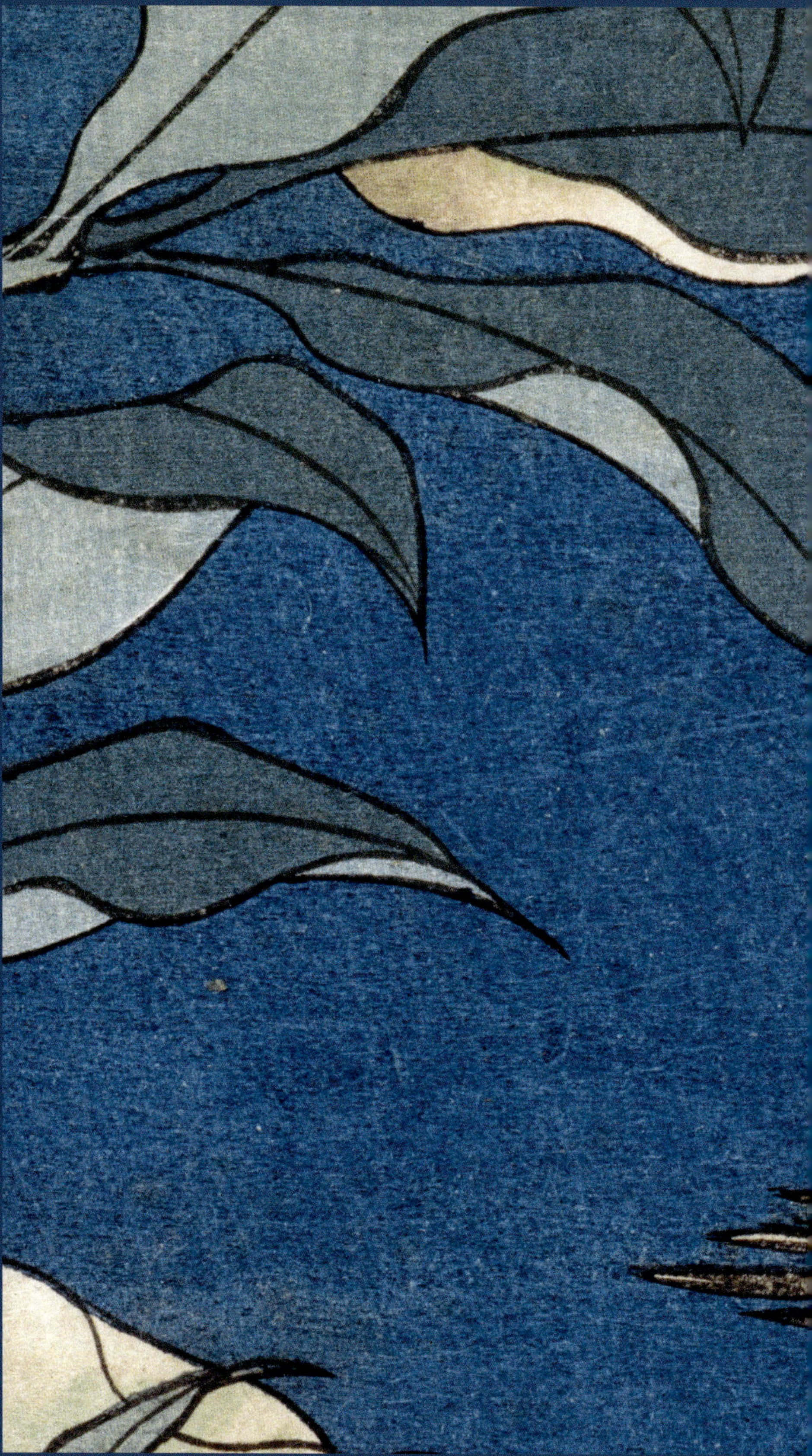

Pivoines et Canari, (détail), vers 1834, estampe *nishiki-e*, format *chûban*, 25,4 x 18,3 cm, signature : « Saki no Hokusai Iitsu hitsu », Berlin, Staatliche Museen zu Berlin, Museum für Asiatische Kunst.

TÉES

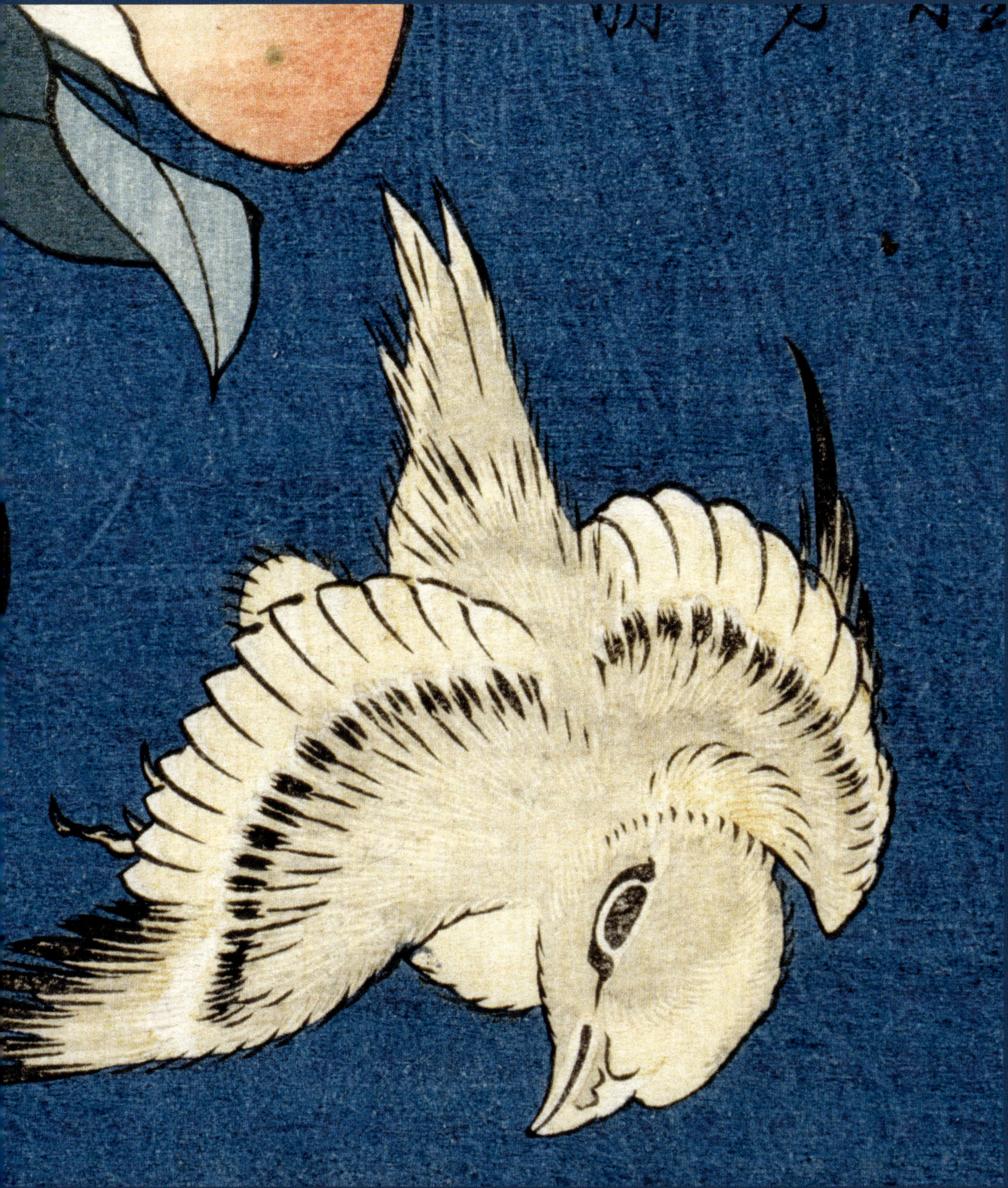

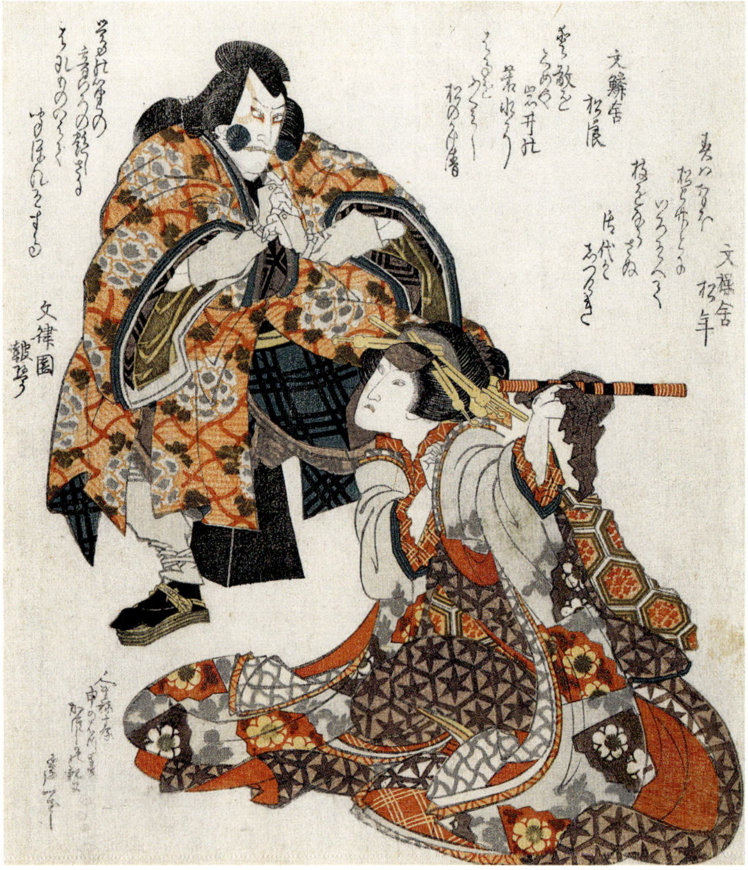

La tradition veut qu'à l'âge de 18 ans, Hokusai fut reçu dans l'atelier du portraitiste d'acteurs Katsukawa Shunshô et que dès 1779, il se soit fait remarquer avec une série de portraits d'acteurs, sous le nom de Katsukawa Shunrô. Jusque vers 1792, il produit quantité de gravures de théâtre, genre populaire très prisé, ce qui explique la qualité parfois médiocre de ces tirages de jeunesse. Les *surimono* de théâtre, en revanche, sont très soignés. Les Ichikawa Danjûrô ont été la famille d'acteurs de *kabuki* la plus célèbre de toute la période d'Edo, leur lignée se compose de neuf membres illustres, dont le dernier mourut en 1903. Danjûrô VII hérita du nom en 1800 et le garda durant trente ans. Plusieurs grands artistes de cette période, dont Hokusai, se disputèrent son attention.

La représentation de beautés féminines, des courtisanes la plupart du temps, est, avec le théâtre, la principale thématique des peintres de l'Ukiyo-e. Mais c'est un thème varié, car ces belles dames sont dépeintes, non seulement dans les « maisons vertes » où elles reçoivent leurs visiteurs, mais aussi dans diverses situations plaisantes. Ici, la promenade et la contemplation des cerisiers en fleurs. On y voit une célèbre courtisane (*oiran*) de Yoshiwara accompagnée de deux suivantes (*shinzô*). Les vers du poème créent un parallèle entre la fragilité des fleurs et la beauté des courtisanes, tout aussi éphémère. Cette estampe est une « image de brocart » (*nishiki-e*), ainsi nommée pour la richesse des coloris déployée dans les costumes, souvent rehaussés d'effets de gaufrage.

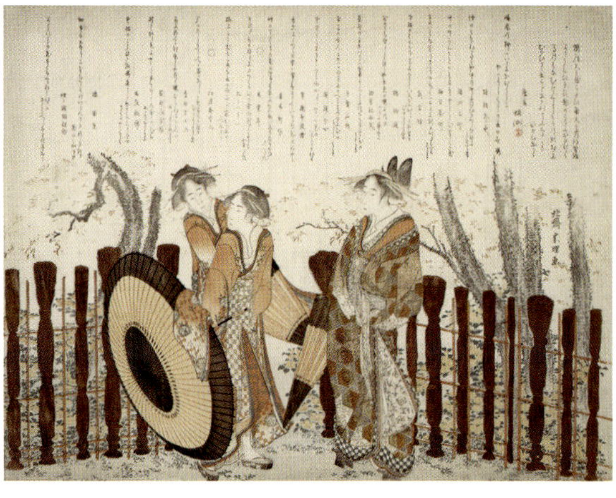

Ci-dessus :
Ichikawa Danjûrô VII et Iwai Kumesaburô II,
1824, *surimono,*
20,7 x 18,5 cm,
signature : « Katsushika no Oyaji Iitsu hitsu »,
Tsuwano, Katsushika Hokusai Museum of Art.

Ci-contre et page de droite (détail) :
Une oiran et ses deux shinzô admirant les cerisiers en fleurs à Nakanochô,
vers 1793-1797,
surimono, 47,8 x 65 cm,
signature :
« Hokusai Sôri ga »,
Paris, musée Guimet.

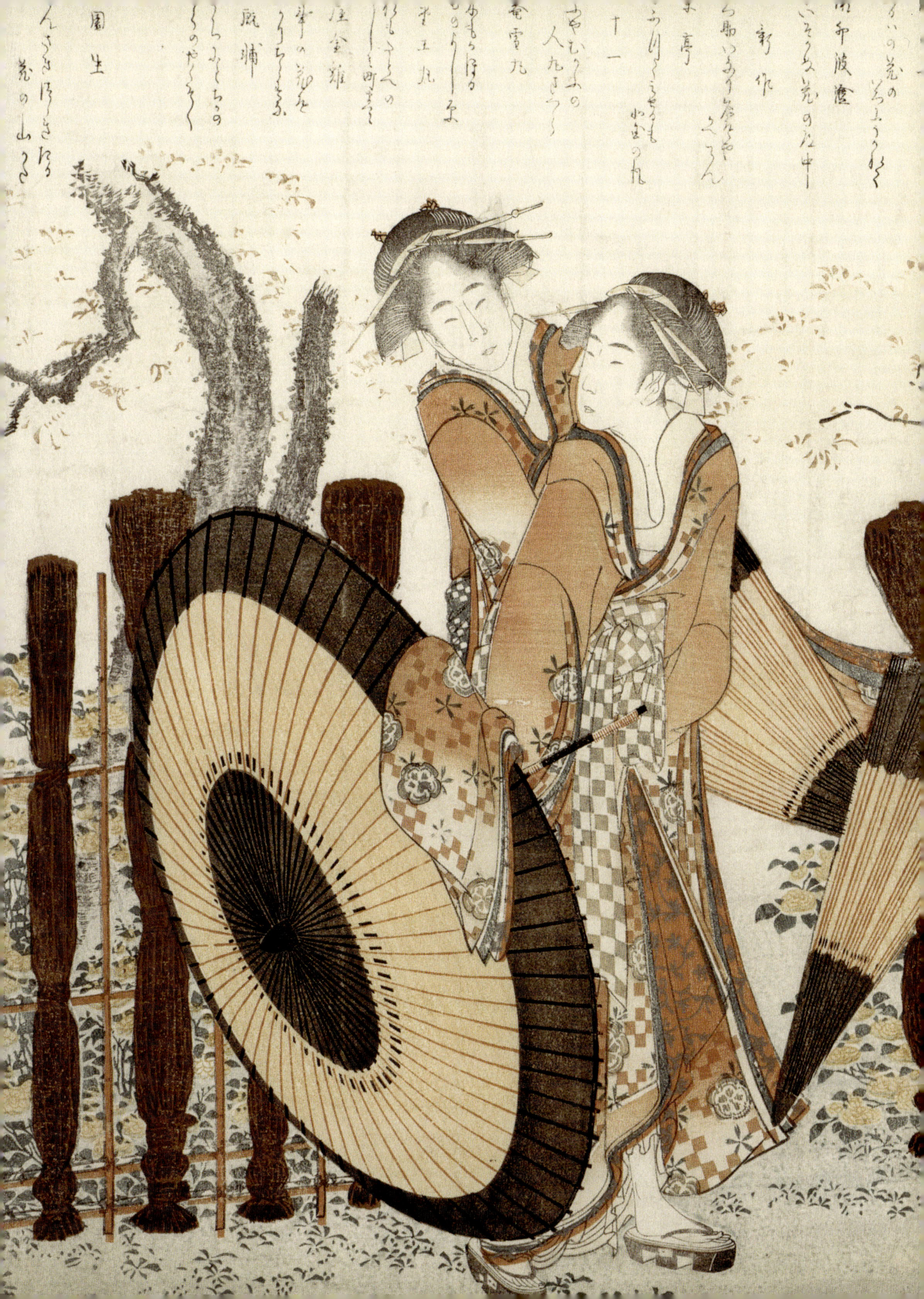

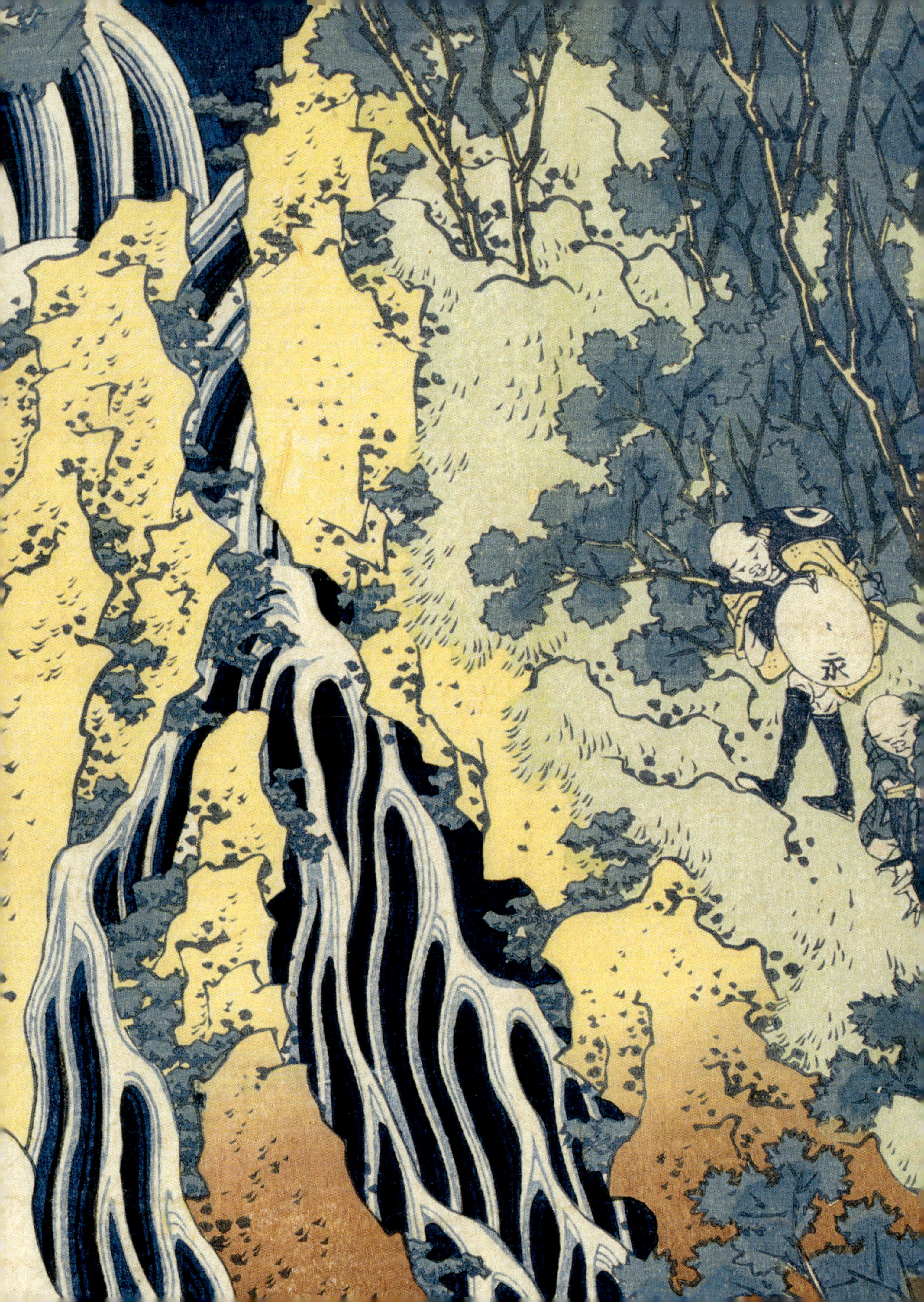

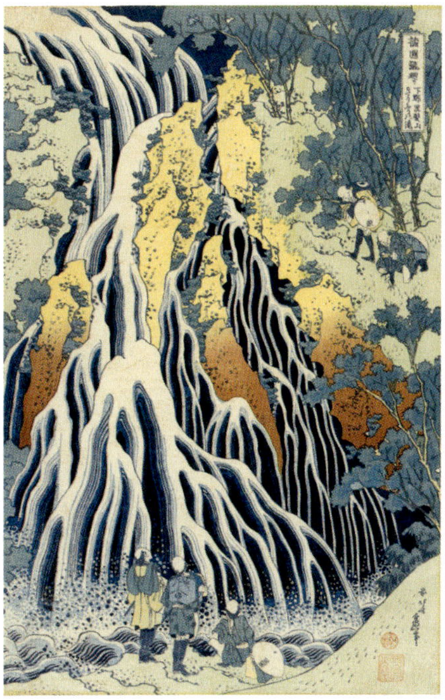

Dans le shintô, l'ancienne religion du Japon, la nature procède du monde divin et ses aspects les plus admirables, comme les grandes cascades, sont vénérés. Hokusai était très réceptif à cette dimension animiste, qui résonne dans son œuvre et en particulier dans ses paysages où l'élément humain est fondu dans la globalité de la nature.

Il avait 74 ans lorsqu'il publia cette série de huit estampes consacrée aux cascades fameuses du Japon. Ces images d'une grande beauté fascinent par la puissance de l'invention graphique et plastique dont l'artiste fait preuve, afin de restituer la sensation de masses en mouvement, la consistance presque solide des flots, et le fracas de leur chute produisant, aux pieds des promeneurs, un bouillonnement de petits points. Les personnages transmettent au spectateur un sentiment d'admiration sacrée.

Cette suite de ponts de diverses provinces comprend onze paysages de format *ôban* oblong, elle fut éditée en 1803. Le titre de la série et celui de l'estampe se lisent dans l'étroit cartouche vertical à fond jaune pâle. L'œuvre de Hokusai fourmille de ponts, l'artiste avait une prédilection pour ces constructions, comme pour les scènes de travail manuel ou mécanique, qu'il dessine avec la plus grande précision. Ce thème permet d'allier la représentation d'ouvrages d'art fameux ou pittoresques à celle des sites naturels qui les environnent, ce sont donc, là encore, des paysages à part entière. Vers 1823, il créera une estampe de très grandes dimensions pour fixer un paysage qui lui était apparu en rêve et qui comptait pas moins de cent ponts jetés sur des cours d'eau ou des précipices.

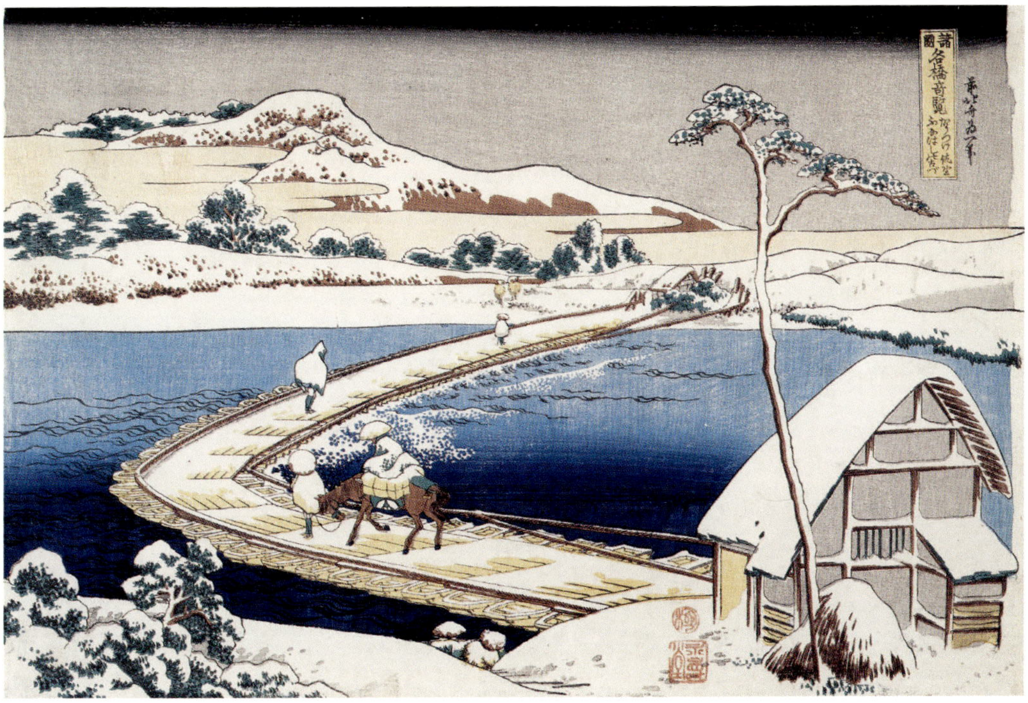

Ci-dessus et page de gauche (détail) : **Les Chutes d'eau de Kirifuri, sur le mont Kurokami, dans la province de Shimotsuke,** série *Voyage au fil des cascades des différentes provinces*, vers 1833, estampe *nishiki-e*, format *ôban*, 38,5 x 25,6 cm, signature : « Saki no Hokusai Iitsu hitsu », Paris, musée Guimet.

Ci-contre : **Pont de bateaux de Funa dans la province de Kôzuke (vue ancienne),** série *Vues extraordinaires des ponts des diverses provinces*, vers 1834, estampe *nishiki-e*, format *ôban*, 26,4 x 38,4 cm, signature : « Saki no Hokusai Iitsu hitsu », Tsuwano, Katsushika Hokusai Museum of Art.

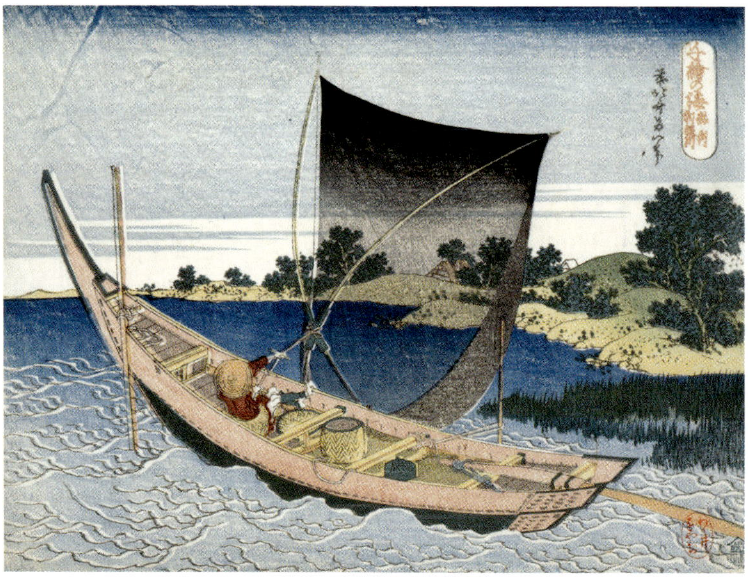

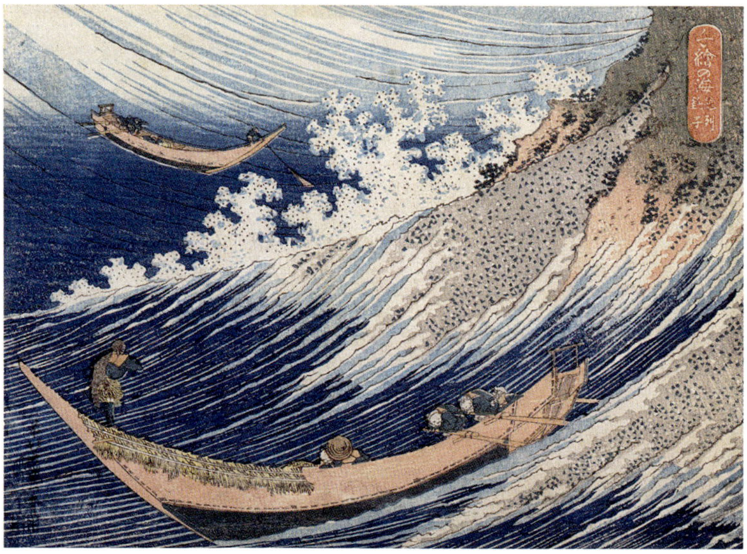

Ci-dessus, en haut :
La Rivière Tone dans la province de Sôshû,
série *Mille Images de la mer,* vers 1830-1834, estampe *nishiki-e,* format *chûban,* 17 x 25,3 cm, signature : « Saki no Hokusai Iitsu hitsu », Paris, musée Guimet.

Ci-dessus, en bas :
Chôshi dans la province de Sôshû,
série *Mille Images de la mer,* vers 1830-1834, estampe *nishiki-e,* format *chûban,* 18,2 x 25,6 cm, signature : « Saki no Hokusai Iitsu hitsu », Paris, musée Guimet.

Ci-contre et page de droite (détail) :
Pêche dans la rivière Kinugawa,
série *Mille Images de la mer,* vers 1830-1834, estampe *nishiki-e,* format *chûban,* 18,8 x 25,5 cm, signature : « Saki no Hokusai Iitsu hitsu », Paris, musée Guimet.

Ces *Mille Images de la mer,* en réalité, se résument à dix planches, et datent de la dernière période de la carrière de l'artiste. Elles traitent d'activités humaines en mer, sur les rivières et sur leurs rivages, et offrent des spectacles aussi variés que l'abordage, par une flottille de bateaux, d'une baleine échouée au large de l'île de Gotô, une pêche nocturne à la lueur des torches, le ramassage des coquillages sur une plage... Ces trois estampes sont un condensé de l'art de Hokusai à son sommet. Les pêcheurs de la rivière Kinu offrent un ample éventail d'attitudes observées sur le vif et illustrent à merveille l'intérêt de l'artiste pour l'habileté industrieuse des hommes. La mer démontée, à Shoshi, plonge le spectateur au creux de la vague en lui faisant ressentir le mouvement des flots, leur reflux irrésistible qui entraîne la barque. Et le pêcheur sur la rivière Tonegawa nous régale d'un spectacle inédit : le paysage recadré à travers la voile noire et transparente de son embarcation. Dans tous les cas, l'invention graphique est stupéfiante. Les artistes occidentaux de la fin du XIXe siècle, fascinés, s'en inspireront abondamment.

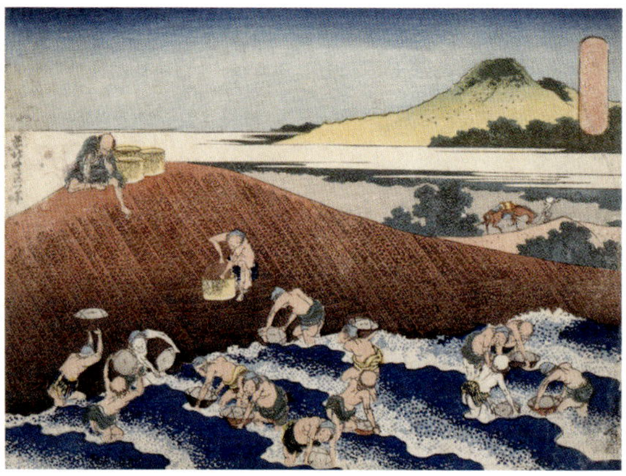

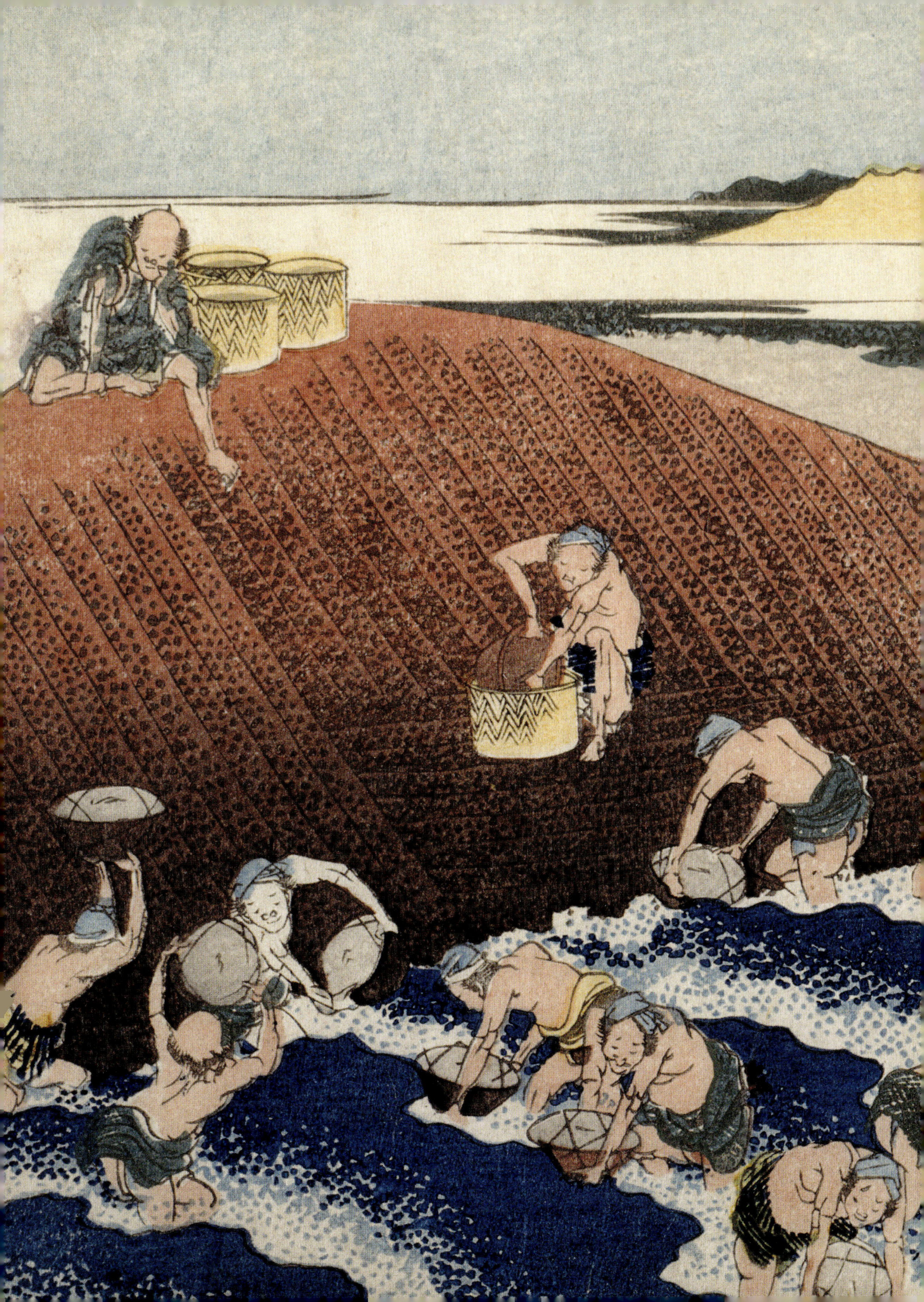

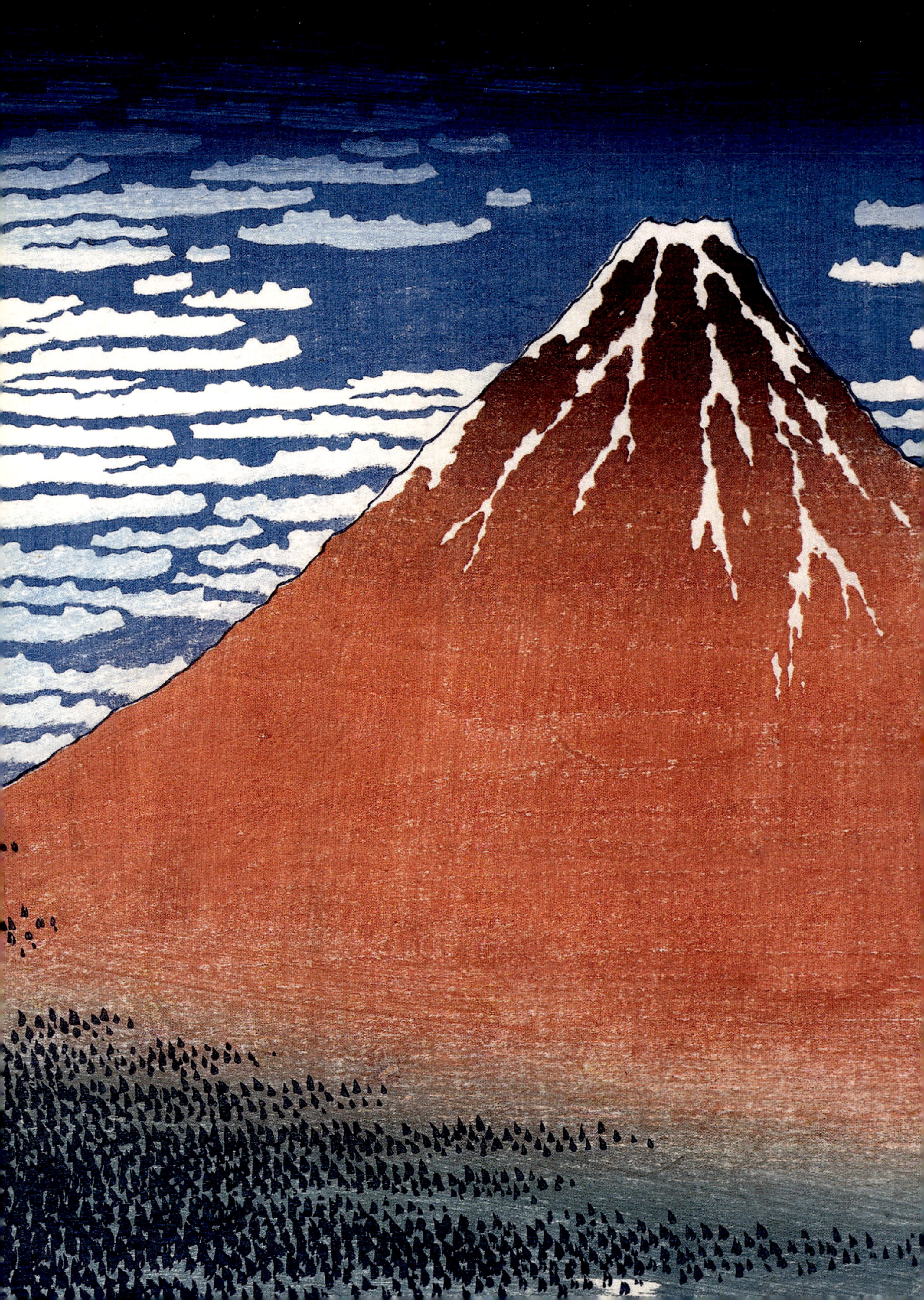

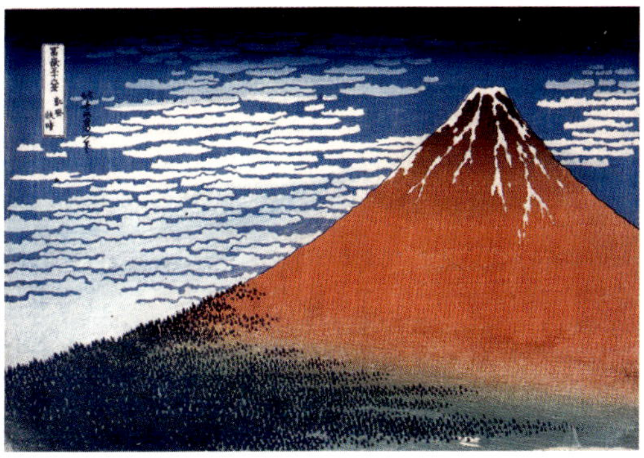

En 1831, l'éditeur Nishimura Eijudô annonçait la publication des *Trente-Six Vues du mont Fuji, « broyées à l'encre bleu de Prusse »* et *« dessinées d'endroits différents »*. Le succès fut grand et immédiat, si bien que l'éditeur demanda dix planches supplémentaires. Introduit depuis peu, le bleu de Prusse donna naissance à la technique *aizuri-e,* dont Hokusai tira les plus beaux effets, des sensations jusque-là inédites de profondeur spatiale. Le charme de cette suite tient en partie à la variété des points de vue, de près ou de loin, l'artiste tournant autour de la montagne sacrée de façon à donner à voir aussi tous les sites environnants et les activités humaines qui s'y déroulent. L'ampleur des paysages n'a d'égale que l'originalité des cadrages souvent savoureux, qui créent à chaque fois la surprise. Le Fuji apparaît en arrière-plan, à travers le cercle d'un tonneau en cours de fabrication, au creux d'une vague monstrueuse, petit triangle enneigé posé à l'horizon ou bien forme abstraite et divine dressée en majesté au-dessus des nuages et des éclairs.

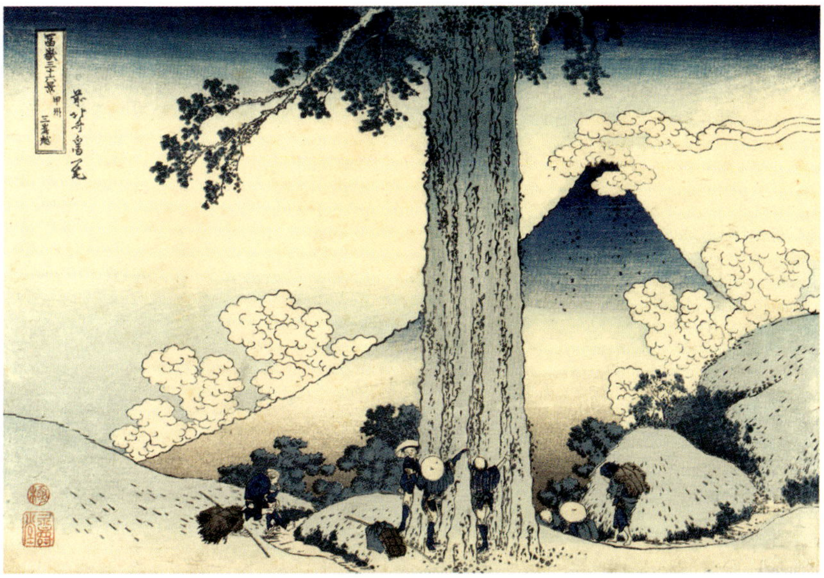

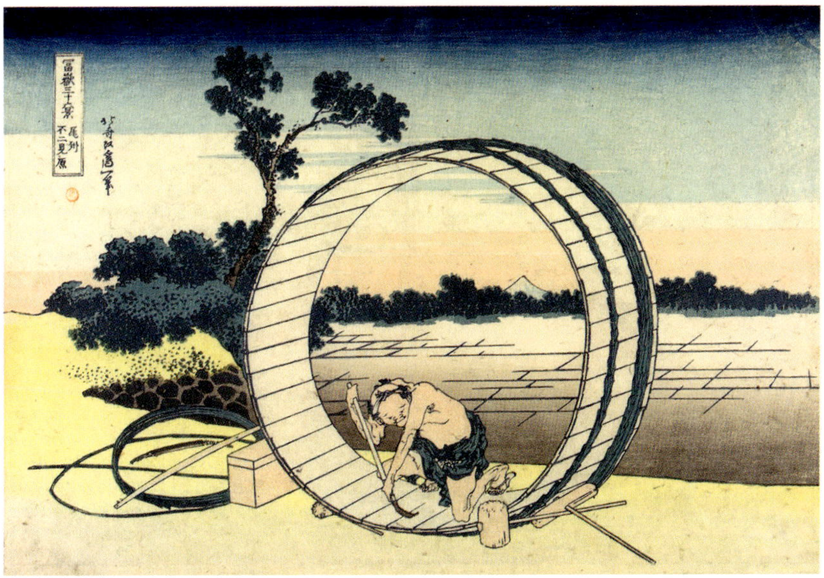

Ci-dessus et page de gauche (détail) : **Vent du sud, ciel clair (Le Fuji rouge),** série *Trente-Six Vues du mont Fuji,* vers 1830-1834, estampe *nishiki-e,* format *ôban,* 26,1 x 38,1 cm, signature : « Hokusai aratame Iitsu hitsu », Londres, The British Museum.

Ci-contre : **La passe de Mishima dans la province de Kôshû,** série *Trente-Six Vues du mont Fuji,* vers 1830-1834, estampe *nishiki-e,* format *ôban,* 26,1 x 38,6 cm, signature : « Saki no Hokusai Iitsu hitsu », Londres, Victoria and Albert Museum.

À droite : **Plaine d'où l'on voit le Fuji dans la province de Bishû,** série *Trente-Six Vues du mont Fuji,* vers 1830-1834, estampe *nishiki-e,* signature : « Hokusai aratame Iitsu hitsu », Londres, Victoria and Albert Museum.

Double page suivante : **Dans le creux d'une vague au large de Kanagawa,** série *Trente-Six Vues du mont Fuji,* vers 1830-1834, estampe *nishiki-e,* format *ôban,* 25,6 x 37,2 cm, signature : « Hokusai aratame Iitsu hitsu », Bruxelles, Musées royaux d'art et d'histoire.

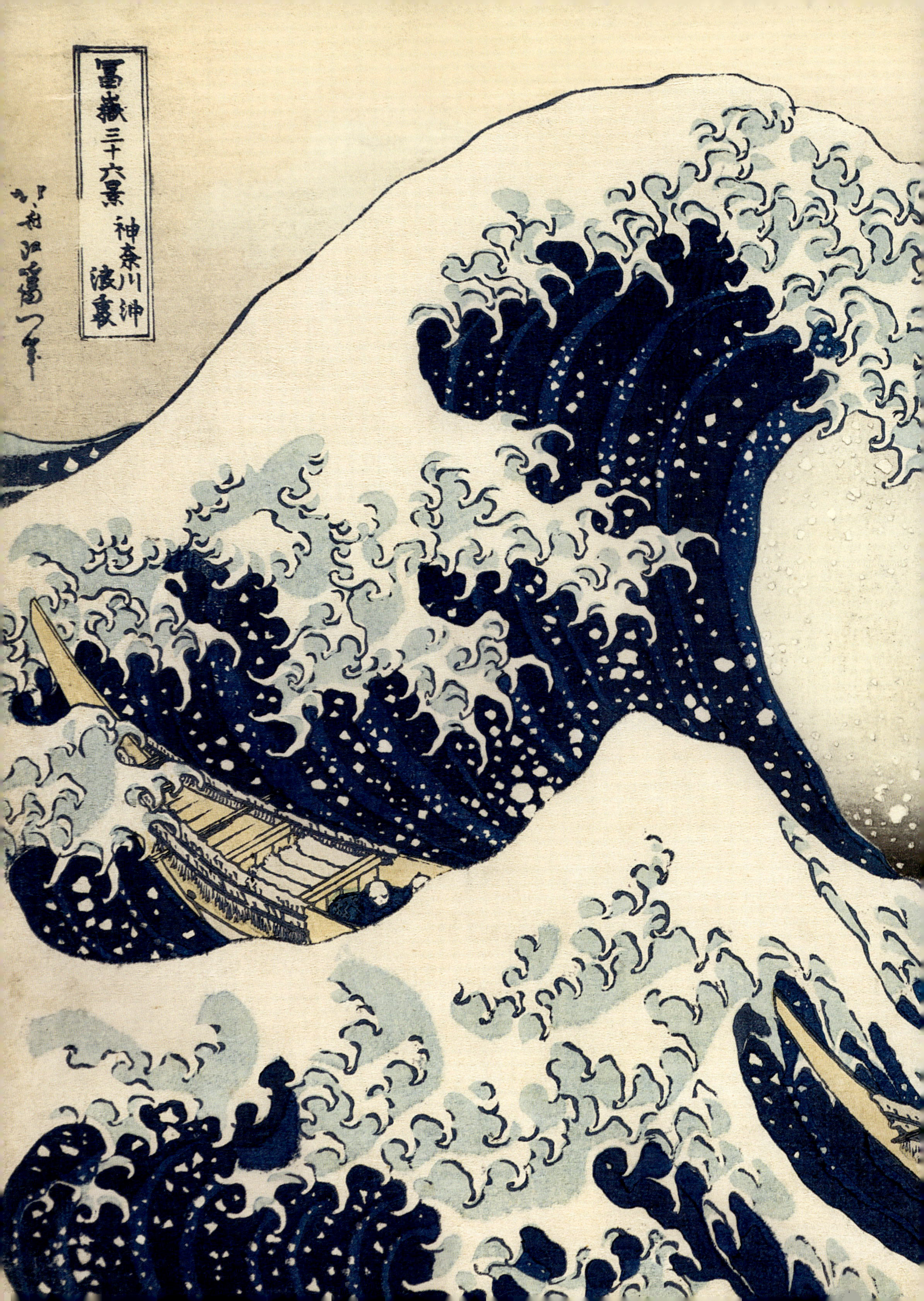
冨嶽三十六景
神奈川沖
浪裏

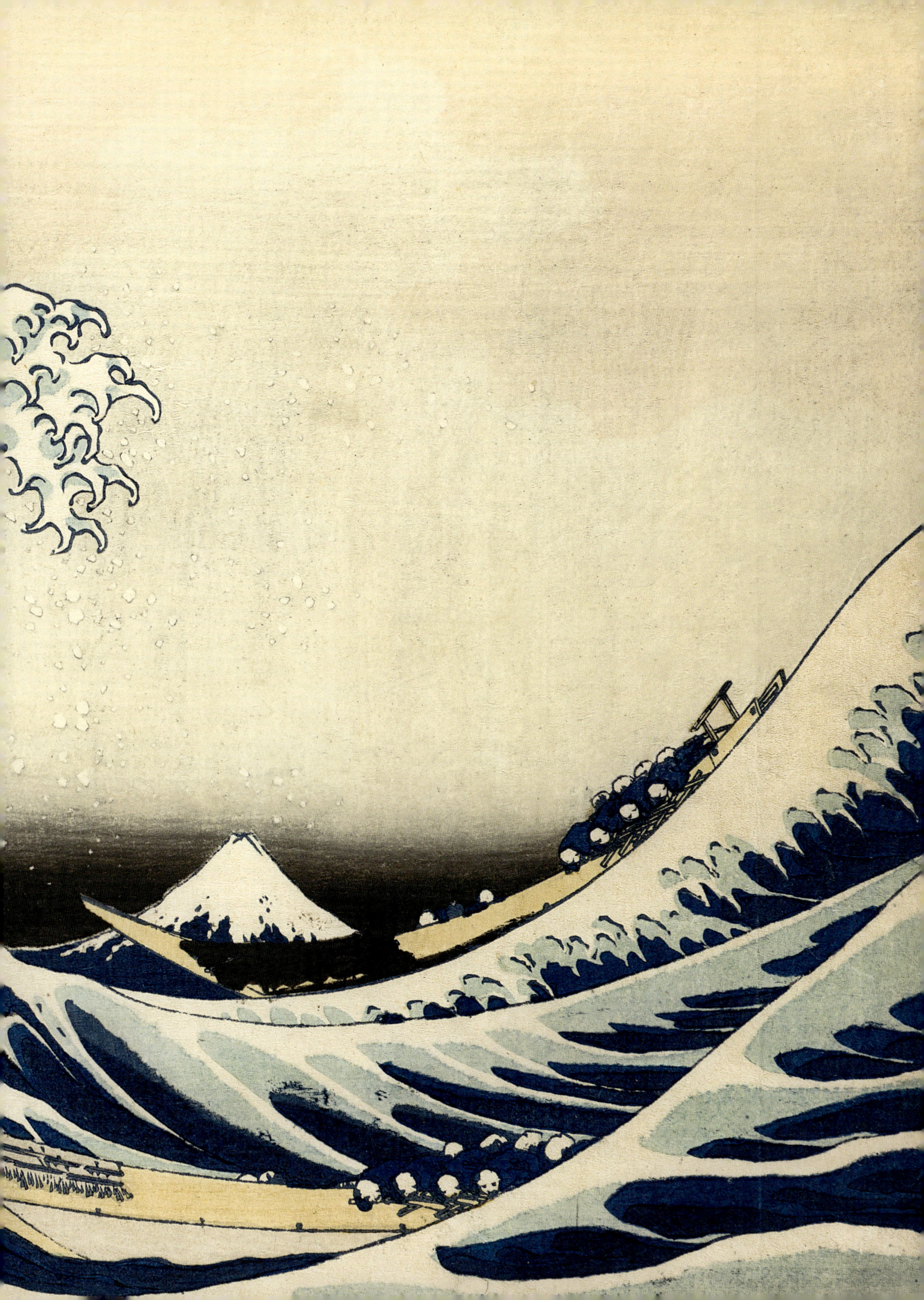

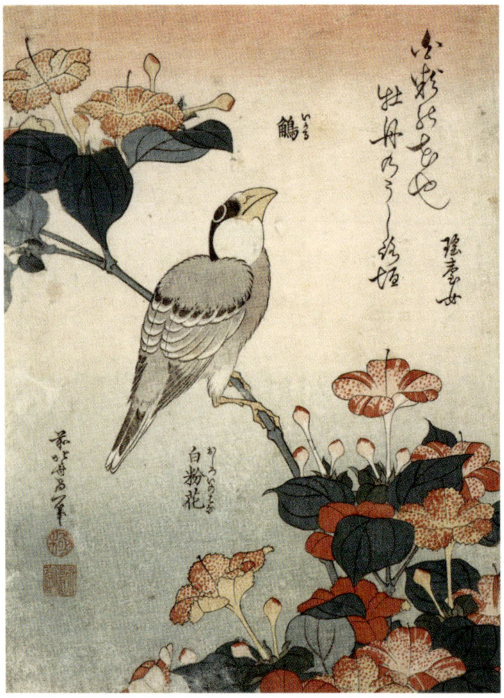

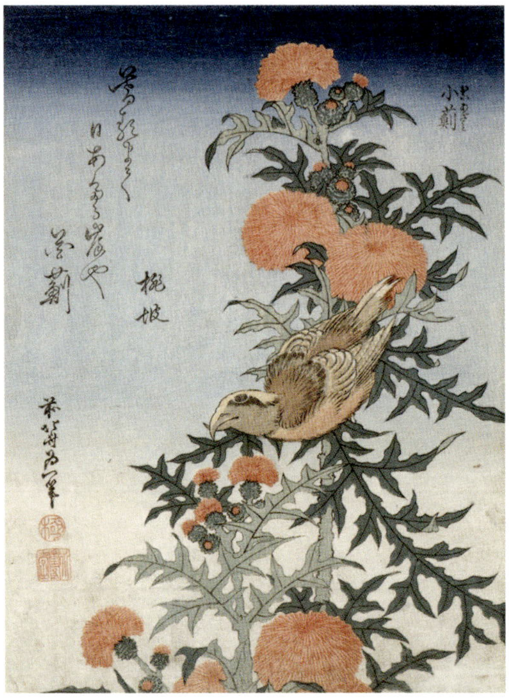

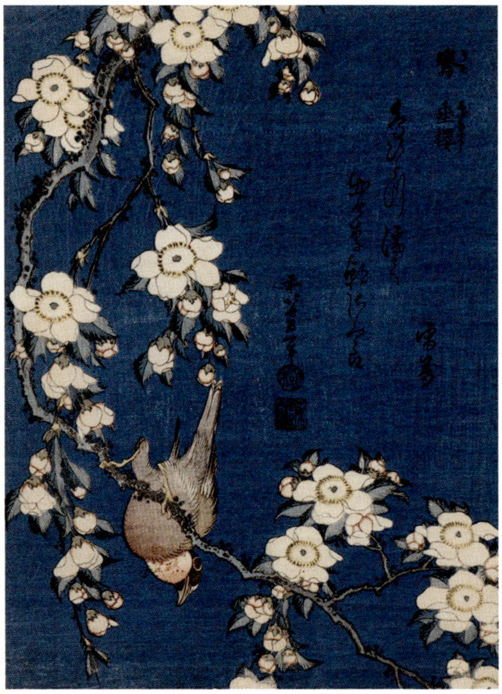

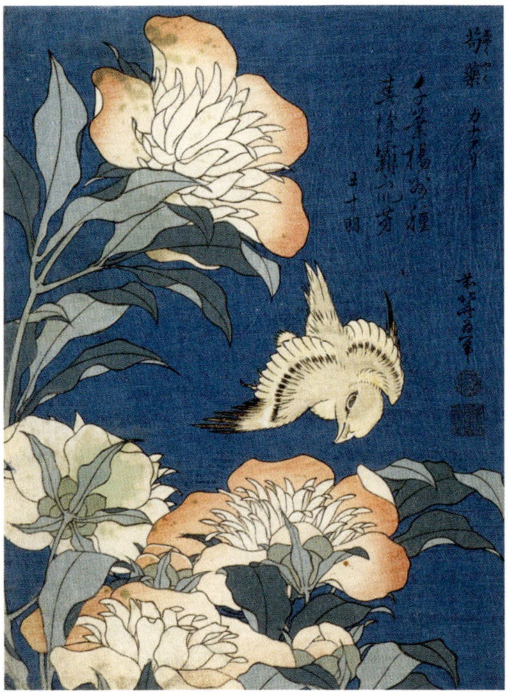

Ci-contre, de gauche à droite et de haut en bas :
Gros-Bec masqué et Mirabilis,
vers 1834, estampe *nishiki-e,* format *chûban,* 53 x 39 cm, signature : « Saki no Hokusai Iitsu hitsu », Paris, musée Guimet.

Bec-Croisé et Chardons,
vers 1834, estampe *nishiki-e,* format *chûban,* 24,3 x 18,2 cm, signature : « Saki no Hokusai Iitsu hitsu », Paris, musée Guimet.

Bouvreuil et Cerisier pleureur en fleur,
vers 1834, estampe *nishiki-e,* format *chûban,* 24,3 x 18,2 cm, signature : « Saki no Hokusai Iitsu hitsu », Paris, musée Guimet.

Pivoines et Canari,
vers 1834, estampe *nishiki-e,* format *chûban,* 25,4 x 18,3 cm, signature : « Saki no Hokusai Iitsu hitsu », Berlin, Staatliche Museen zu Berlin, Museum für Asiatische Kunst.

La suite des *Grandes Fleurs* et celle des *Petites Fleurs,* ainsi nommées à cause de leurs formats, relèvent du genre *kachô,* fleurs et oiseaux. Ce genre, qui a son origine en Chine, a eu ses maîtres au Japon, principalement dans le domaine de la peinture. Hokusai lui confère ses lettres de noblesse dans l'estampe où l'autorité du style, la sûreté du trait qui, à la fois, décrit de façon naturaliste et se déploie en volutes décoratives, l'éclat et la finesse des teintes en font de véritables tableaux. Il ne se limite pas aux oiseaux mais introduit d'autres créatures : crapauds, abeilles, papillons et autres insectes. Loin d'être des natures mortes, ce sont, comme dans ses estampes d'animaux, de petites scènes animées, des mini-drames qui pimentent l'émerveillement esthétique d'un effet de surprise : le papillon, soufflé par le vent, est empêché ainsi de butiner les pivoines ; posé sur la branche de cerisier, le bouvreuil est si vif qu'il semble sur le point de s'envoler ; la reinette paraît imiter le volubilis et la sauterelle se confond si bien aux feuilles d'iris que grenouille et insecte, cachés dans le dessin comme dans la nature, nous sautent tout d'un coup aux yeux lorsqu'on les découvre...

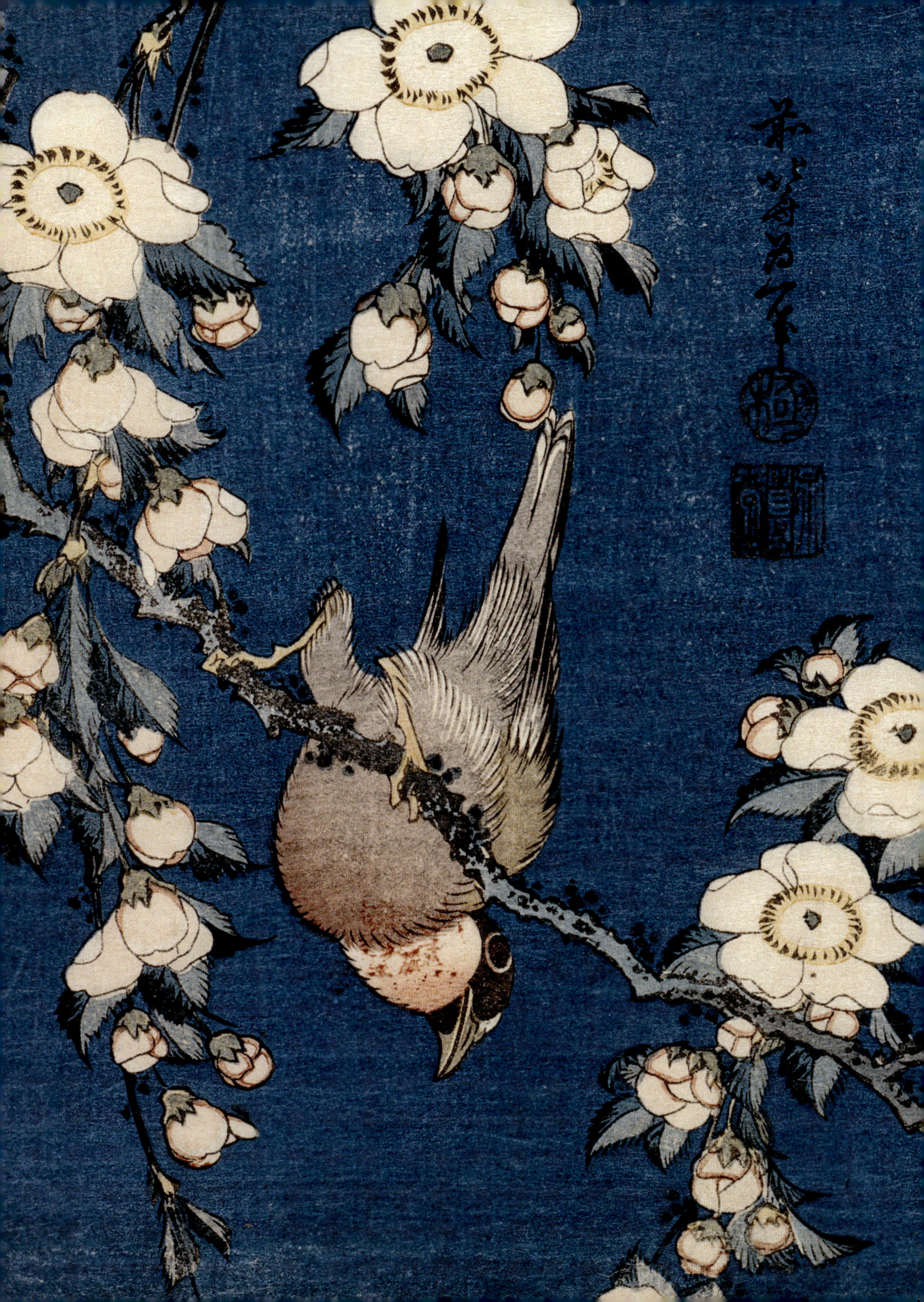

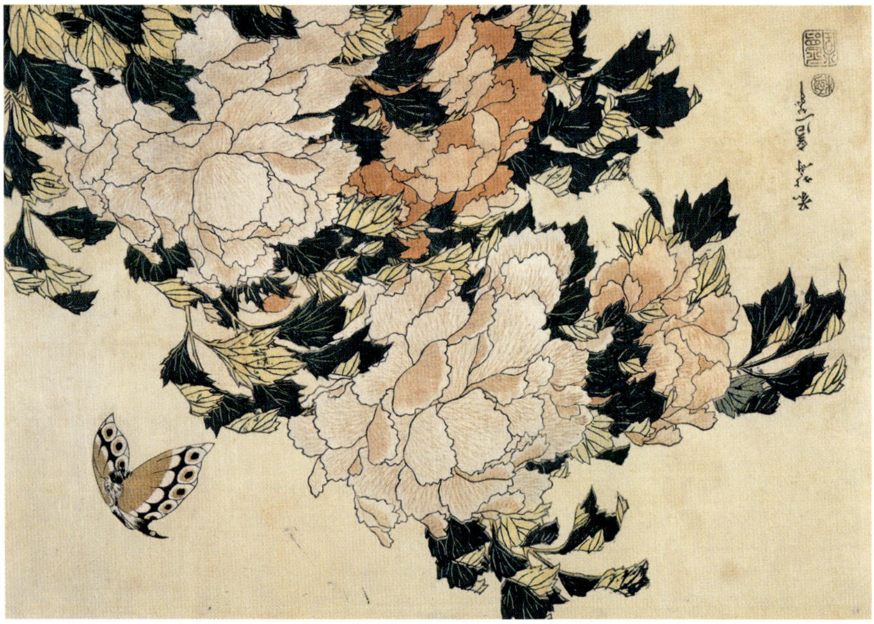

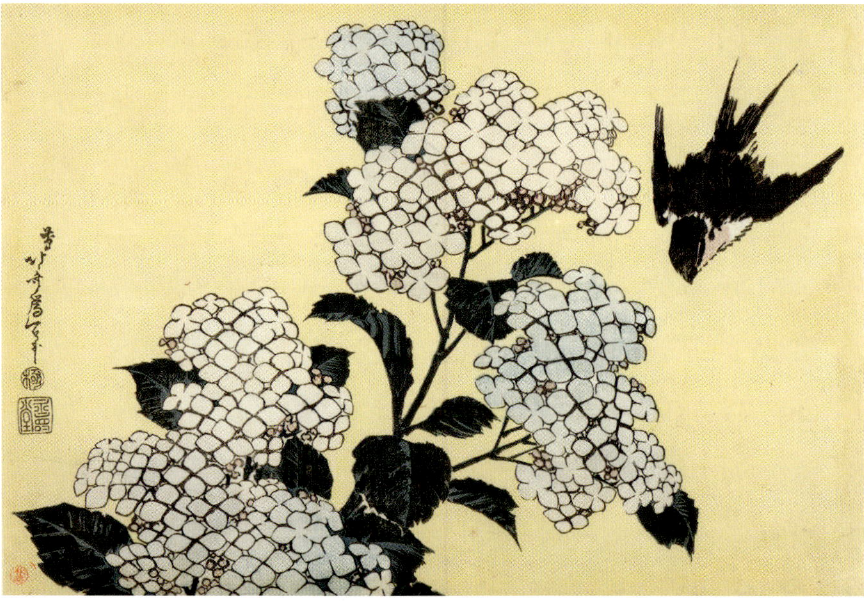

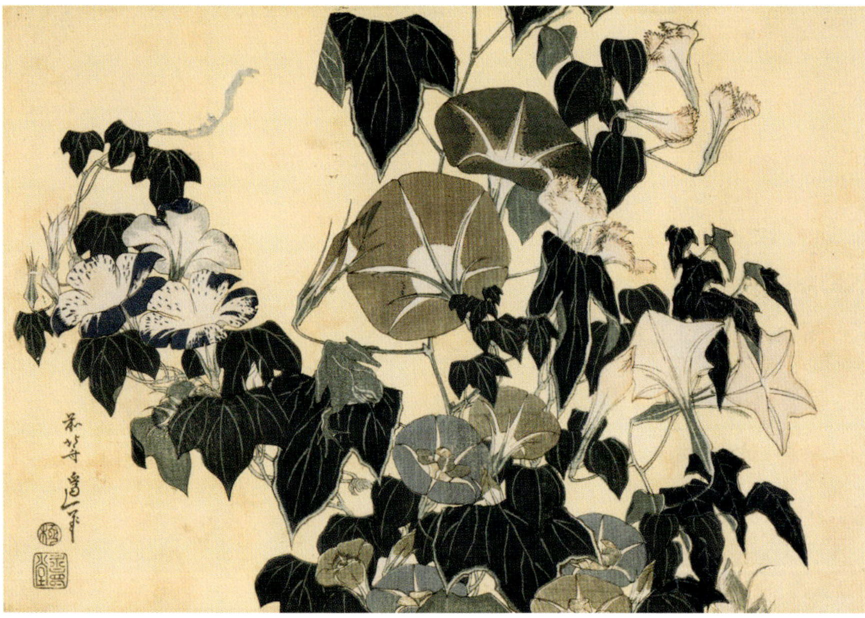

En haut :
Pivoines et Papillon,
vers 1830-1834, estampe *nishiki-e*, format *ôban*, 26 x 38,2 cm, signature : « Saki no Hokusai Iitsu hitsu », Tsuwano, Katsushika Hokusai Museum of Art.

Au milieu et page de droite (détail) :
Hortensias et Hirondelle,
vers 1830-1834, estampe *nishiki-e*, format *ôban*, 24,7 x 36,6 cm, signature : « Saki no Hokusai Iitsu hitsu », Paris, musée Guimet.

Ci-contre :
Volubilis et reinette,
série des *Grandes fleurs*, 1833-1834, estampe, 25,9 x 38,2 cm, Paris, musée Guimet.

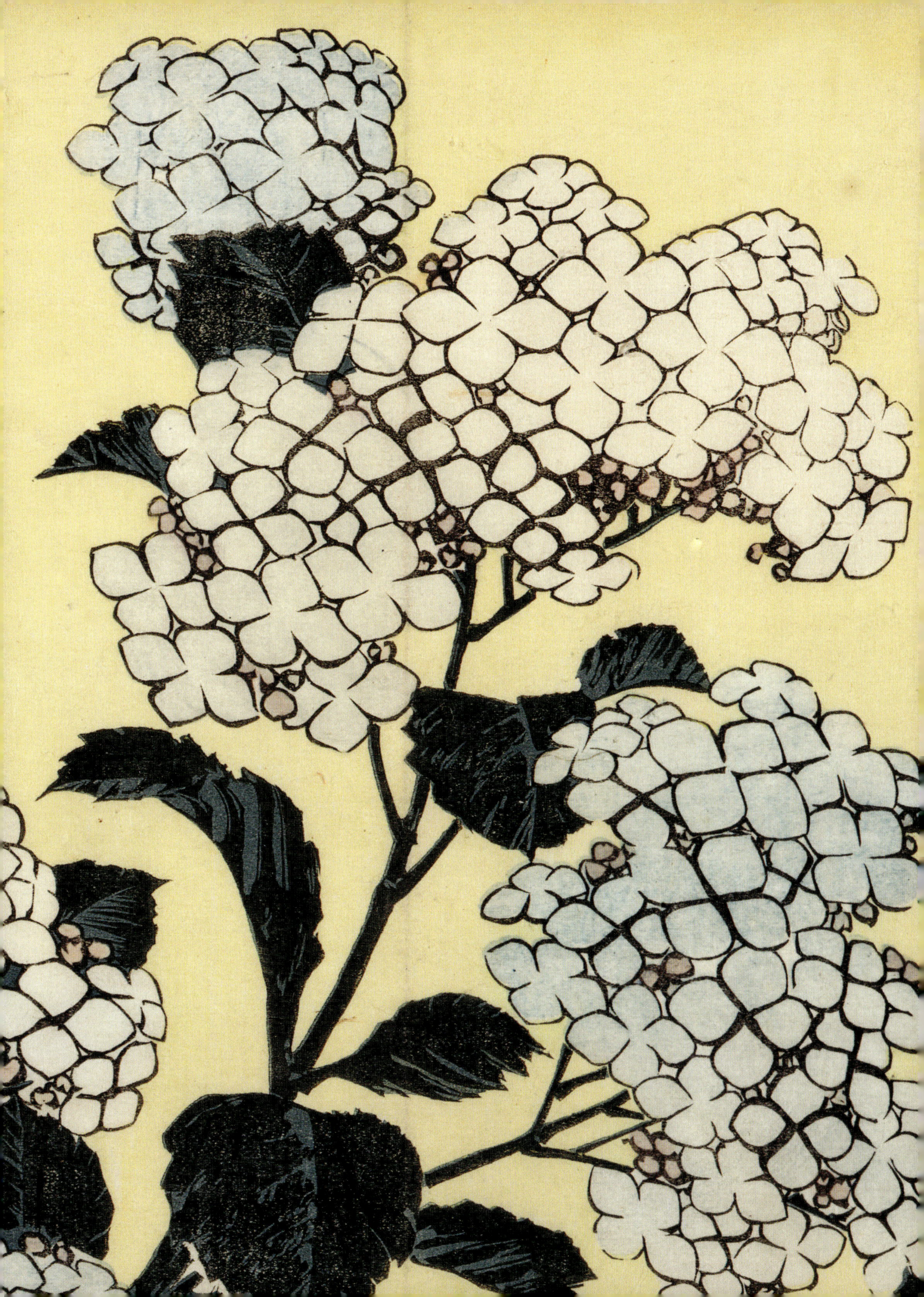

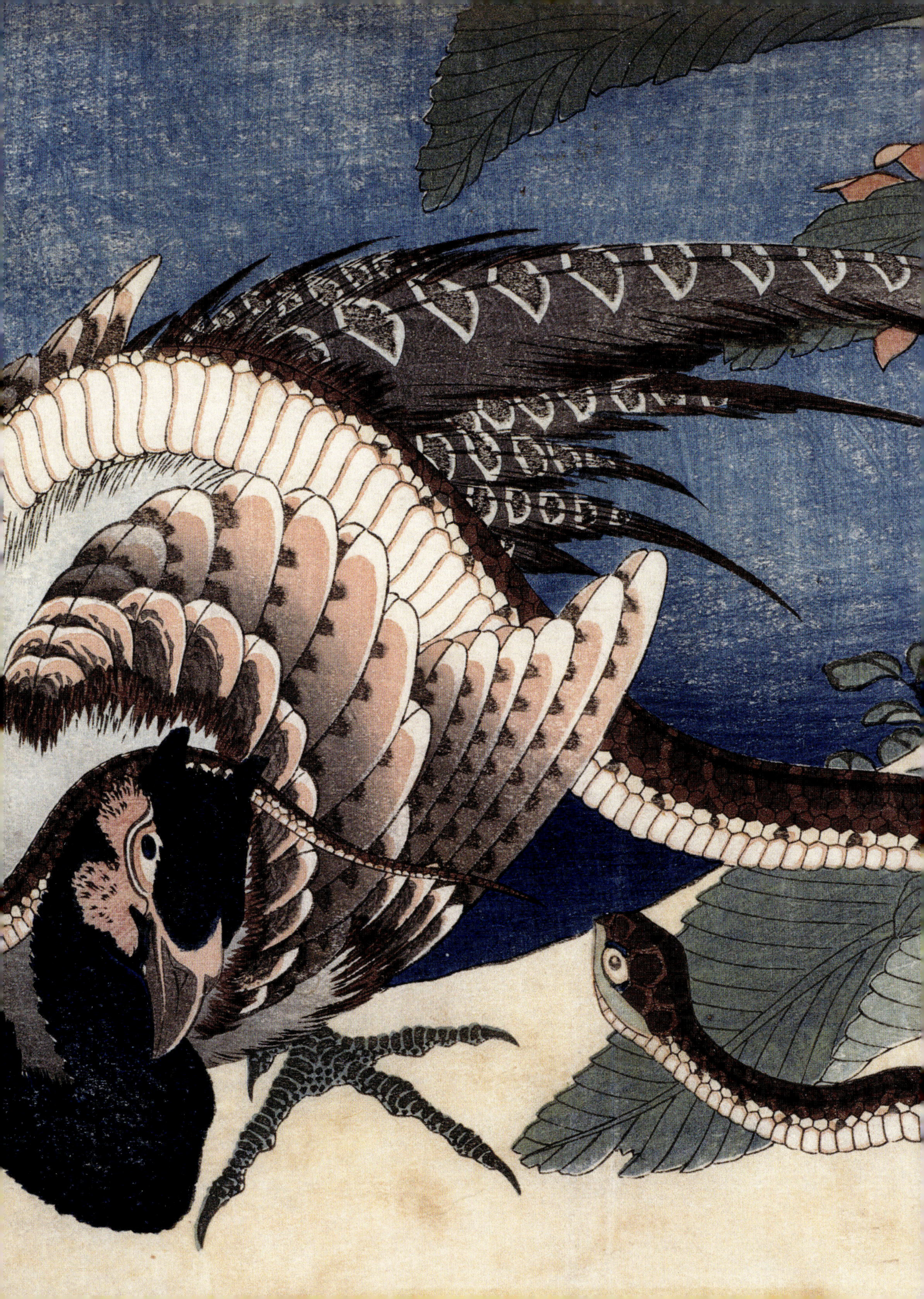

Artiste universel, visant à rendre compte des mille aspects de la nature et du monde, sans cependant briser l'harmonie globale dans laquelle tout se fond, Hokusai ne pouvait manquer de s'intéresser au monde animal. En fait, il est un dessinateur animalier de premier ordre, son œuvre fourmille de bêtes en tous genres, et dans tous les genres : peintures sur soie, dessins au pinceau, estampes séparées et *surimono*, petites études telles celles que l'on trouve dans les *Manga*... Sa peinture du monde animal se caractérise, d'un côté par l'observation rigoureuse et la transcription naturaliste, notamment pour les petits animaux comme insectes, batraciens, oiseaux ; de l'autre par un sens dramatique qui le porte à saisir les êtres en situation, en mouvement, guidés par une intention ; c'est le cas de ce serpent qui fixe sa proie, comme pour l'hypnotiser, et de ce tigre lunatique dont on se demande s'il ne va pas bondir vers l'astre nocturne...
En 1843, à 83 ans, l'artiste dessine, tous les jours pendant un an, un *karashishi*, animal imaginaire sacré, supposé avoir une force magique, sous les traits d'un lion à fourrure laineuse et à queue de cheval. Ces centaines de croquis déclinent toutes les attitudes possibles de la bête. L'animalité et le dessin ont alors partie liée...

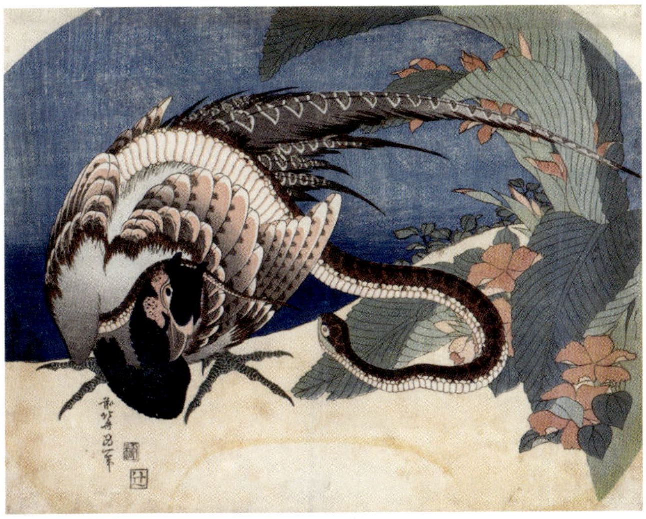

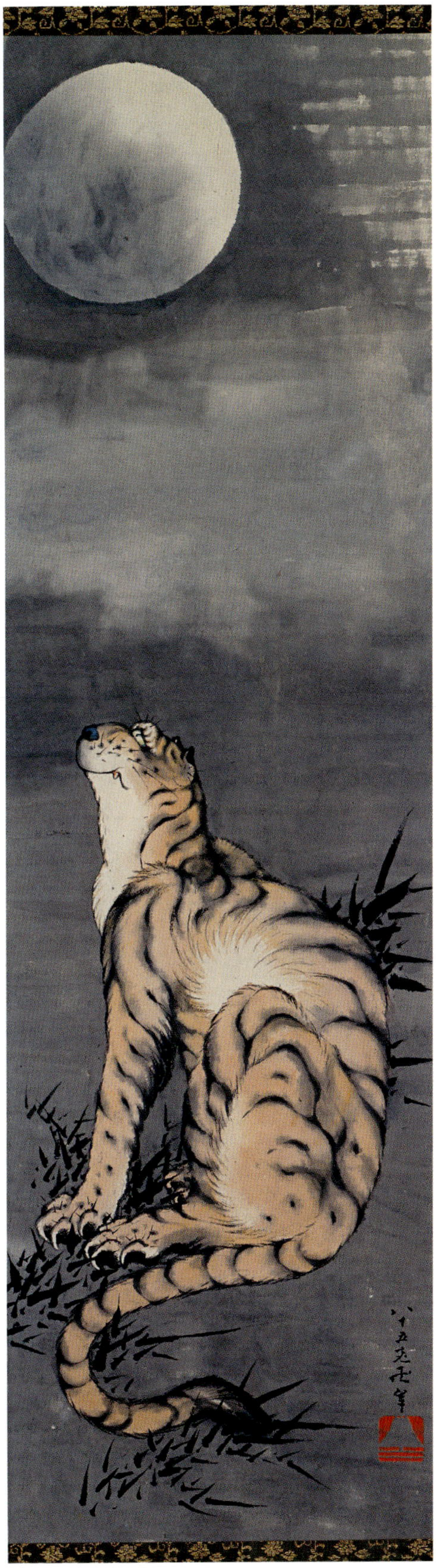

Ci-dessus et page de gauche (détail) :
Faisan et Serpent,
vers 1830-1833, estampe *nishiki-e*, format *uchiwa-e*, 22,6 x 29,1 cm
signature : « Saki no Hokusai Iitsu Hitsu », Paris, musée Guimet.

Ci-contre :
Tigre regardant la lune,
ère Tempô, *kakemono*, *shihon*, 96,2 x 29 cm, signature : « Hachijûgorô Manji hitsu », Tsuwano, Katsushika Hokusai Museum of Art.

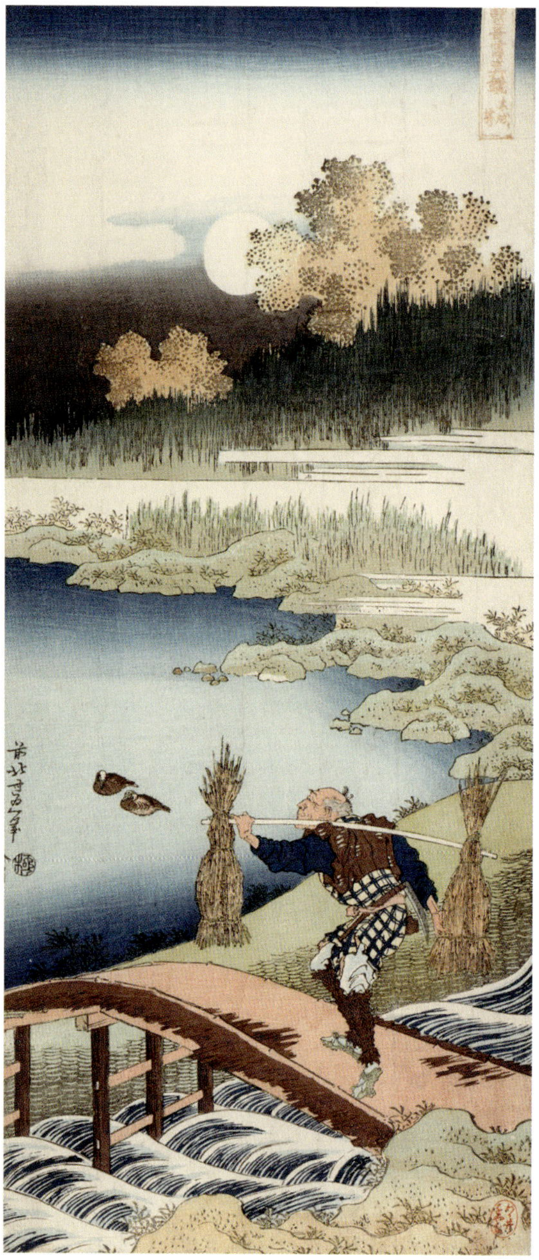

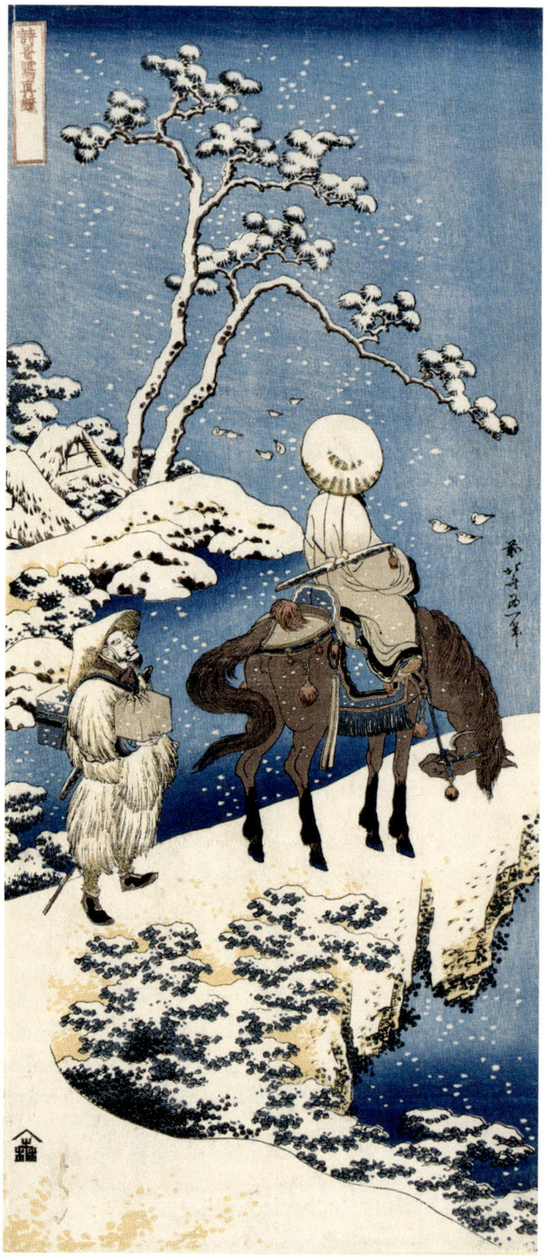

Ci-contre :
La Pièce de no Tokusa Kari : coupeur de jonc,
série *Miroir véritable des poètes de Chine et du Japon,* vers 1830-1834, estampe *nishiki-e,* format *naga-ôban,* 50 x 23 cm, signature : « Saki no Hokusai Iitsu hitsu », Paris, musée Guimet.

À droite et page de droite (détail) :
Le Poète chinois Su Dongpo,
série *Miroir véritable des poètes de Chine et du Japon,* vers 1830-1834, estampe *nishiki-e,* format *naga-ôban,* H. 51 cm, signature : « Saki no Hokusai Iitsu hitsu », Paris, musée Guimet.

La suite *Shiika shashin kagami* (*Miroir véritable des poètes de Chine et du Japon*) date de la première moitié des années 1830, soit une période où Hokusai illustre plusieurs livres de poésie chinoise. Ce « vrai miroir » est une évocation de poètes chinois et japonais, à travers un épisode de leur vie, ou bien en référence à certains de leurs poèmes. Il s'agit de dix estampes, en hauteur, où le paysage joue un rôle majeur. L'influence chinoise apparaît avec l'importance des vides ménagés dans les images, mais aussi par le caractère contemplatif et méditatif de la plupart d'entre elles. Car tel est le thème profond de la série : la méditation du poète devant le spectacle infini de la nature. Dans plusieurs estampes, le poète est de dos, absorbé dans sa contemplation, selon une formule explorée, peu de temps auparavant, mais sans qu'il y ait aucun lien entre eux, par le peintre romantique allemand Caspar David Friedrich. C'est le cas de Sû Dongpô, qui s'avance à cheval sur un promontoire rocheux, tournant la tête vers la chaumière blottie sous la neige, sur la rive opposée. L'enchantement ineffable de ce silence et de ce recueillement est renforcé par le contraste avec l'attitude prosaïque du serviteur, en habit de paille, qui attend les consignes de son maître, sans prêter attention au spectacle qui captive ce dernier.

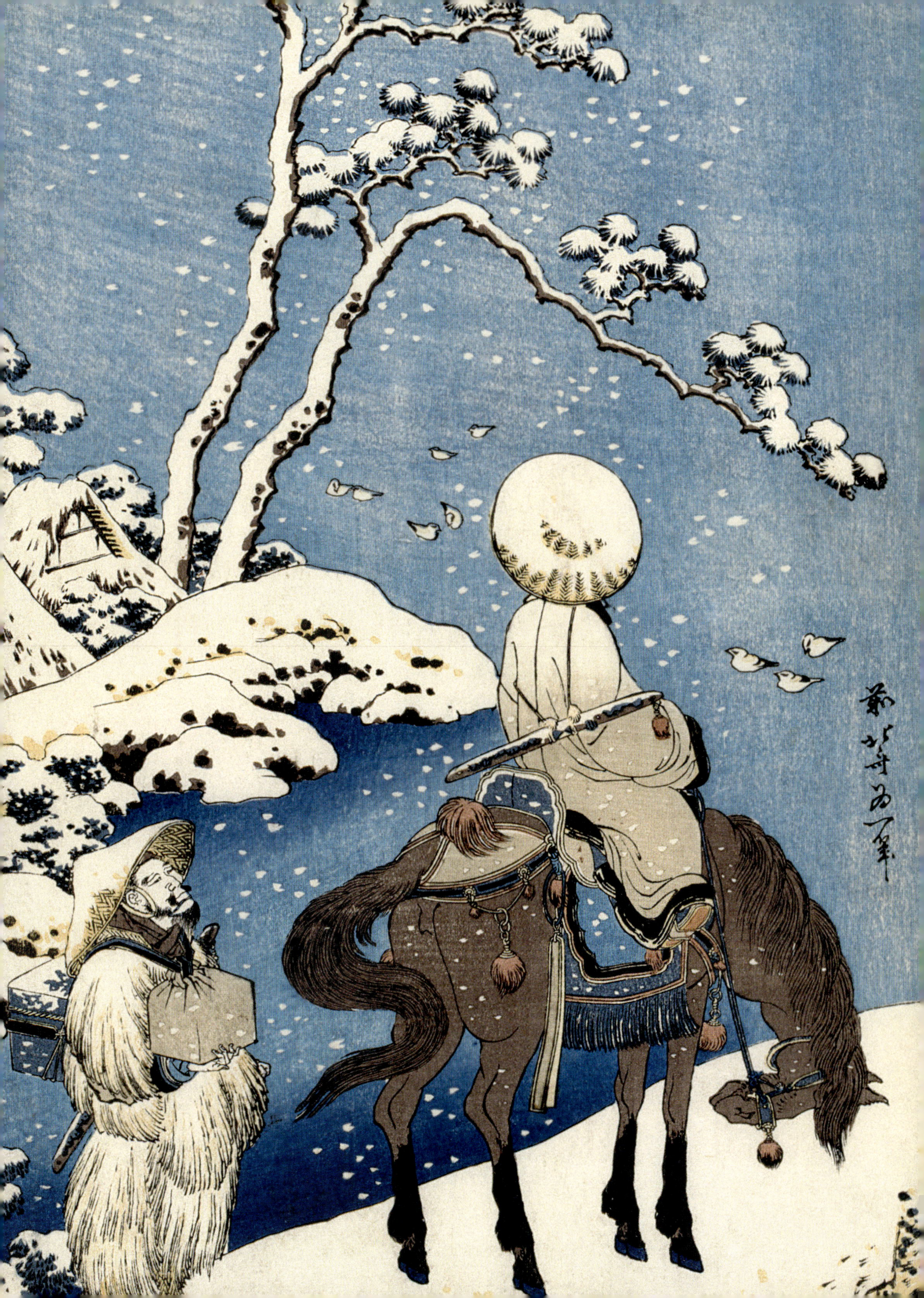

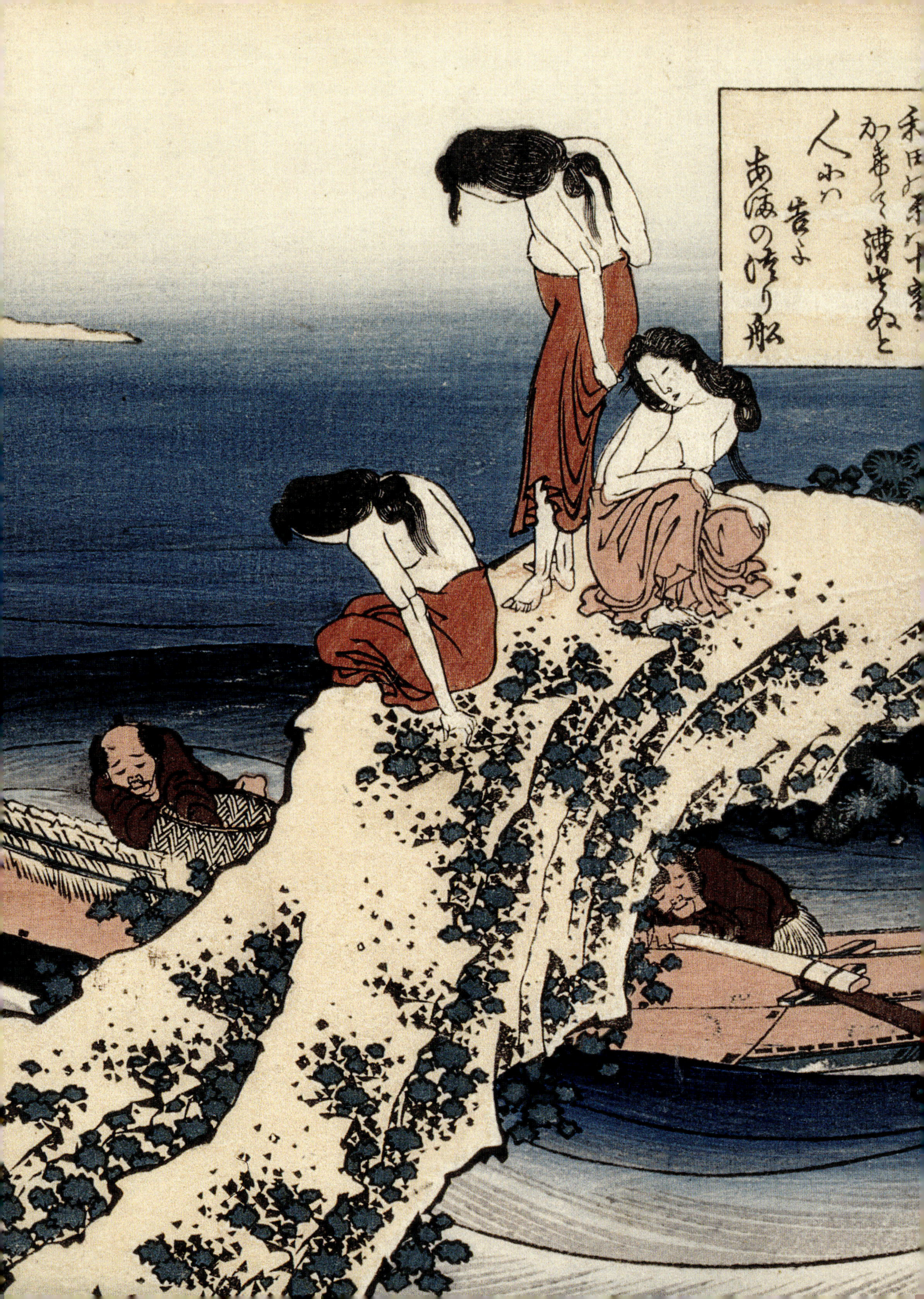

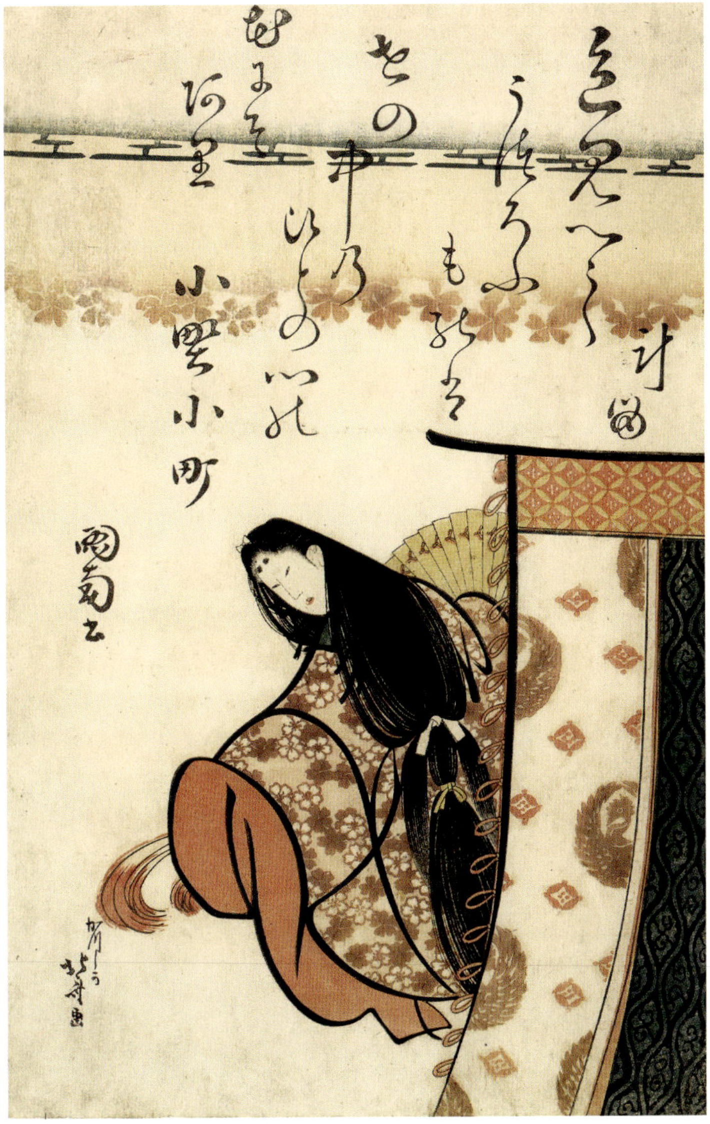

La suite des portraits de grands poètes est ainsi commentée par Edmond de Goncourt : *« Vers 1810, c'est dans un grand format, les six impressions des six poètes qui sont : Onono Komati (une femme de cour) ; Ariwara-no Narihira (un seigneur) ; Sôjô Henjô (un grand peintre) ; Kisen Hôshi (un prêtre) ; Ôtomo-no Kurounushi (un lettré noble) ; Boun-ya-no Yasuhide (un poète de la bourgeoisie). Et les contours du corps des six poètes, par une chinoiserie fort à la mode dans ce pays, sont faits avec les lettres de leurs noms. »* L'écrivain français distingue la poétesse Ono : *« Parmi ces poètes se trouve une Komati d'une très belle couleur, au milieu d'espèces de crêtes de vagues violettes et vertes, courant si joliment dans une de ses poésies... »*

Le *Hyakunin isshu* est une anthologie poétique datant du début du XIIe siècle, qui réunit cent poèmes de cent auteurs différents. Cette compilation connut un grand succès et servit à l'éducation des enfants, notamment au moyen de jeux consistant à remettre ensemble les deux moitiés dissociées d'un poème. Hokusai « traduit », plus qu'il n'illustre, ces poèmes, en images surprenantes dont le sens n'est pas toujours clair. Ça et là, il jette de menus fragments de textes, intégrés avec humour. C'est pour légitimer cette désinvolture vis-à-vis d'un grand classique qu'il a introduit la nourrice dans le titre de la série. Aux explications aléatoires de la supposée nourrice répond la liberté du peintre choisissant d'évoquer tel ou tel aspect du poème selon sa fantaisie.

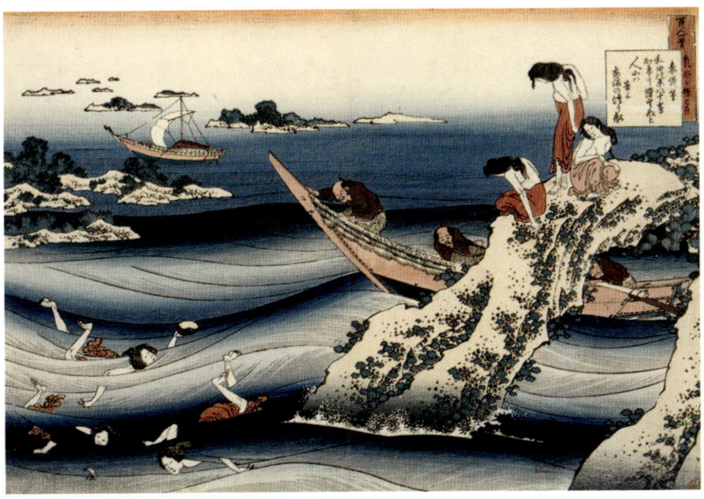

Ci-contre et page de gauche (détail) : **Sangino Takamura, pêcheuse d'ormeaux,** série *Cent Poèmes de cent poètes expliqués par la vieille nourrice,* vers 1835, estampe *nishiki-e,* format *ôban,* 25,6 x 36,6 cm, signature : « Saki no Hokusai Manji », Paris, musée Guimet.

Ci-dessus : **Ono no Komachi,** vers 1809-1813, estampe *nishiki-e,* format *ôban,* 39 x 25,5 cm, signature : « Katsushika Hokusai ga », Tsuwano, Katsushika Hokusai Museum of Art.

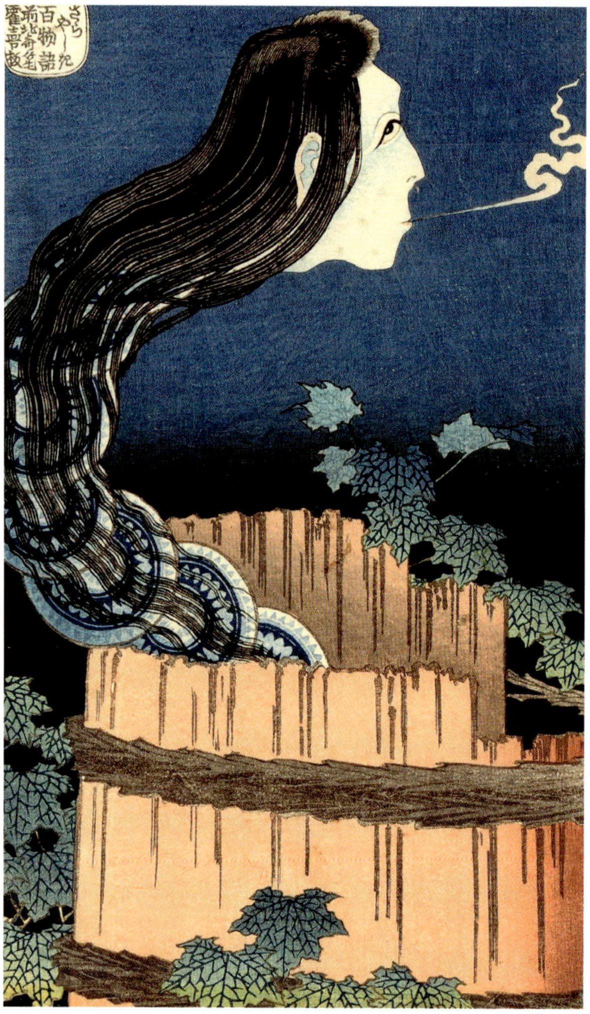

Les apparitions surnaturelles, les fantômes et esprits de tout poil, étaient très courantes dans la culture japonaise et peuplaient les contes et légendes mis en scène dans le théâtre *nô* ou le *kabuki*. Le *hyaku monogatari* était un divertissement très apprécié : un groupe de personnes se réunissait autour de cent chandelles allumées, pour conter des histoires de fantômes ; chaque conteur en soufflait une, à la fin de son récit. La suite de Hokusai se réfère donc à cette coutume, même si les cent histoires annoncées se réduisent à cinq estampes. *Le Manoir aux assiettes* représente le spectre de la servante Okiku, qui, punie par son maître pour avoir cassé une assiette, s'était jetée dans un puits. Elle en ressort pour compter les assiettes (qui composent son corps), mais il en manque toujours une... Le fantôme d'Oiwa, quant à lui, apparaît dans une lanterne qui brûle : l'artiste tire un parti remarquable de la métamorphose opérée par le feu : les plissements de la lanterne deviennent les rides, le trou du papier qui se consume devient la « gueule » béante du fantôme.

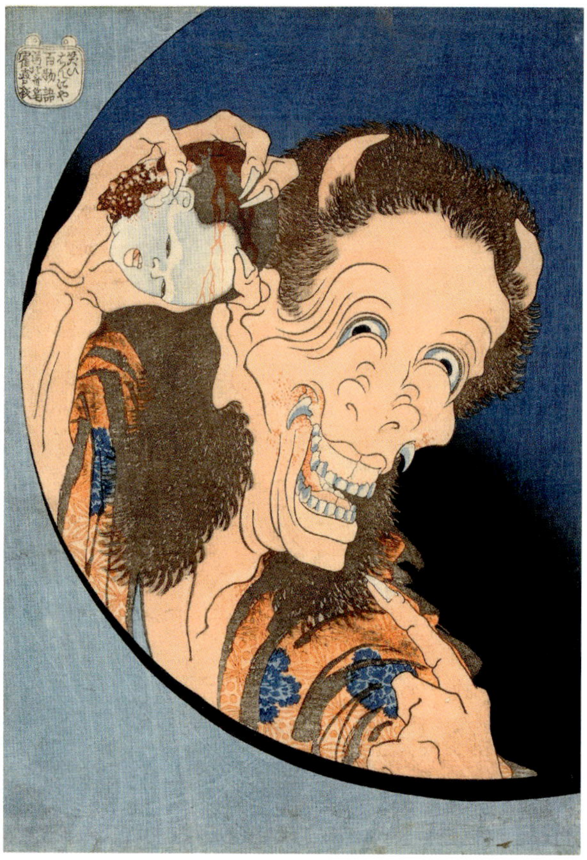

Ci-dessus :
Manoir aux assiettes,
série *Cent Histoires de fantômes,*
vers 1831-1832,
estampe *nishiki-e,*
format *chûban,*
signature : « Saki no Hokusai hitsu »,
Hambourg, Museum für Kunst und Gewerbe.

Ci-contre :
La femme-démon qui sourit,
série *Cent histoires de fantômes,*
vers 1831-1832,
estampe *nishiki-e,*
format *chûban,*
26,5 x 19 cm,
signature : « Saki no Hokusai hitsu »,
Hamburg, Museum für Kunst und Gewerbe.

Page de droite :
Spectre d'Oiwa-san,
série *Cent Histoires de fantômes,*
vers 1831-1832, estampe *nishiki-e,* format *chûban,*
24,8 x 18,2 cm,
signature : « Saki no Hokusai hitsu »,
Tsuwano, Katsushika Hokusai Museum of Art.

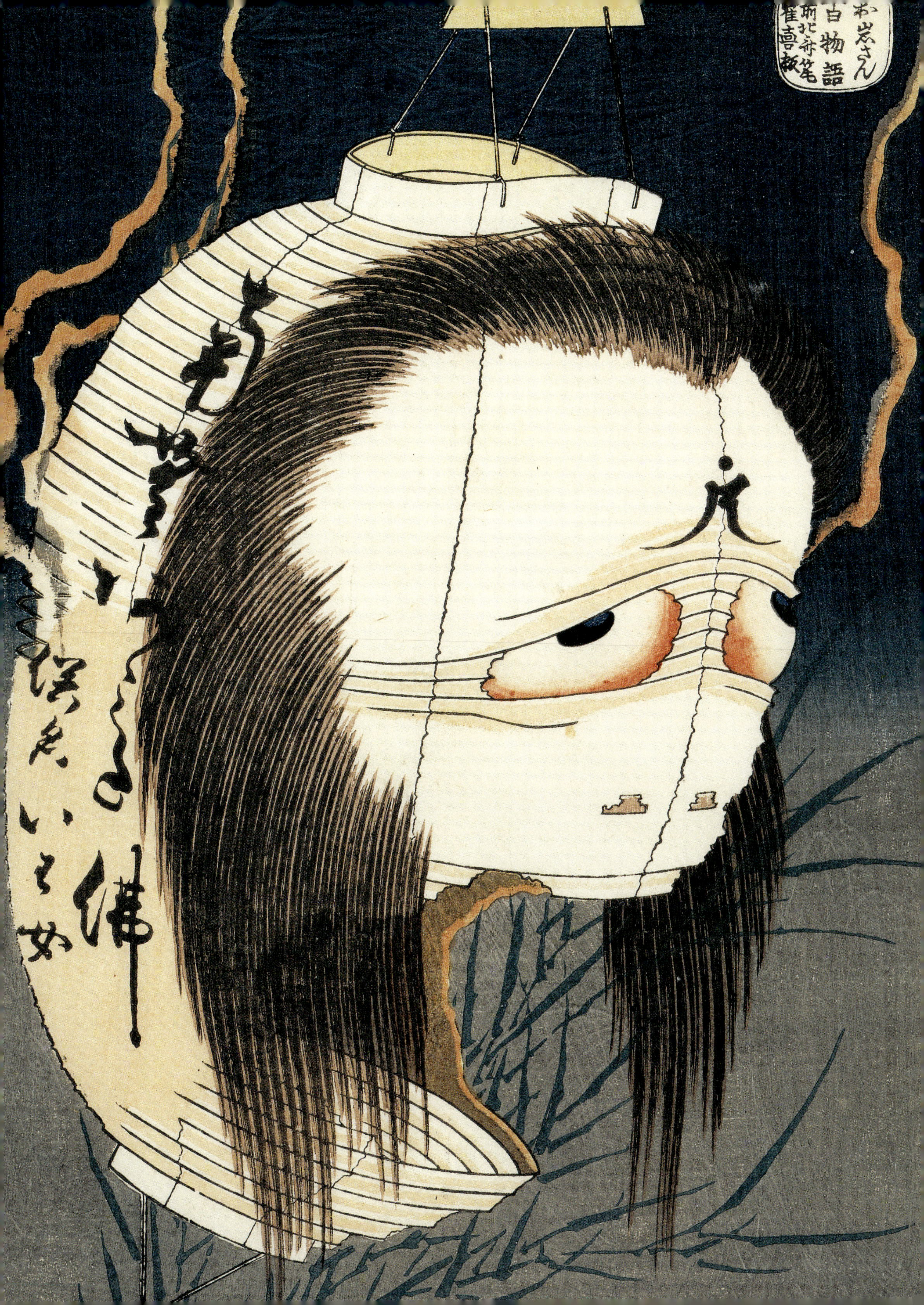
お岩さん
百物語
前北斎筆
鶴喜板

GUIDE PRATIQUE

L'exposition
« HOKUSAI (1760-1849) »
est présentée du 1er octobre 2014 au 18 janvier 2015, avec une relâche entre le 21 et le 30 novembre.

Grand Palais/Galeries nationales
Entrée Clemenceau, place Clemenceau
75008 Paris
01 44 13 17 17 – www.grandpalais.fr

OUVERTURE

Lundi de 10 h à 20 h,
mercredi, jeudi et vendredi de 10 h à 22 h,
samedi de 9 h à 22 h et dimanche de 9 h à 20 h (fermé le mardi).
Fermeture à 20 h le mercredi 8 octobre.
Pendant les vacances de la Toussaint (18 octobre-2 novembre) et Noël (20 décembre-4 janvier 2015), tous les jours de 9 h à 22 h.

TARIFS

Plein tarif : 13 €.
Tarif réduit : 9 €.

ACCÈS

Métro : lignes 1, 9 et 13, arrêt Champs-Élysées Clemenceau ou Franklin-Roosevelt.
Bus : lignes 28, 32, 42, 72, 73, 80, 93.

Cette exposition est réalisée par la Réunion des musées nationaux-Grand Palais et The Japan Foundation.

COMMISSARIAT

Seiji Nagata, spécialiste de Hokusai, directeur du Katsushika Hokusai Museum of Art, en collaboration avec Laure Dalon, conservateur du patrimoine, adjointe du directeur scientifique de la Réunion des musées nationaux-Grand Palais.

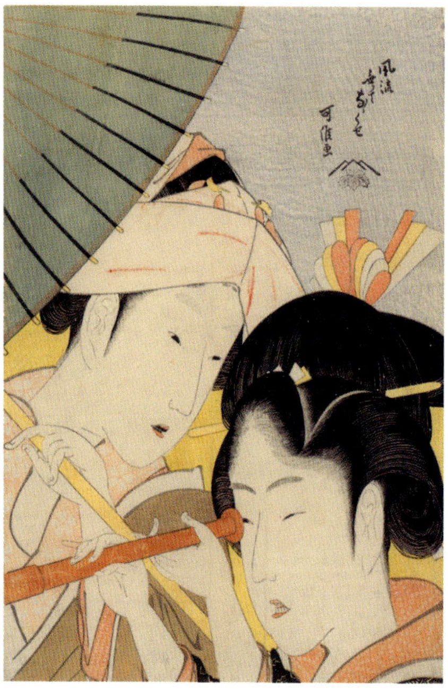

SCÉNOGRAPHIE

Agence DGT

PROGRAMMATION CULTURELLE

• Les rencontres du mercredi, 18 h 30.
• Les films du vendredi, 12 h : festival du film japonais contemporain Kinotayo.

ACTIVITÉS PÉDAGOGIQUES

• Adultes : visite guidée de l'exposition ; visite guidée à deux voix ; visite atelier Dessins en promenade ; Art et sakéologie.
• Famille et enfants : visite guidée ; visite d'introduction à l'exposition ; visite atelier Construction graphique.

DÉVELOPPEMENTS NUMÉRIQUES

• Application de l'exposition sur iPhone et Androïd : « Découvre l'exposition ».
• Audioguide à l'entrée de l'exposition.
• Réseaux sociaux : #hokusai

À LIRE

• Le catalogue de l'exposition, RMN/Grand Palais, 400 p., 45 €.
• *Hokusai, le vieux fou d'architecture,* sous la direction de Jean-Sébastien Cluzel, Le Seuil/BNF, 240 p., 29 €.
• Hokusai, par Matthi Forrer, Hazan, 288 p., 80 €.
• *Hokusai, l'affolé de son art,* hors-série de *Connaissance des Arts,* n° 361, 36 p., 8 €.
• *Hokusai, 30 cartes à poster,* BNF.

Ci-contre : **Longue Vue,** série *Sept Manies des jeunes femmes sans élégance,* vers 1801-1804, estampe *nishiki-e,* format *ôban,* 36,5 x 25,4 cm, signature : « Kakô ga », Jûzaburô, collection particulière.

Page de droite : **Cascade d'Amida au terme de la route de Kisokaidô,** série *Voyage au fil des cascades des différentes provinces,* vers 1833, estampe *nishiki-e,* format *ôban,* 36,8 x 25,7 cm, signature : « Saki no Hokusai Iitsu hitsu », Berlin, Staatliche Museen zu Berlin, Museum für Asiatische Kunst.

Remerciements : Laure Dalon, Florence Le Moing et Svetlana Stojanovic de la Réunion des Musées nationaux pour leur aide apportée à la réalisation de ce numéro.

Crédits photographiques :
En couverture : © The British Museum, Londres, dist. RMN-Grand Palais/The Trustees of the British Museum ; © Katsushika Hokusai Museum of Art : p. 2, 3, 6g, 7, 8, 9, 10b, 11g, 12h, 13, 16, 17b, 18, 19, 20h, 21g, 22, 23, 26b, 27h, 35, 36, 37d, 38, 41h, 41md, 41, mg, 41bg, 44h, 47b, 56h, 59d, 63b, 64b, 65 ; © RMN-Grand Palais (musée Guimet, Paris)/Thierry Ollivier : p. 4, 26h, 30, 32, 42, 43, 44b, 45, 46, 47h, 48, 49, 54, 55, 56m, 56b, 57, 58, 59g, 60g, 62, 63h ; © Tokyo, Sumida City : p. 5, 28, 29, 33b ; © Victoria and Albert Museum, Londres : p. 6d, 20b, 27b, 51m, 51b ; © collection particulière : p. 10h, 11d, 12b, 15, 17h, 34, 39, 40, 41bd ; © BNF, Dist. RMN-Grand Palais/image BNF : p. 14 ; © Bruxelles, musées royaux d'Art et d'Histoire : p. 21d, 37h, 37g, 52, 53 ; © The British Museum, Londres, dist. RMN-Grand Palais/The Trustees of the British Museum : p. 24, 25, 31d, 50, 51h ; © Obuse, The Hokusai Museum : p. 31g ; © Mishima Sano, Art Museum : p. 33h ; © musée Guimet, Paris : p. 60d, 61 ; © Museum für Kunst und Gewerbe, Hambourg : p. 64 ; © Galerie Sebastian Izzard LLC : p. 66 ; © BPK, Berlin, Dist. RMN-Grand Palais/Jürgen Liepe : p. 67.

Hors-série de Connaissance des Arts : Directeur de la publication-Gérant de SFPA : Francis Morel – Directeur de la rédaction : Guy Boyer @
Directeur du développement : Philippe Thomas @ – Iconographe : Diane de Contades @ – Chefs de fabrication : Sandrine Lebreton @ et Anaïs Barbet @
Pour ce numéro : Rédactrice en chef adjointe : Jeanne Fouchet-Nahas – Maquette : Isabelle de Vassart – Secrétariat de rédaction : Christel Matteï – Iconographie : Kim Gillier
Diffusion des hors-série : Jérôme Duteil @ : 01 44 88 55 17 – Abonnements et vente au numéro : 01 55 56 71 08.
Les personnes dont le nom est suivi du signe @ disposent d'une adresse e-mail, à composer comme suit : initialeduprénomnom@cdesarts.com

Connaissance des Arts est édité par SFPA (Société Française de Promotion Artistique), Sarl au capital de 150 000 €.
Connaissance des Arts est une publication du Groupe Les Échos. Président-directeur général : Francis Morel – Directeur général délégué : Christophe Victor Directeur délégué : Bernard Villeneuve – Directrice du pôle Art et Classique : Claire Lénart Turpin
16, rue du Quatre-Septembre, 75112 Paris Cedex 02 – Tél. : 01 44 88 55 00 – Fax : 01 44 88 51 88 – e-mail : cda@cdesarts.com – 304 951 460 RCS. Paris
Commission paritaire : 1015 K 79964 – ISSN 1242-9198 – H. S. n° 642 – Dépôt légal : 3e trimestre 2014 – Photogravure : Keygraphic, Paris – Impression : Grafiche Flaminia (Italie).

Стоунх

Джулиан Ричардс (Julian Richards)

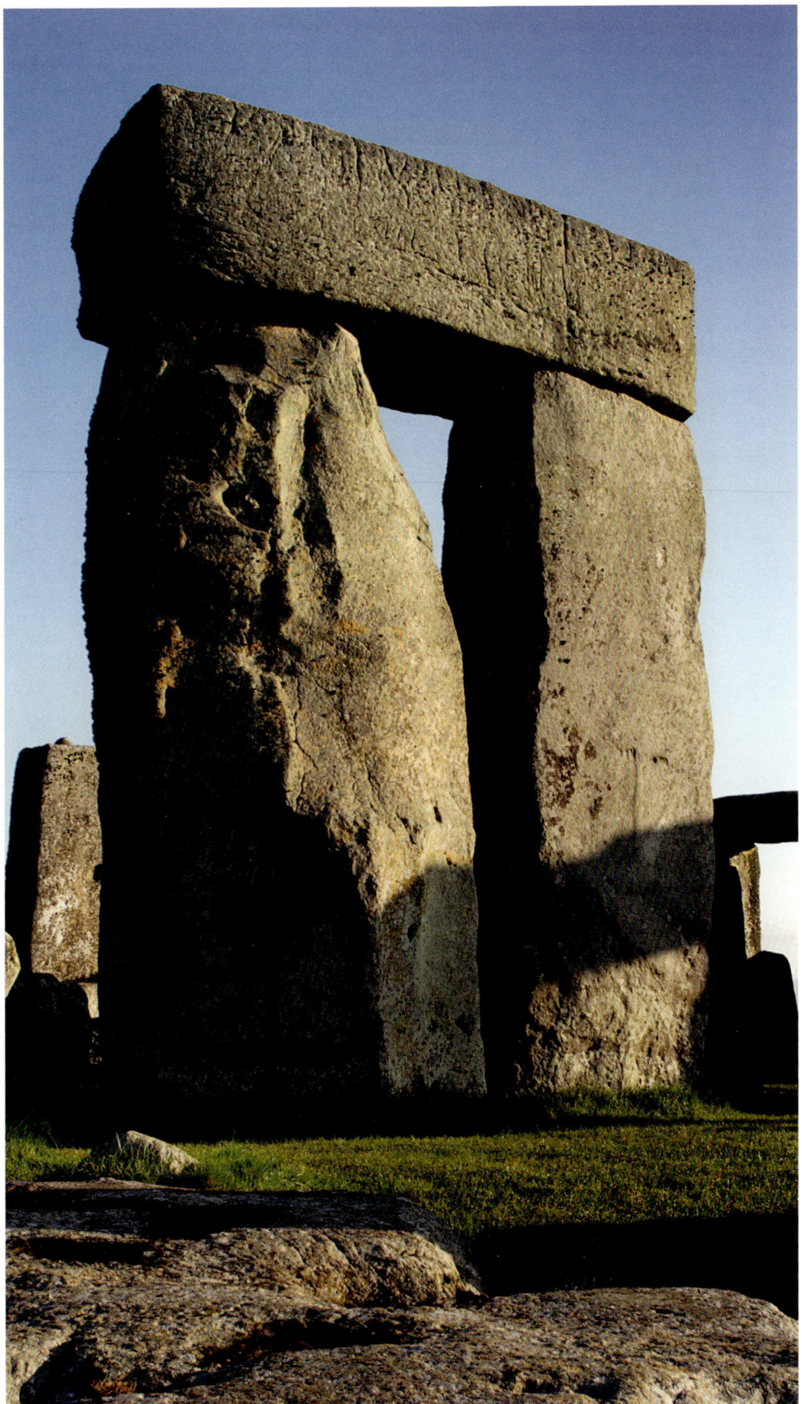

СОДЕРЖАНИЕ

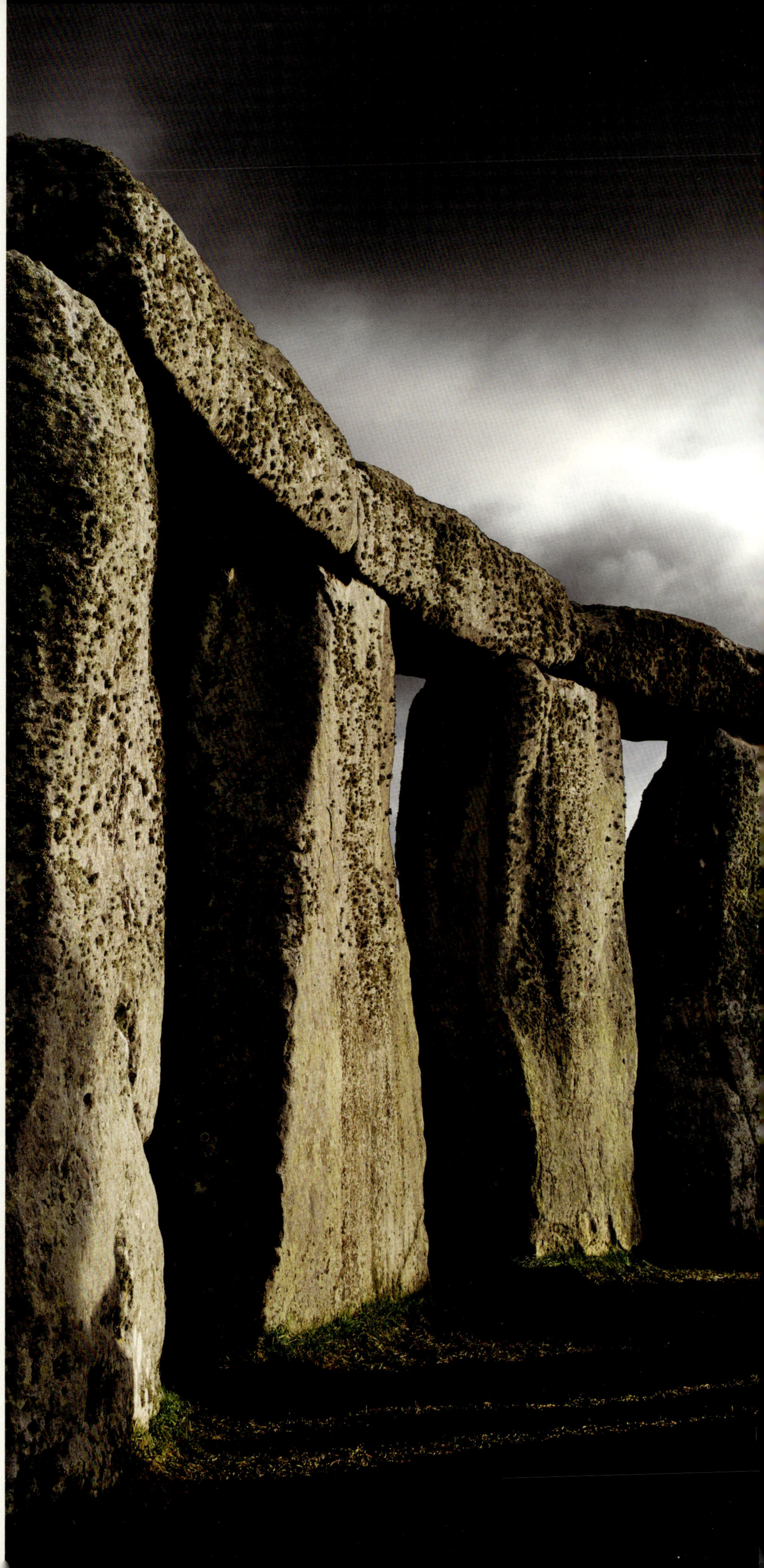

Прогулка по Стоунхенджу

Обзор Стоунхенджа

Стоунхендж расположен на поросшей травами территории на юге, граничащей с дорогой A303, основной магистралью, ведущей из Лондона на юго-запад. Недавно территория Стоунхенджа была благоустроена благодаря закрытию старой дороги A344, крупной автострады, которая была расположена непосредственно к северу от Стоунхенджа. Теперь посетители могут подъехать туда с запада, и по приезде в Стоунхендж они могут следовать по идущей вокруг этого памятника дороге, по направлению движения часовой стрелки, что дает возможность увидеть все его наземные части, сохранившиеся до нашего времени.

Хотя Стоунхендж сегодня – это впечатляющие руины, однако когда он был впервые построен, он выглядел совершенно иначе. Круговой ров (канава) и насыпь (вал), самые древние элементы Стоунхенджа, были построены из подстилающей залежи мела. Когда, около 3000 г. до н.э., эти элементы были впервые вырыты и построены, они были снежно белого цвета. Рядом с внутренним краем насыпи находится круг из больших ям, известных как лунки Обри. Первоначально они поддерживали вертикальные деревянные опоры или камни небольших размеров, и некоторые из них обозначены на земле каменными и металлическими указателями. Два круга ям меньших размеров, известных как ямы Y и ямы Z, окружают камни, находящиеся в центре, но без указателей на земле.

Элементы Стоунхенджа, которые видны лучше всего – это сами камни. Одни камни небольших размеров не были обработаны или были разбиты, другие камни – это тонко обработанные и сохранившиеся целиком огромные глыбы. Камни, собранные в центре, были привезены в Стоунхендж примерно в 2500 г. до н.э., и формируют ряд кольцевых и подковообразных структур. У других камней, находящихся недалеко от внутреннего края насыпи и у входа в земляное ограждение, были камни «спутники», но они давно исчезли.

Благодаря привезенным камням радикально изменился внешний вид Стоунхенджа, огромные сарсены после их размещения остались там навсегда. Голубые камни меньших размеров укладывали иначе, и некоторые из них были удалены или уничтожены. Сегодняшнее расположение камней отражает только последний этап их размещения, завершенный около 2200 г. до н.э. и отреставрированный в 20-ом веке.

Противоположная страница: *Круг больших сарсенов: северо-восточный участок, виден изнутри Стоунхенджа*

Ниже: *Рисунок Стоунхенджа, каким он выглядит сегодня*

1. Земляная насыпь
2. Ров
3. Указатели лунок Обри
4. Авеню
5. Пяточный камень
6. Указатель «спутника» Пяточного камня
7. Эшафот
8. Станционные камни
9. Указатели Станционных камней
10. Южный курган
11. Северный курган
12. Круг сарсенов
13. Круг голубых камней
14. Трилитоны, образующие подкову
15. Подкова из голубых камней

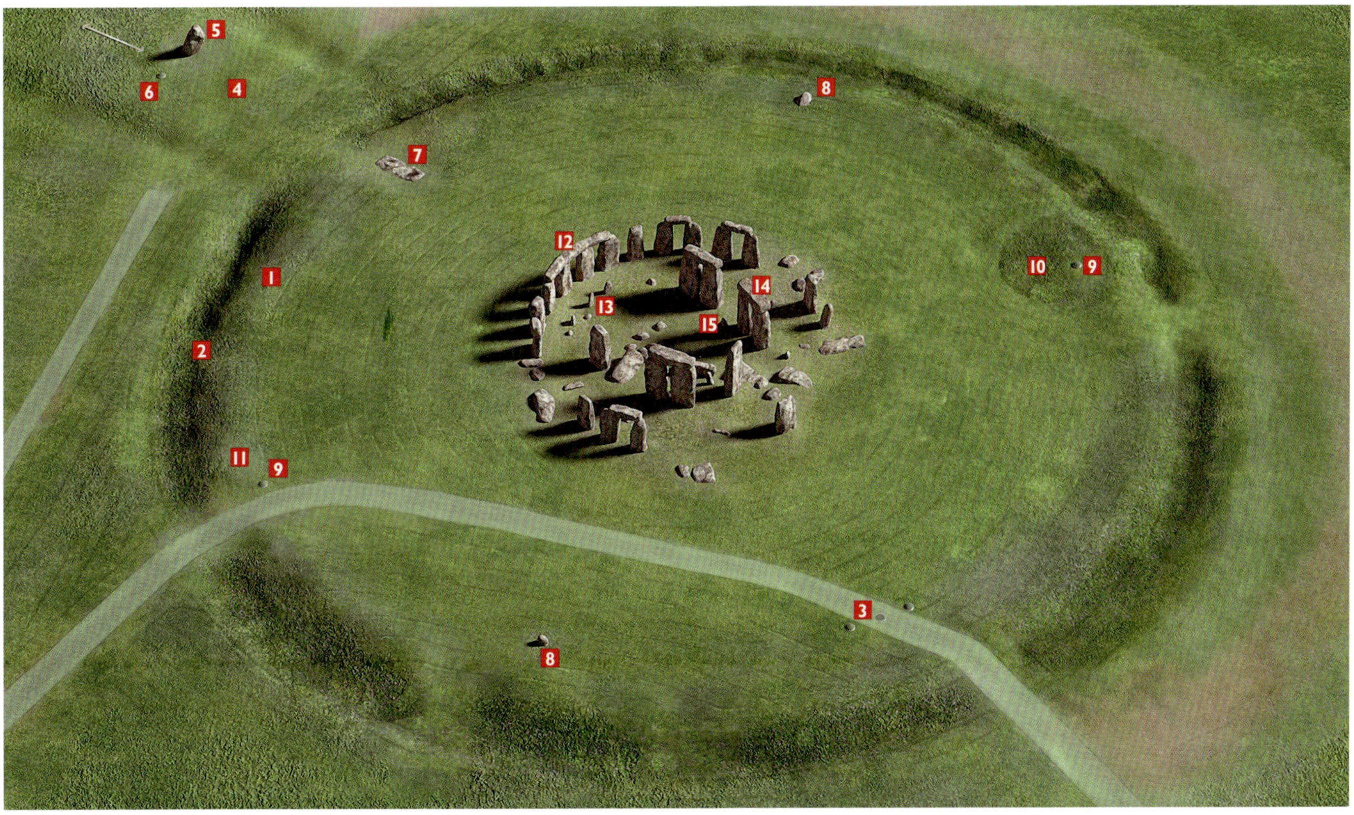

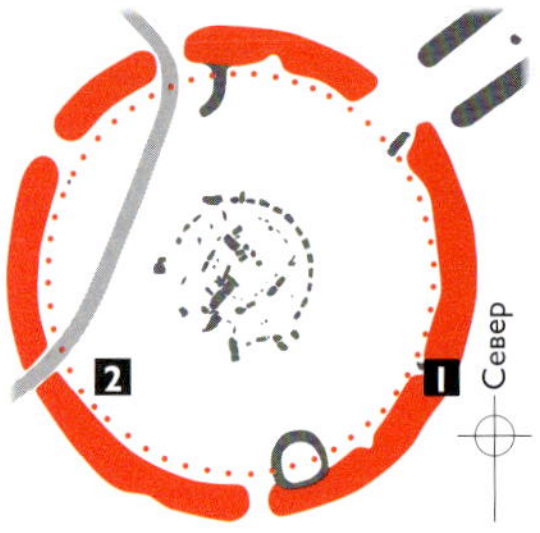

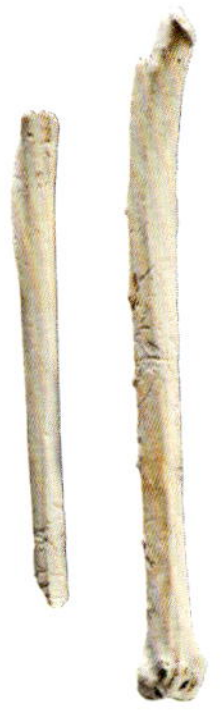

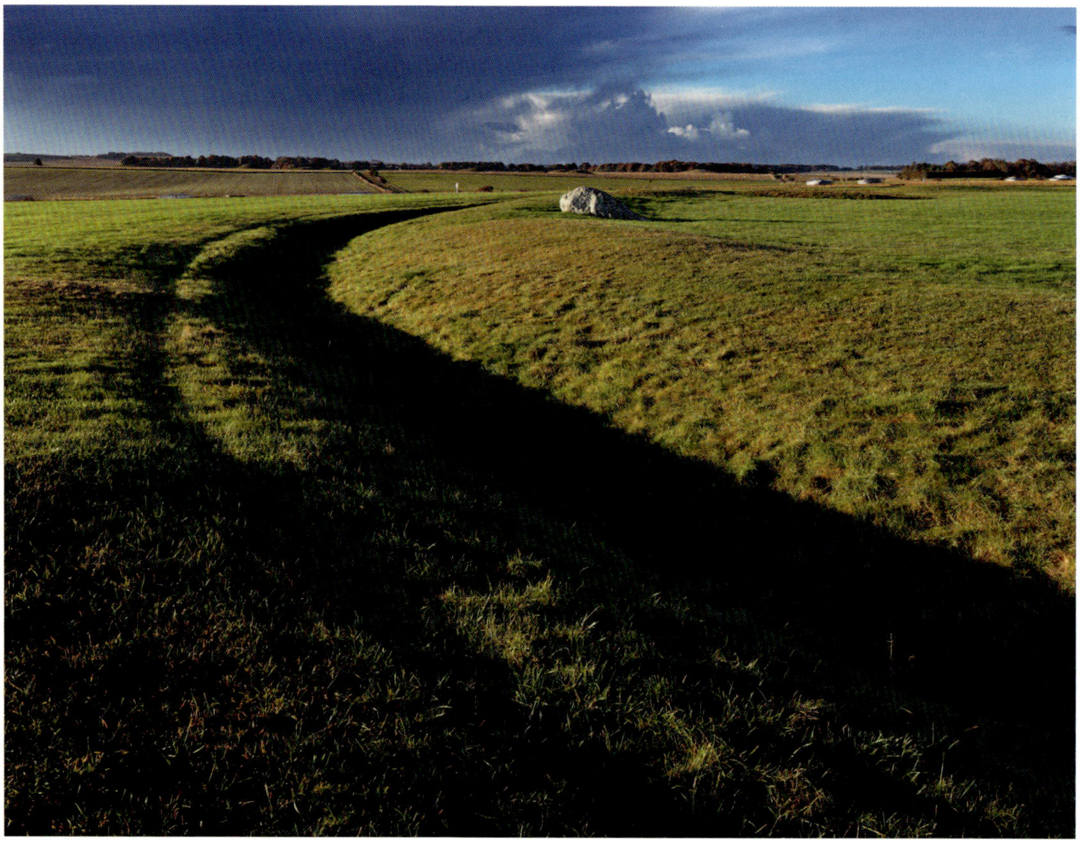

Выше справа: *Ров и насыпь ограждения со «сглаженным» профилем в результате 5000-летней эрозии*

Выше: *Кости ворона, найденные во рву, где были обнаружены останки как домашних, так и диких животных*

Ниже: *Эти челюстные кости вола были найдены во рву в Стонхендже. Использование радиоуглеродного метода датировки показало, что они на несколько сотен лет старше самого рва. Эта кость, по-видимому, имела особое значение и, возможно, была погребена как приношение*

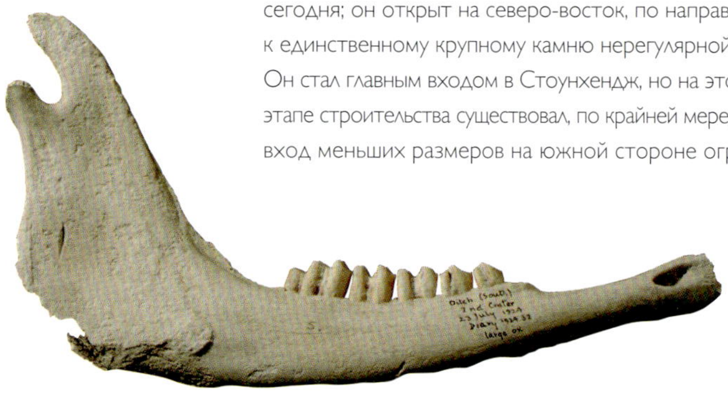

1 ЗЕМЛЯНОЕ ОГРАЖДЕНИЕ

Приближаясь к Стоунхенджу, легко сосредоточить внимание на камнях и проигнорировать низкие земляные сооружения рва и насыпи, которые их окружают. Эти земляные сооружения из белого мела первоначально были гораздо лучше видны; они и есть первый Стоунхендж, построенный вскоре после 3000 г. до н.э., в период известный под название Неолита или Нового Каменного века.

Тот первый Стоунхендж представлял собой что-то вроде кольцевого ограждения диаметром ок. 110 м, его контур был обозначен рвом, из которого в ходе раскопок выкопали внутреннюю насыпь из мела, а в некоторых местах небольшую внешнюю насыпь, известную как контрэскарп. Там было, по меньшей мере, два входа, сформированных в результате проломов во рву и в насыпи. Один из них все еще четко виден сегодня; он открыт на северо-восток, по направлению к единственному крупному камню нерегулярной формы. Он стал главным входом в Стоунхендж, но на этом раннем этапе строительства существовал, по крайней мере, еще один вход меньших размеров на южной стороне ограждения.

Когда в 1920-х годах археолог полковник Уильям Хаули (1851–1941 гг.) провел раскопки большей части восточной стороны Стоунхенджа, он нашел заполненный илом, нерегулярный ров, и его ширина, глубина и форма значительно варьировались. Он сравнил их «с кое-как сделанной связкой сосисок». Эти ранние раскопки также показали, что ров, почти целиком заполнявшийся илом и землей в течение многих веков, был вторично выкопан примерно в 2450 г. до н.э., когда ил был частично удален, чтобы восстановить прежний контур ограждения.

Первоначально ров был выкопан при помощи кирок из рогов красного оленя, а мел использовали для сооружения насыпи, скорее всего транспортируя его в корзинах или звериных шкурах. Датировка фрагментов выброшенных кирок из рогов или может быть специально оставленных на дне рва радиоуглеродным методом установила, что они происходят из 3000 и 2950 гг. до н.э. (см. на противоположной странице), но другие, более древние кости были также найдены на дне рва. В конечной части некоторых сегментов рва были тщательно уложены кости скота, челюсти и череп. В результате датировки оказалось, что они гораздо старше самого рва, возможно, даже на 300 лет. Эти древние кости, по-видимому, имели большое значение, может быть, это были какие-то приношения, оставленные строителями, чтобы обозначить фундамент нового храма в Стоунхендже.

В своей первичной форме Стоунхендж не является настоящим «хенджем», согласно определению археологов, так как «хендж» имеет насыпь за пределами рва. Он больше походит на более ранние памятники, известные как ограждение с дамбой, рвами нерегулярной формы и многочисленными входами. Их использовали по-разному: как места встречи для пиров, некоторые служили как защитное сооружение, а даже как особые места, где оставляли трупы умерших, до тех пор, пока их останки не превращались в скелеты, которые затем хоронили. Самый близкий пример известен под названием Круг Робин Гуда, расположенный приблизительно в 4 км к северо-западу (см. стр. 28).

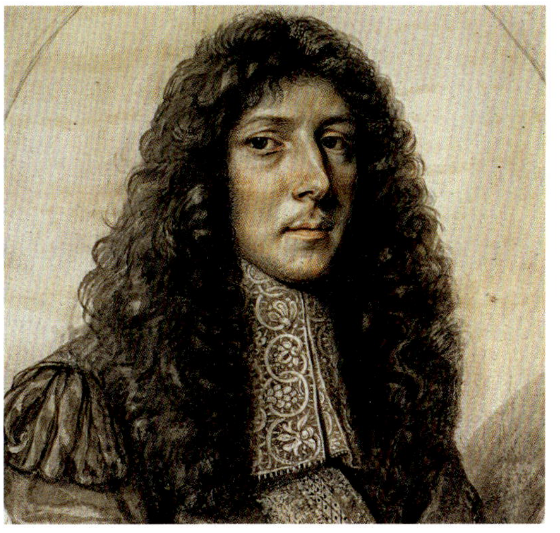

Слева: *Портрет Джона Обри кисти Уильяма Файторна, 1666 г. Обри был антикваром родом из Уилтшира, который составил первый в истории план Стоунхенджа и идентифицировал круг ям вокруг внутреннего края насыпи, которые теперь известны как Лунки Обри*

2 ЛУНКИ ОБРИ

Хотя мы можем быть уверены, когда было построено земляное ограждение, нет такой уверенности в отношении времени постройки других элементов Стоунхенджа: т.е., были ли они построены в то же время. Очень возможно, что это был круг, состоящий из 56 крупных круглых ям, находящихся на расстоянии 4 и 5 м друг от друга, расположенный непосредственно внутри внутреннего края насыпи. Эти ямы известны как лунки Обри, названные так в честь антиквара 17-ого века Джона Обри (1626–97), который обнаружил их и был первым систематическим исследователем Стоунхенджа.

Хаули был первым, кто провел раскопки лунок Обри в начале 1920-х годов. С тех пор все еще продолжается спор о том, что стояло в них и вообще стояло ли там что-либо. Хаули первоначально предположил, что там стояли небольшие каменные столбы, но затем решил, что там стояли большие деревянные сваи. Более вероятно, что эти лунки в какой-то ранний период своей истории являлись местами захоронений. В материале, найденном в этих лунках, обнаружили кремированные человеческие кости, как в насыпи, так и во рву (который в тот период был уже частично заполнен). Единственная датированная кремация в лунках Обри относится к III тысячелетию до н.э. Итак, в ранний период своего существования, Стоунхендж был кладбищем, т.е. местом, где хоронили останки мертвых. Кремированные кости из раскопок,

Датировка Стоунхенджа

До того как началась письменная история, археология дает нам возможность датировать события или сооружения. Характерные артефакты – керамика, кремневые орудия или металлические предметы – могут дать определенное понятие о датах, но только наука, в частности метод радиоуглеродной датировки, может предоставить более точные данные.

Все живое содержит углерод, включая его радиоактивную форму, встречающуюся в природе. После любой смерти происходит постепенный радиоактивный распад углерода. Радиоуглеродное датирование измеряет количество радиоактивного углерода, оставшееся в археологическом образце, например в костях, рогах или древесном угле. При калибровке на основе содержания радиоактивного углерода колец в деревьях, возраст которых известен, может быть получена очень точная датировка.

Не все события и сооружения Стоунхенджа могут быть датированы, но была проведена датировка кирок из рогов, которыми копали, а также части костей животных, обнаруженных на дне рва.

С вероятностью до 95 процентов было доказано, что первая очередь строительства Стоунхенджа имела место между 3000 и 2920 гг. до н.э., но часть костей животных была на несколько сотен лет старше. На основе других проб углерода из Стоунхенджа ранние каменные сооружения из сарсена были датированы 2500 г. до н.э., а последние сооружения из голубого камня – 2200 г. до н.э. Удивительно, но в результате раскопок, проведенных в 2008 г. в каменных кругах, были получены датировки, от Мезолита (Средний Каменный век), ок. 8-ого тысячелетия до н.э., и до римских и более поздних времен. Это показывает, что и Стоунхендж и территория вокруг него использовались задолго до и долго после времени его основного строительства и использования.

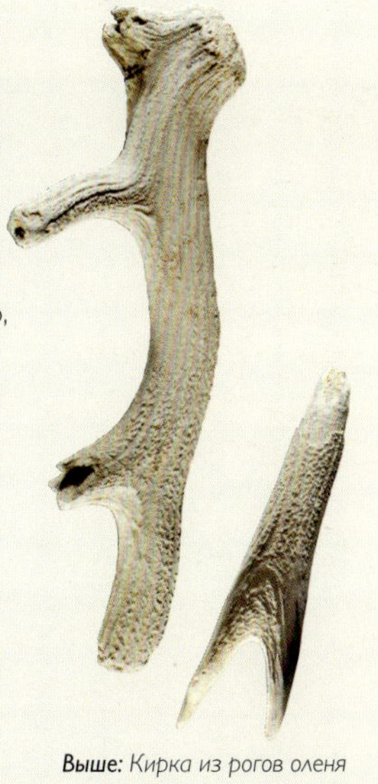

Выше: *Кирка из рогов оленя (слева) и грабли (справа), которыми копали ров; на основе радиоуглеродного метода датированы периодом между 3000 и 2920 гг. до н.э.*

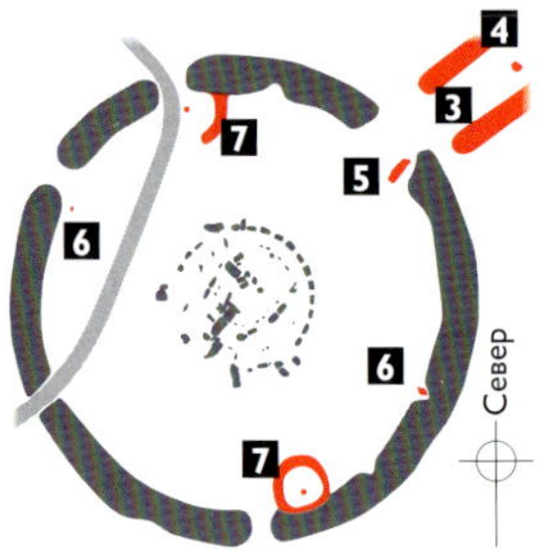

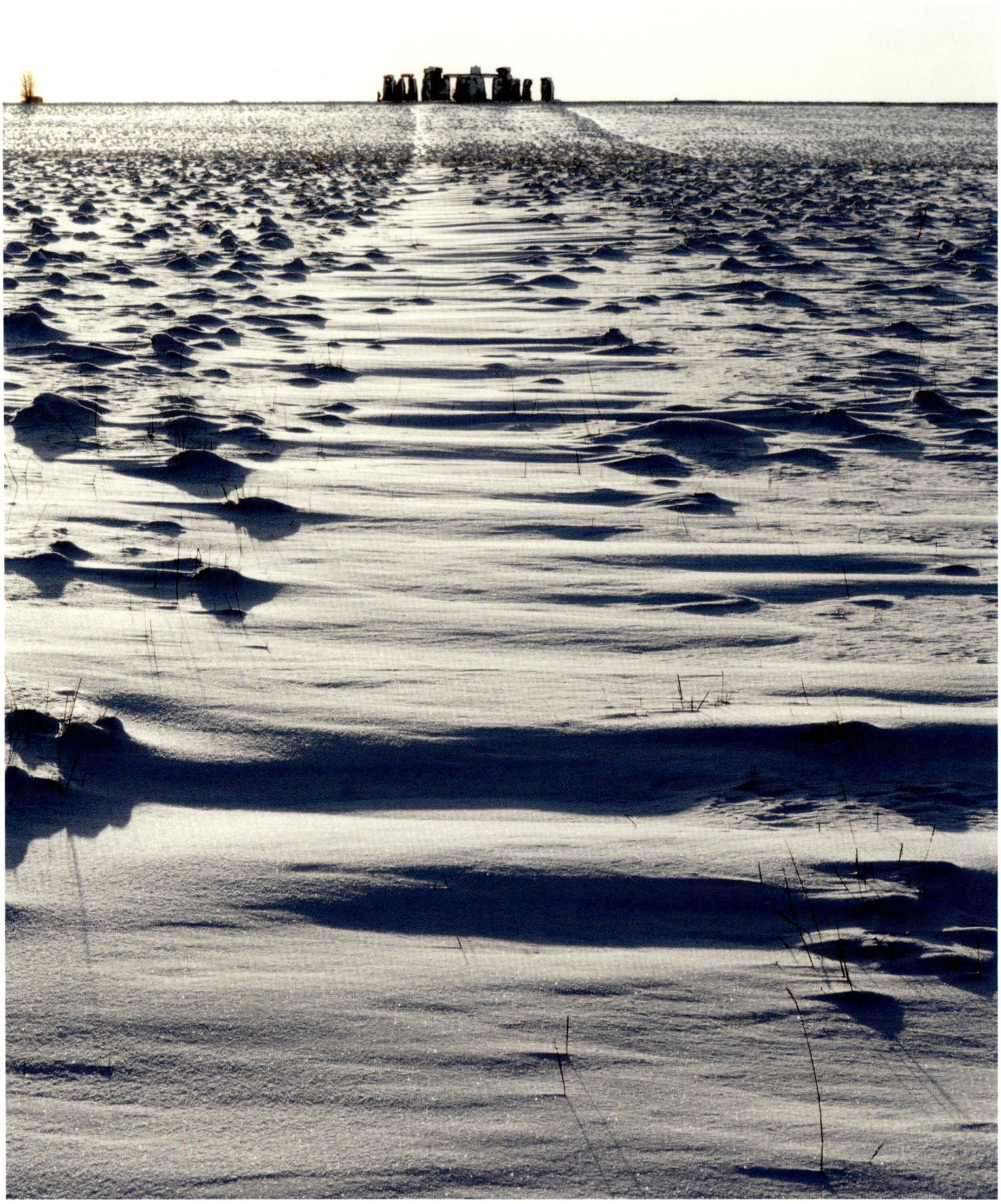

Выше справа: *Зимой, подходя к Стоунхенджу на снегу видны очертания рвов на Авеню*
Выше: *Длинная тонкая костяная булавка, погребенная при кремации в одной из лунок Обри. Возможно, она была пристегнута к савану, в который было завернуто тело перед кремацией*

проведенных Хаули, были перезахоронены в 1935 г. в пустой лунке Обри, а затем заново извлечены во время раскопок в 2008 г. По-видимому, эти останки 60 человек, мужчин и женщин, и нескольких детей, в основном, относятся к трем столетиям после того, как впервые был вырыт ров. В ходе новейших раскопок было выдвинуто предположение, что мел на дне ямы, возможно, был раздроблен тяжелым предметом. В результате этого предположения возобновился спор о том, содержали ли лунки Обри первоначально камни, возможно, несколько столбов из голубого камня.

3 АВЕНЮ

От главного, северо-западного входа ограждения Стоунхенджа на Авеню, прямо через поле, заросшее травой, идут две параллельные насыпи и два параллельных рва. Авеню обозначает маршрут, который начинается от недавно обнаруженного «хенджа» на берегу реки Эйвон в местности Уэст Эймсбери, длиной более 2,5 км по направлению к юго-востоку. Оттуда дорога поворачивает и через шоссе A303 пересекает хребет к востоку, а затем спускается вниз, в неглубокую долину, где она делает внезапный поворот. Последний участок затем идет по прямой, на расстояние свыше 500 м, до входа в ограждение Стоунхенджа.

Низкие земляные сооружения на этом конечном участке едва видны, особенно в сумерках или когда идет снег. Недавние раскопки показали, что они расположены по линии природных геологических объектов – балок и хребтов на поверхности мела, образовавшихся в ходе последнего ледникового периода, но которые строители Стоунхенджа могли видеть как неглубокие депрессии на поверхности.

Авеню была создана примерно в 2300 г. до н.э, более чем сто лет после завершения центральных каменных структур. Она считается церемониальным подходом к Стоунхенджу со стороны реки Эйвон.

4 ПЯТОЧНЫЙ КАМЕНЬ

Непосредственно снаружи у входа в земляное ограждение и на линии Авеню стоит Пяточный камень или «Пятка монаха» – это его более старое название. Он представляет собой крупную, необработанную глыбу сарсена – твердого красноватого песчаника. Предполагается, что большинство сарсенов в Стоунхендже было привезено из местности Малбороу Даунс на севере, но возможно, что Пяточный камень всегда находился там и его просто установили в вертикальном положении.

Сегодня этот камень стоит особняком, окруженный небольшим концентрическим рвом, но в 1980 г. рядом с ним, на обочине дороги, была обнаружена яма для другого камня. Существуют два объяснения этой недавно обнаруженной ямы. Возможно, там находился Пяточный камень, который затем был перенесен на свое нынешнее место, или же Пяточный камень мог иметь пару, т.е., у входа в огражденную территорию были два вертикально стоящих сарсена.

5 ЭШАФОТ

На участке главного входа в ограждение Стоунхенджа лежит еще один большой сарсен, его страшное название – это результат слишком активного воображения викторианцев. Первоначально он стоял вертикально и, как и Пяточный камень, был окружен по бокам другими камнями, которые позднее исчезли. Сохранившийся камень теперь лежит горизонтально, а в неглубоких выемках на его поверхности скапливается дождевая вода, которая вступает в реакцию с железом, содержащимся в камне, и поэтому он становится ржаво-красным. Предполагали, что этот цвет указывает на жертвоприношения – остатки древней крови, которая обагряла каменный алтарь, и отсюда его мрачное, но совершенно неточное название.

6 СТАНЦИОННЫЕ КАМНИ И 7 СЕВЕРНЫЕ И ЮЖНЫЕ КУРГАНЫ

Тропинка, идущая вокруг периметра ограждения, проходит мимо небольшого сарсена, находящегося поблизости внутреннего края насыпи. Это один из четырех камней, известных под названием «Станционные камни», первоначально стоявших на той же линии, где расположены лунки Обри. Из четырех камней осталось только два: один стоит вертикально, другой лежит на земле, и на обоих есть признаки обработки. Каждый из двух исчезнувших камней, был окружен почти концентрическим рвом, создав подобие низких курганов, которые стали известны как Северный и Южный курганы. Несмотря на их название, они не являются могильными холмами.

Станционные камни, скорее всего, были установлены на этом месте в то же самое время, когда были подняты центральные сарсены, и их точное положение было очень тщательно рассчитано. Они обозначают углы идеального четырехугольника, центральный пункт которого находился точно в центре монумента. Причина такого размещения неизвестна, хотя были выдвинуты предположения, что Станционные камни были геодезическими маркерами для строителей Стоунхенджа.

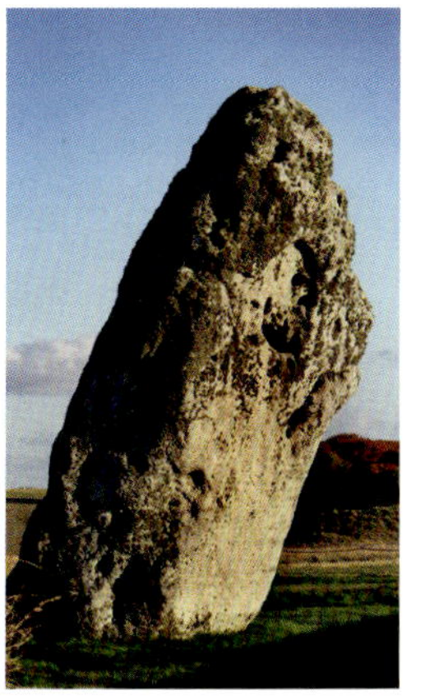

Выше: *Пяточный камень, необработанный сарсен, стоящий на Авеню*

Ниже: *Эшафот, показанный здесь на переднем плане с лужицами ржаво-красноватой дождевой воды, никогда не был алтарем для жертвоприношений – это просто камень, упавший прямо у входа в ограждение*

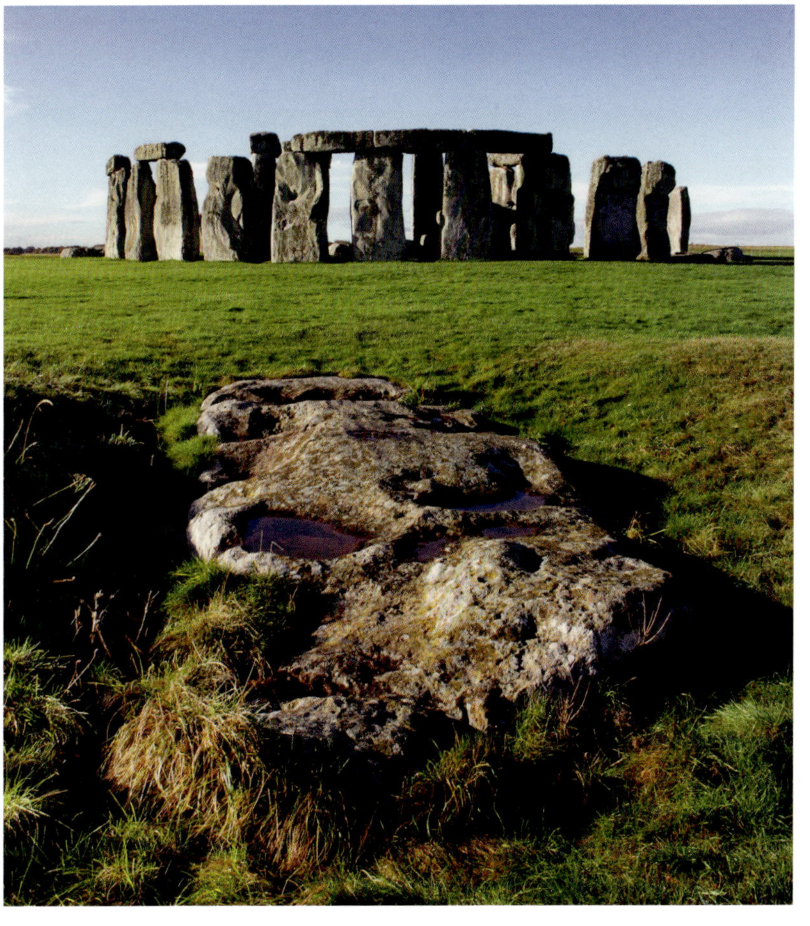

Сарсены и Голубые камни

Судя по форме рва и костям животных, тщательно уложенных в нем, первый Стоунхендж не очень отличался от других ограждений подобной датировки. В других монументах того времени были даже обнаружены кремированные человеческие кости. Стоунхендж стал таким необычным из-за того, что произошло впоследствии. Прибытие камней, примерно в 2500 г. до н.э., преобразовало Стоунхендж из простого и довольно обычного объекта во что-то уникальное и совершенно необыкновенное.

При осмотре центральных камней сразу становится ясно, что они разделяются на две группы разных размеров. Многие камни очень крупные, включая те, что стоят вертикально и ближе всего к тропинке, а далее, по направлению к центру, есть пары еще более высоких камней, стоящих вертикально, поддерживающие горизонтальные перекладины. Другие камни, гораздо меньших размеров, некоторые ниже роста взрослого человека, лежат вокруг более крупных камней. Эти две группы камней сильно отличаются друг от друга как размерами, так и типом материала из которого они образовались.

Самые крупные каменные глыбы, некоторые из которых весят более 35 тонн, известны как сарсены. Сарсен – это очень твердый песчаник; более мелкие валуны песчаника можно найти на территории вокруг Стоунхенджа. Что касается более крупных сарсенов, их ближайший, хороший источник находится на расстоянии более 30 км к северу от Стоунхенджа, в местности под названием Малбороу Даунс в северном Уилтшире. Еще сегодня там можно увидеть полузаглубленные, массивные каменные глыбы на дне долин, хотя многие из них были разломаны и использованы в качестве строительного материала или устранены для того, чтобы облегчить выращивание разных культур.

Камни меньших размеров, находящиеся в Стоунхендже, известны под общим названием Голубые камни, хотя в эту группу входят разные типы камней. Их объединяет общий источник: холмы Пресели в Уэльсе, в 240 км к западу от Стоунхенджа. Нет никаких сомнений насчет их происхождения: минеральный состав камней из Стоунхенджа точно соответствует образцам из Пресели.

Очень сложно объяснить своеобразную смесь разных типов камней, размещенных среди голубых камней, может быть, это не просто набор строительных материалов, но компоненты существующего каменного круга, который находился в Уэльсе перед тем, как материалы перевезли в Стоунхендж. Первоначально на территории Стоунхенджа было, по меньшей мере, 80 голубых камней, некоторые из них весили до трех тонн.

Итак, как оба типа камней очутились на Солсберийской равнине? Сарсены – это камни больших размеров, но они находятся ближе к Стоунхенджу, и эксперименты показали, что камни таких размеров можно перевозить на простых деревянных салазках, которые способна тащить команда примерно из 200 человек. Чтобы перевезти такой камень из района Малбороу Даунс до Стоунхенджа, по маршруту, где, по мере возможности, можно обходить крутые склоны, потребуется примерно 12 дней.

Была выдвинута версия, что голубые камни в горизонтальном положении находили на Солсберийской равнине, куда они были принесены ледниками во время последнего ледникового периода. Тем не менее, нет геологических свидетельств, поддерживающих эту гипотезу, и сегодня, в общем, считается, что они были перевезены сюда людьми, а не перенесены ледниками. Хотя размерами голубые камни меньше, их надо было транспортировать гораздо дальше, и споры о маршруте все еще продолжаются. Первая часть их путешествия, скорее всего, осуществлялась наземным путем, но, возможно, что водный транспорт также имел значение. Часто предполагают, что конечный отрезок пути голубых камней из Уэльса проходил по реке Эйвон, которая течет невдалеке от Стоунхенджа.

Ниже слева: *Выход голубых камней на поверхность в холмах Пресели, Уэльс*
Ниже справа: *Натуральные сарсены все еще находят в Малбороу Даунс*
Внизу: *Карта, где показаны возможные маршруты транспортировки голубого камня (желтый) и сарсена (фиолетовый) в Стоунхендж*

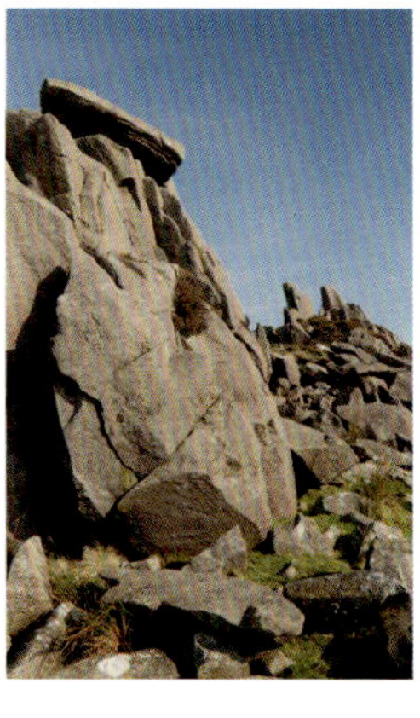

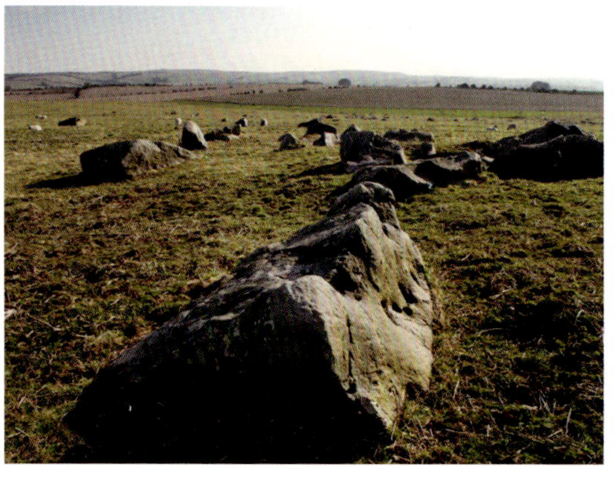

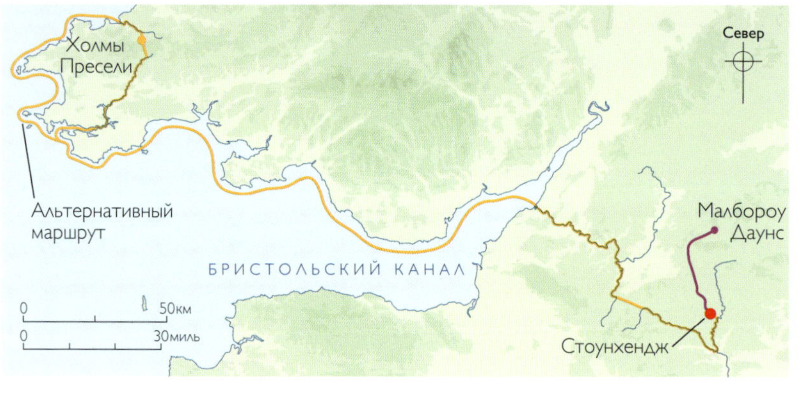

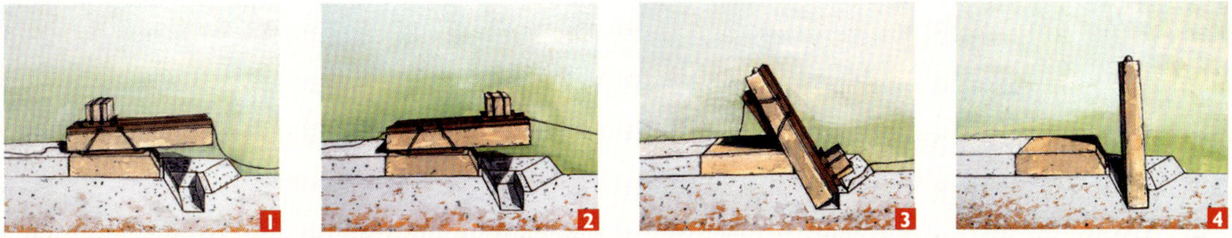

Слева: *Серия диаграмм, где показаны возможные методы подъема и вертикальной установки каменных блоков*

Обработка и подъем каменных блоков

Как наши доисторические предки обрабатывали и устанавливали каменные блоки после транспортировки строительных материалов на территорию Стоунхенджа?

Хотя Стоунхендж строили во времена, когда орудия из меди и бронзы постепенно вытесняли каменные орудия, эти новые металлы были слишком мягкими для обработки твердых каменных глыб. Как сарсен, так и голубой камень можно было обрабатывать только каменными орудиями – круглыми шарами из сарсена, известными под названием киянок или каменных молотков. Множество таких орудий, размером от апельсина до большого футбольного мяча, было найдено в Стоунхендже. Огромные количества каменных обломков, оставшихся после обработки каменных глыб, указывают на то, что основной участок обработки сарсена находился на склоне к северу от ограждения.

После обработки необходимо было поднять каменные блоки, которые должны были стоять вертикально. В слое мела были вырыты ямы, глубина каждой из них была рассчитана так, чтобы верхушки каменных блоков стояли вровень. Раскопки показали, что большинство ям, где были установлены вертикальные каменные блоки, имели одну прямую стену и одну с наклоном. Каменный блок опускали в яму и устанавливали под углом напротив стены с наклоном.

Эксперименты показали, что это могло быть сделано, когда каменный блок был сбалансирован на платформе, а его конец находился точно над ямой **1**. Затем использовались каменные блоки меньших размеров для перевешивания, и установки на прочном конце платформы **2** а потом их опускали в яму **3**. После этого каменный блок поднимали и устанавливали напротив вертикальной стороны при помощи кожаных веревок или веревок из растительных волокон **4**. Под конец яму снова заполняли мелом, обломками камней, фрагментами сломанных кирок из оленьих рогов и киянок, все это прочно утрамбовывалось, чтобы удержать камень на месте.

Существует несколько теорий, объясняющих, как поднимали и устанавливали на месте перекладины. Возможно, использовался наклонный земляной или деревянный пандус; альтернативно, перекладины могли поднимать на платформе из соединенных бревен. Каждый конец перекладины поднимали поочередно, используя рычаги. По мере того как поднимали каждый конец, вставляли деревянные опоры и каменный блок поднимался вверх вместе с платформой. Можно было использовать любой из этих методов, и ни один из них не оставил бы никаких следов, которые могли бы быть обнаружены археологами.

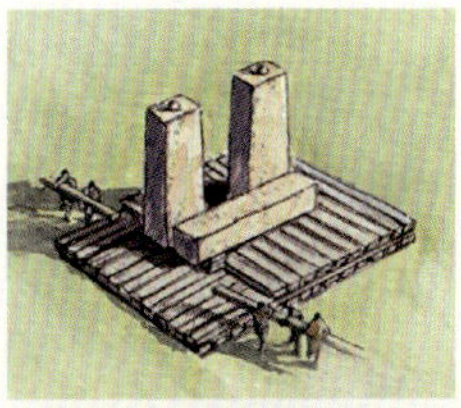

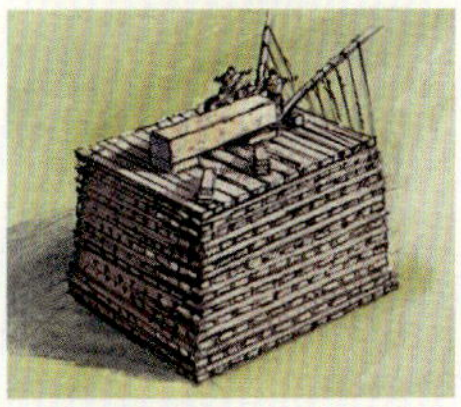

Выше: *Диаграмма, где показан один из возможных методов подъема камней перекладин при помощи деревянных рычагов, которые использовали для подъема каждого конца перекладины поочередно, и ее удержания на деревянной платформе, построенной вокруг обоих стоявших каменных блоков (наверху). Когда высота платформы сравнялась со стоявшими каменными блоками, можно было опустить на место перекладину (внизу)*

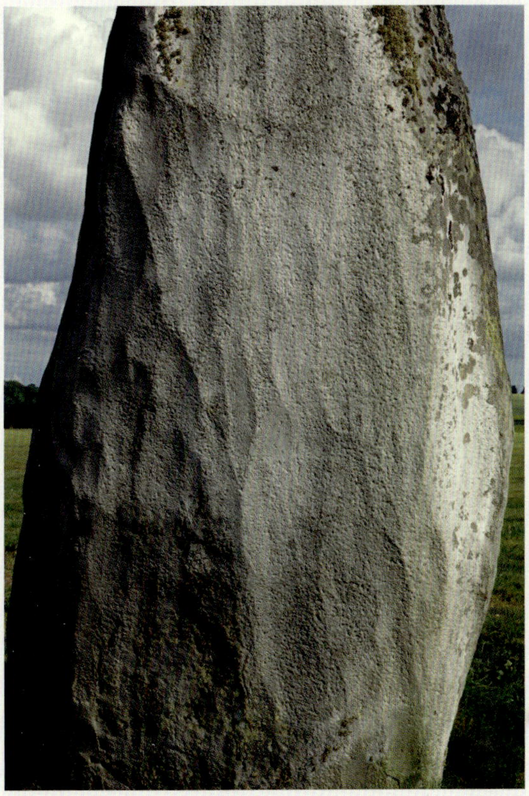

Слева: *Тщательно обработанная поверхность вертикально стоявшего каменного блока в сарсеновом кругу*

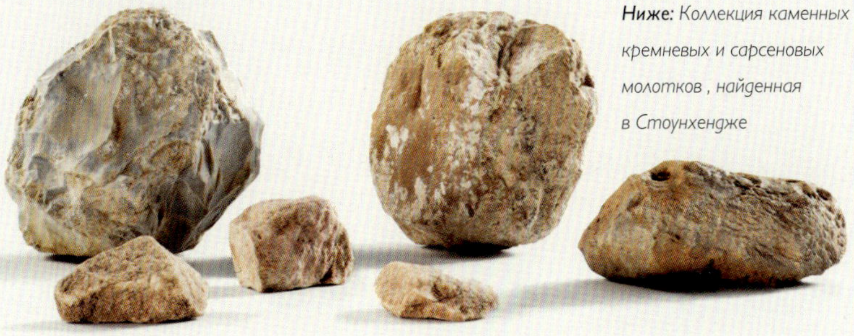

Ниже: *Коллекция каменных кремневых и сарсеновых молотков , найденная в Стоунхендже*

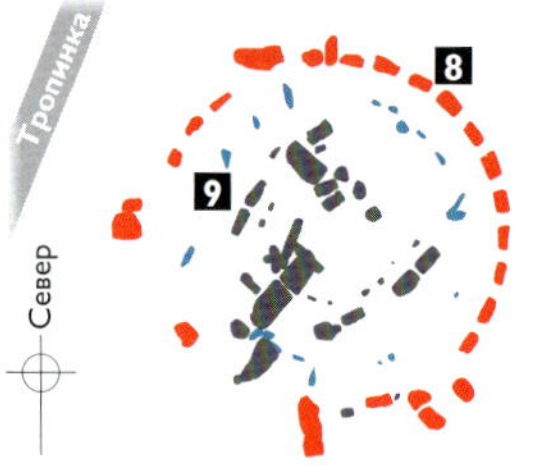

Ниже: Круги сарсенов и голубых камней демонстрируют контрастирующие размеры двух разных типов камней

Размещение камней

Используя сарсен и голубой камень, строители Стоунхенджа создали прекрасные и одновременно уникальные сооружения. В большинстве каменных кругов, построенных в тот же самый период в доисторические времена, каменные глыбы оставляли в их натуральном, необработанном состоянии, просто поднимали и устанавливали в вертикальном положении, но в Стоунхендже дело обстояло иначе. Сарсены в центральных местах были тщательно подравнены, иногда, чтобы создать четырехугольные блоки с четким контуром; они также обрабатывались таким образом, чтобы при помощи простых соединений прочно закрепить камни друг с другом. Некоторые голубые камни свидетельствуют о том, что им придавали форму и соединяли, хотя в конечном месте их размещения, все они были, по-видимому, свободно стоящими.

То, что мы видим сегодня – это руины тех мест, где камни размещали в течение нескольких веков. После их установки, примерно в 2500 г. до н.э., по-видимому, огромные сарсены не перемещали, но размещение небольших голубых камней, установленных в тот же период, затем, возможно, несколько раз меняли. Все четыре концентрические структуры, два круга и две подковообразные формы даже после 4000 лет разрушений, все еще узнаваемы сегодня.

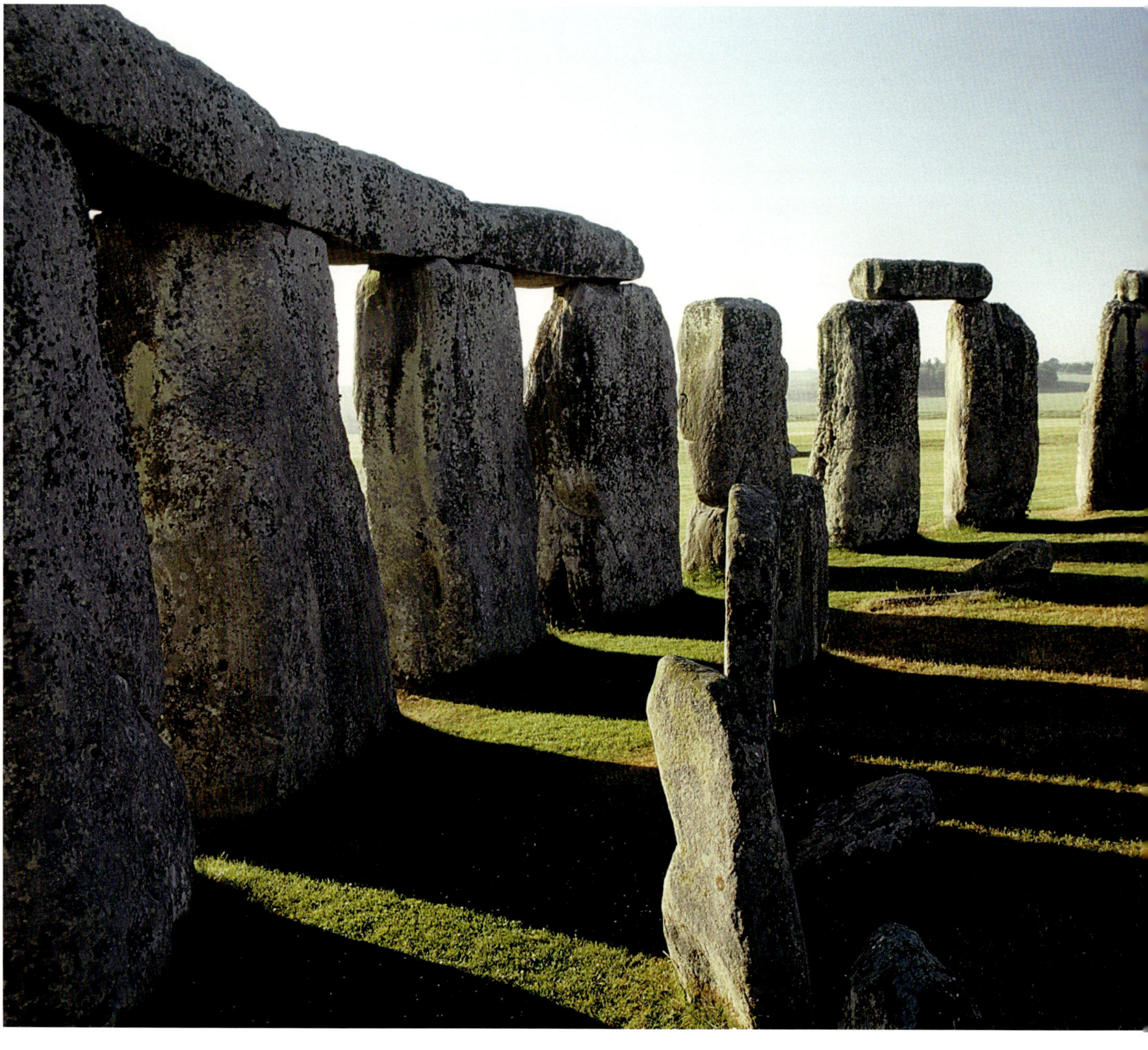

8 САРСЕНОВЫЙ КРУГ

Самое удаленное от центра сооружение, если оно было завершено, имело форму круга, состоящего из 30 стоящих вертикально сарсенов, покрытых горизонтальными каменными перекладинами; все они были тщательно обработаны. Из этих 30 только 17 еще стоят, и лишь 5 перекладин осталось на месте; итак, лучше всего сохранившаяся часть кургана находится на северо-восточной стороне, открытая по направлению к входу в ограждение. Оставшиеся вертикальные каменные блоки стоят довольно близко друг от друга, расстояние между отдельными камнями меньше 1,5 м. Между камнями, которые непосредственно открыты по направлению к главному входу, расстояние чуть больше.

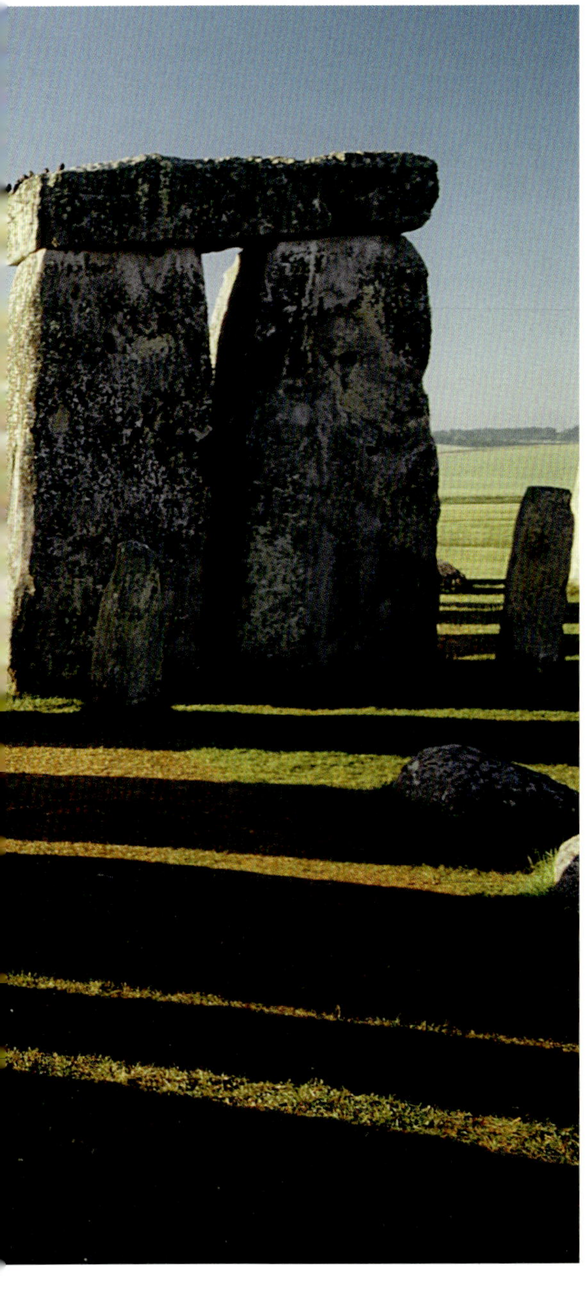

Вертикально стоящие блоки и перекладины соединены между собой посредством самого распространенного метода обработки древесины, а именно паза и шипа. Выступающий штифт или шип в верхней части каждого вертикально стоящего блока входит в соответствующее отверстие или паз, выдолбленный на обратной стороне нижней стороны перекладины. Концы перекладины соединены посредством двух шиповых соединений (также практикуются в столярных работах), где вертикальный шип (или гребень) входит в соответствующий вертикальный паз. Сложность этой части конструкции еще более усовершенствована благодаря форме горизонтальных перекладин: стороны у них не прямые, как можно было бы ожидать, но слегка закругленные на внутренних и на наружных поверхностях. Если этот наружный круг, который сегодня находится в сильно разрушенном состоянии, был когда-либо завершен (см. стр. 12), то его перекладины имели бы форму гладкого кольца из высоко подвешенных камней, расположенных на одном уровне над землей.

9 КРУГ ИЗ ГОЛУБЫХ КАМНЕЙ

60 небольших вертикальных голубых камней расположено внутри сарсенов и концентрически с ними. Они включают разные камни из холмов Пресели: долериты, риолиты и туф, причем самые большие плиты находятся по бокам более широкого прохода, который обозначает ориентацию входов. Большинство этих голубых камней не имеют признаков обработки или формирования, но в этом круге есть два тонко обработанных камня с пазами для шипов. Ясно, что они были обработаны и использованы как горизонтальные перекладины на миниатюрных трилитонах из голубого камня, перед тем как их повторно использовали в качестве вертикально стоящих столбов. Этот круг, представляющий собой последнее размещение этих камней меньших размеров, в настоящее время очень фрагментарен, причем есть признаки, что некоторые камни были умышленно разбиты и удалены из места, где они находились.

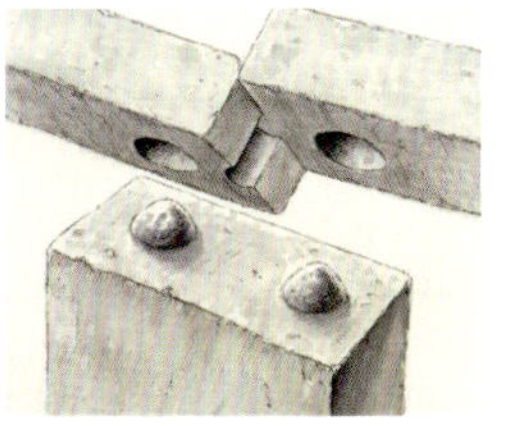

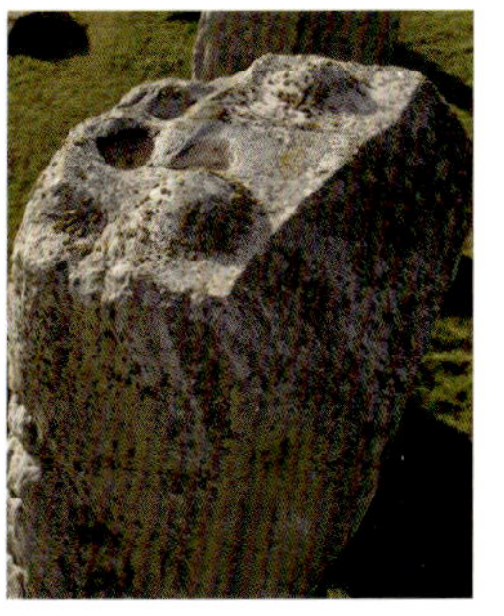

Наверху: *Диаграмма, где показаны соединения, использовавшиеся в кругу сарсенов: при помощи шипового соединения прочно закрепляли стоящие столбы к перекладинам, и соединением типа шип и паз закрепляли перекладины друг с другом, конец к концу*

Выше: *Верхняя часть одного из сарсенов на северо-восточной стороне Стоунхенджа – все еще ясно виден выступающий шип*

Ниже: *Тонко обработанная перекладина из голубого камня, найденная в ходе раскопок в 1954 г.*

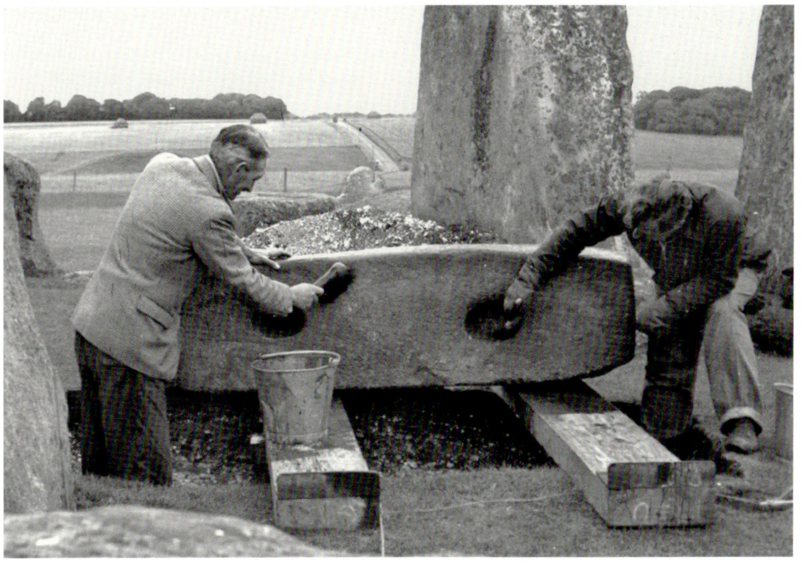

Была ли завершена постройка Стоунхенджа?

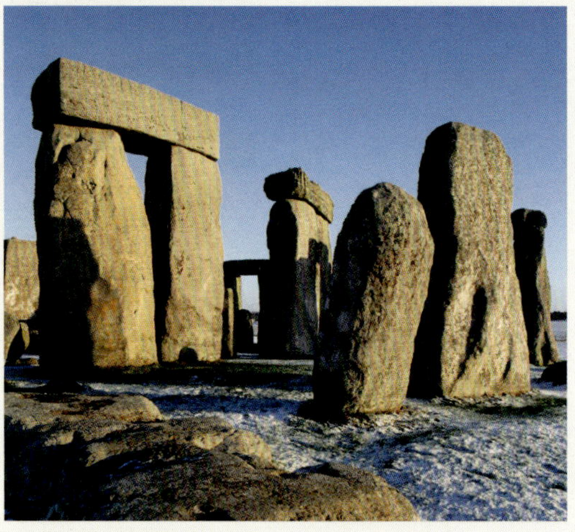

Сохранившиеся части сарсенового круга позволяют предположить, что там планировалось поставить 30 вертикальных блоков, покрытых 30 горизонтальными перекладинами, которые вместе должны были образовать завершенный и безупречный круг. Но в разрушенном состоянии, а также из-за упавших и разбитых камней и многих полностью исчезнувших, в частности в юго-западном направлении, это сильно контрастирует с более завершенной, северо-восточной стороной. Кроме того, с камнем номер 11 существует проблема: это вертикально стоящий сарсен на южной стороне. Он находится в правильном положении на линии круга, но слишком мал для поддержания перекладины с ее соседями полноценных размеров. Предполагалось, что этот и другие отсутствующие камни доказывали, что строительство Стоунхенджа никогда не было завершено. Более правдоподобно, что больше усилий ушло на то, чтобы завершить сторону, считавшуюся более важной, более «публичной» стороной Стоунхенджа, т.е. ту, которая будет видна и с входа, и с Авеню, а «заднюю» часть возвели менее тщательно.

Выше: *Вид Стоунхенджа с южной стороны с камнем 11, т.е. проблематичным камнем, стоящим под небольшим углом, в центре справа на переднем плане*

10 САРСЕНОВЫЕ ТРИЛИТОНЫ

Продвигаясь вглубь Стоунхенджа, следующее размещение камней было самым впечатляющим: огромна подкова, образованная из пяти массивных сарсеновых трилитонов (из древнегреческого – три камня). Каждый трилитон состоит из двух огромных вертикально стоящих камней, находящихся на небольшом расстоянии друг от друга и одной огромной горизонтальной перекладины таких же размеров . Эти камни были закреплены при помощи шиповых соединений. Три полноценных трилитона все еще стоят (хотя один из них, ближайший к тропинке с щебеночным покрытием, упал в 1797 г. и был заново возведен в 1958 г.). Среди вертикальных блоков трилитонов находятся самые крупные камни в Стоунхендже, вес которых превышает 35 тонн. Когда они были впервые найдены на территории Малбороу Даунс в северном Уилтшире и до того как их так тщательно обработали, эти глыбы весили гораздо больше.

Эта подкова из сарсенов представляет собой очень сложную структуру, так как отдельные трилитоны первоначально сортировали по высоте, и самый высокий из них, известный как Большой Трилитон, стоял в закрытом конце подковы. Только один камень из этой великолепной структуры уцелел; это один из самых высоких вертикально стоящих камней в Великобритании, его высота превышает 7,3 м. Прекрасно виден его большой шип, выступающий из верхушки этого камня. На каждой паре стоящих вертикально трилитонов остались следы «спаривания» с одним камнем из пары, который был намеренно более тщательно подравнен и обработан, чем его «спутик». Некоторые из стоящих вертикально камней были украшены неглубокой резьбой с изображениями кинжалов и топоров, нанесенной более 700 лет после их подъема (см. стр. 41).

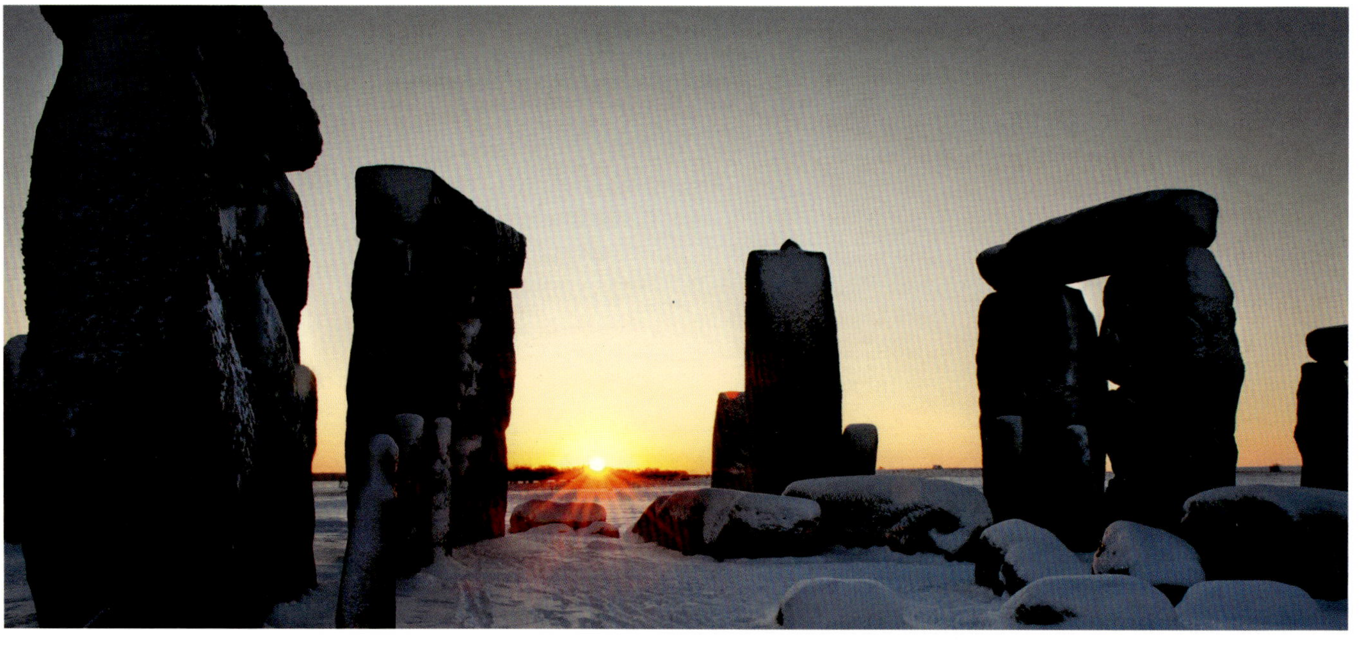

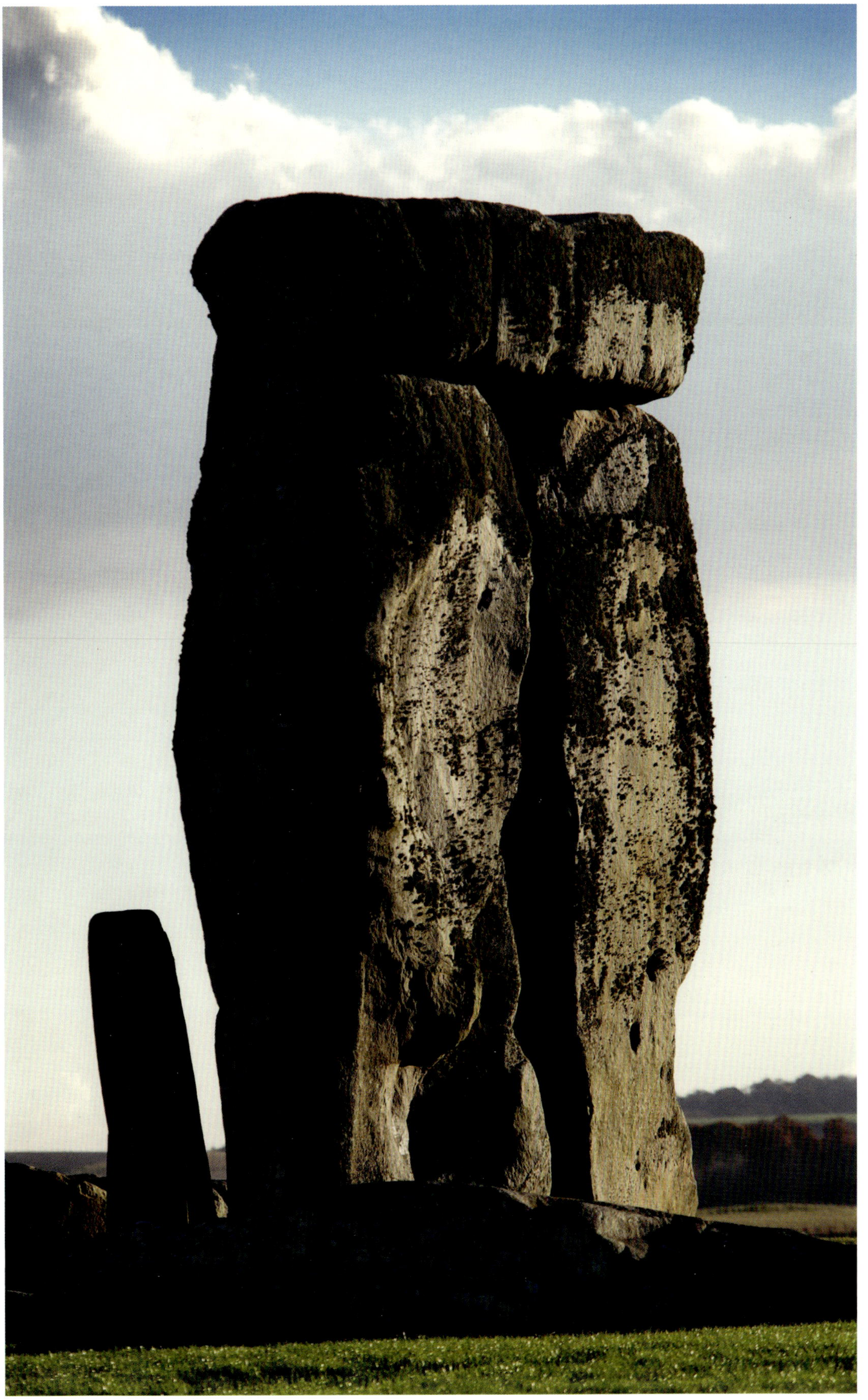

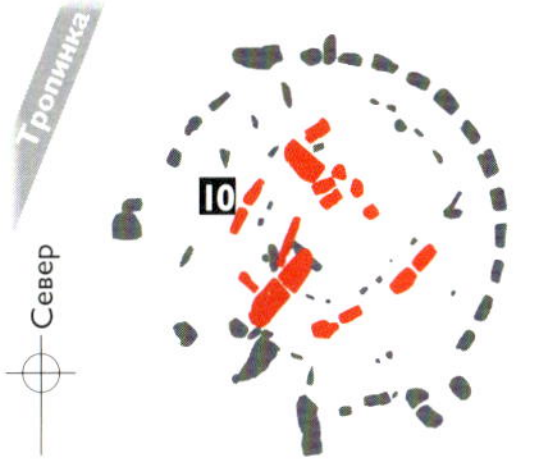

Слева: *Большой сарсеновый камень – трилитон – два массивных вертикально стоящих каменных блока, покрытых горизонтальной перекладиной – один из пяти находившихся в Стоунхендже*

Противоположная страница: *Лучи заходящего солнца в середине зимы освещают центр Стоунхенджа*

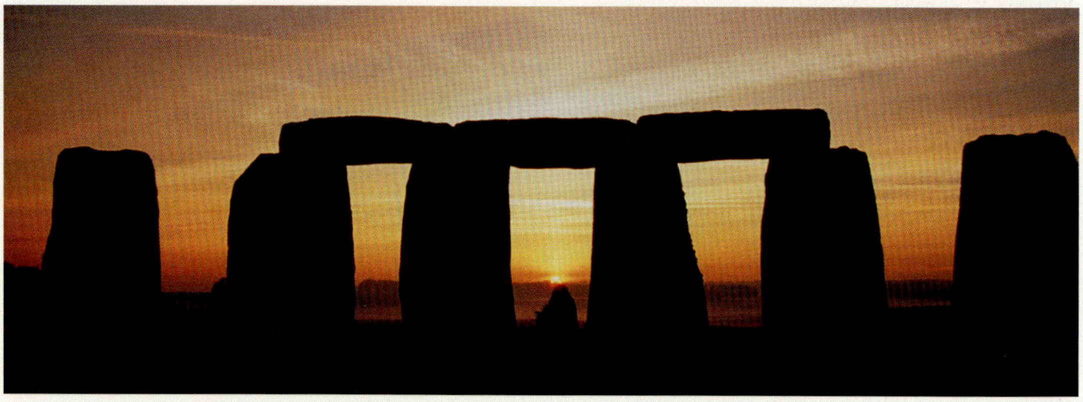

Справа: *Раннее утро в день летнего солнцестояния, когда солнце встает на северо-востоке над Пяточным камнем*

Ниже: *Восход солнца в день зимнего солнцестояния в Маес Хоу – погребальная камера периода Неолита на Оркнейских островах. В середине зимы восходящее солнце светит по направлению вниз в проход, и освещает камеру захоронения*

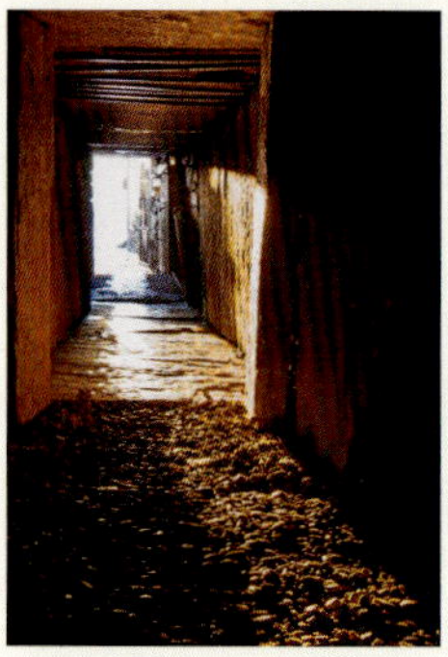

Ориентация Стоунхенджа

Стоунхендж имеет «ось» – т.е., ориентацию по направлению с северо-востока на юго-запад, до конечного, прямого участка Авеню и через вход в ограждение.

На участке, где находятся центральные камни, ориентация проходит через открытые концы подков из сарсенов и голубых камней до основания Большого Трилитона, где лежит Алтарный камень.

Эта ось была тщательно выбрана, так как она отражает важные события в ежегодном движении солнца. В Стоунхендже, в день летнего солнцестояния, т.е., в самый длинный день года, приблизительно 21 июня в современном календаре, солнце восходит за Пяточным камнем в северо-восточной части горизонта, и его первые лучи освещают сердце Стоунхенджа. Эта ориентация не случайна, она наблюдается во многих других «хенджах» – храмах, построенных из древесины и земли примерно в одно и то же время со Стоунхенджем. Недалеко от Стоунхенджа имеются два хороших примера: Конибери, расположенный к юго-востоку, и Вудхендж – к северо-востоку. Но ориентация, которая обозначает событие середины лета в одном направлении, в противоположном направлении может также указывать на событие в середине зимы.

В результате движения солнца по небу в течение года, заход солнца в день зимнего солнцестояния, т.е. в самый короткий день года, приходится на точно противоположную сторону горизонта от пункта летнего солнцестояния. Наблюдатели за зимним солнцестоянием в Стоунхендже (приблизительно 21 декабря), стоявшие у входа в ограждение лицом к центру камней, могли видеть заход солнца в юго-западной части горизонта. Когда Большой Трилитон был еще цел, эффект этого зрелища должен был быть драматичным: заходящее солнце стремительно падало вниз в узком зазоре между двумя стоящими вертикально камнями.

Итак, ориентация Стоунхенджа могла быть использована как для летнего, так и для зимнего солнцестояния. Но растет число свидетельств, полученных в других памятниках Неолита, таких как Ньюгрендж в Ирландии и Маес Хоу на Оркнейских островах, а также в Даррингтон Уоллс, расположенном поблизости, что зима была более важным временем года. В Даррингтон Уоллс есть свидетельства, что там проводились пиры и празднества именно в это время года.

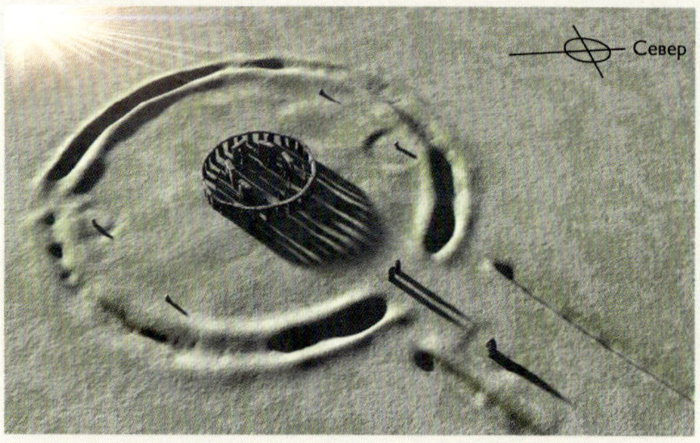

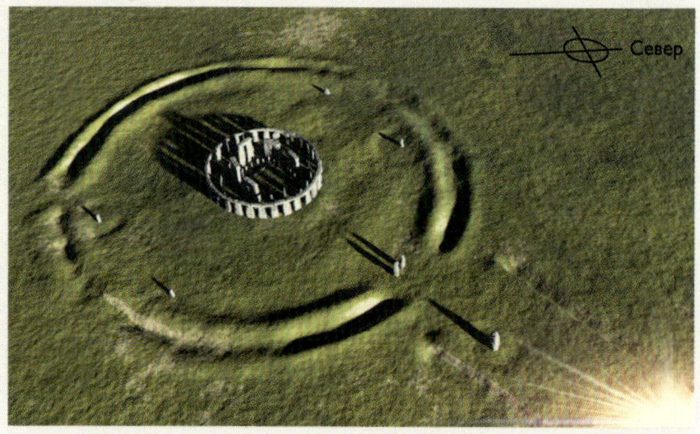

Справа: *В середине зимы (слева) солнце садится в юго-западной части неба. В середине лета (справа), солнце восходит на северо-востоке. Стоунхендж имеет двойную ориентацию, как с летним, так и с зимним солнцестоянием, промежуток времени между ними составляет 6 месяцев, а разница в градусах – 180°*

11 ПОДКОВА ИЗ ГОЛУБЫХ КАМНЕЙ

На участке ближайшем к центру расположена еще одна подкова. Она образована из голубых камней, но здесь почти все камни – это долерит с вкраплениями, самый красивый камень, добываемый в Пресели. Возможно, что первоначальное размещение камней подковы было овальным, а позднее некоторые камни были удалены, чтобы создать размещение, которое мы видим сегодня. Первоначально там было 19 камней, высокие столбы контрастировали с короткими голубыми камнями круга, часто имевшими форму плит. Многие столбы имели элегантно законченную верхушку, включая один с вертикальным пазом, выдолбленным по всей его длине, и, как и у сарсеновых трилитонов, их высота увеличивается по направлению к конечной части подковы. Некоторые из них имеют следы, что когда-то на них были выступающие шипы, служившие опорами для перекладин, однако не там, где они находятся сегодня.

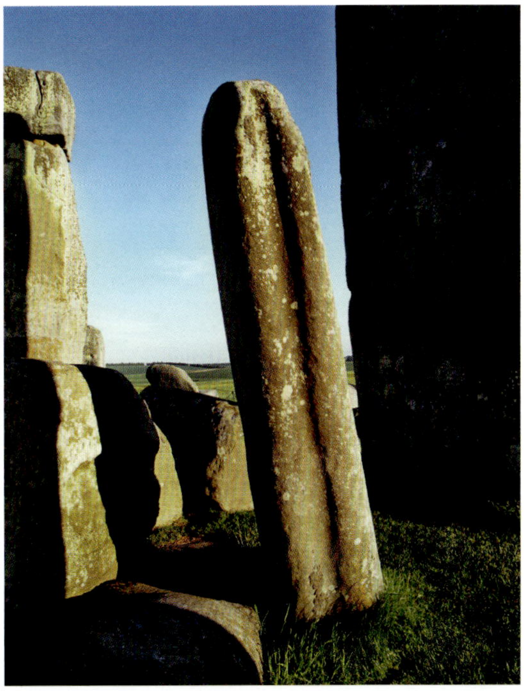

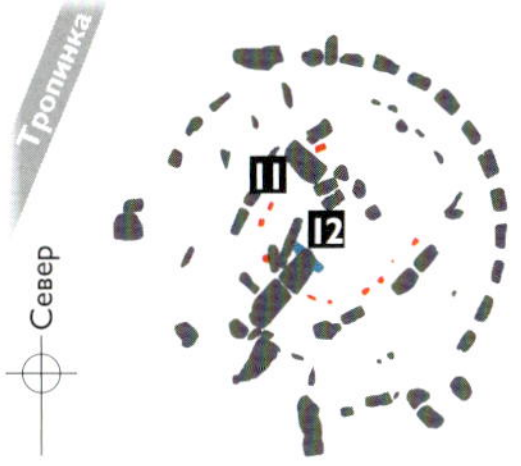

12 АЛТАРНЫЙ КАМЕНЬ

Наконец, на закрытом конце подковы, ближайшем к центру, в тени самого высокого трилитона, теперь частично погребенного под его упавшими и разбитыми вертикальными блоками и массивной перекладиной, лежит камень, известный под названием Алтарный. Это самый крупный из не сарсенов представляет собой разбитую плиту из зеленоватого песчаника из южного Уэльса. В отличие от других камней из Уэльса, он не происходит из холмов Пресели; недавний анализ позволяет сделать предположение, что его привезли из района Брекон Биконс. Так как развалины Большого Трилитона никогда не были перемещены, неясно было ли первоначальное положение Алтарного камня горизонтальным, как и у алтарной плиты, или же он стоял вертикально.

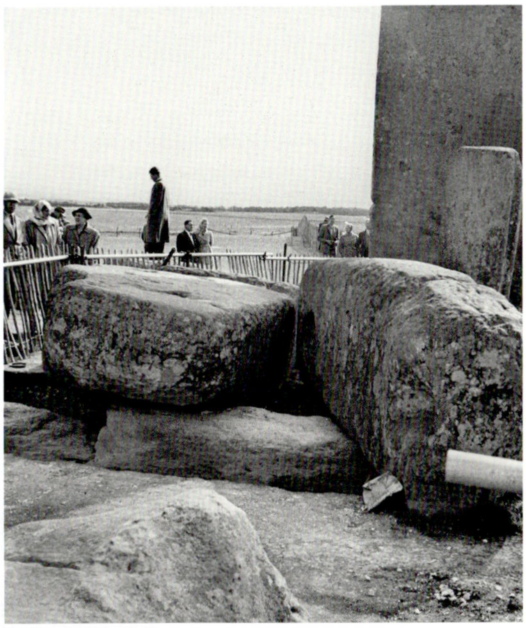

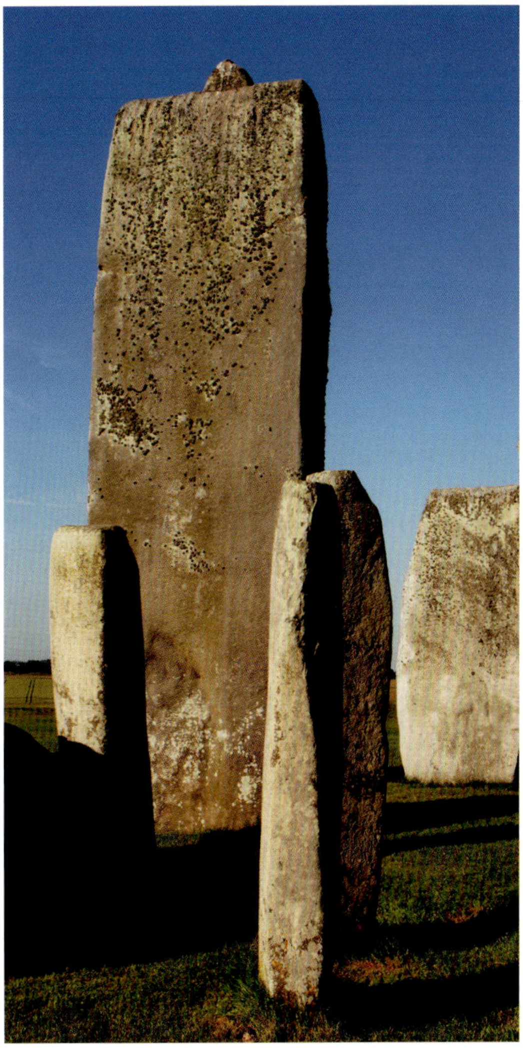

Сверху: *Камень с элегантно выточенным пазом в подкове из голубых камней, возможно, он был предназначен для соединения с подобным камнем в соответствующем «гребне». Эта форма дает возможность предположить, что камень был перенесен сюда после предыдущего использования в каком-нибудь другом размещении, и возможно, в другом месте*

Внизу слева: *Алтарный камень, обнаруженный во время раскопок в 1950-х годах. Сегодня он остается частично погребенным под упавшими камнями Большого Трилитона*

Внизу справа: *Обработанные столбы в подкове из голубого камня стоят перед оставшимся вертикальным каменным блоком Большого Трилитона*

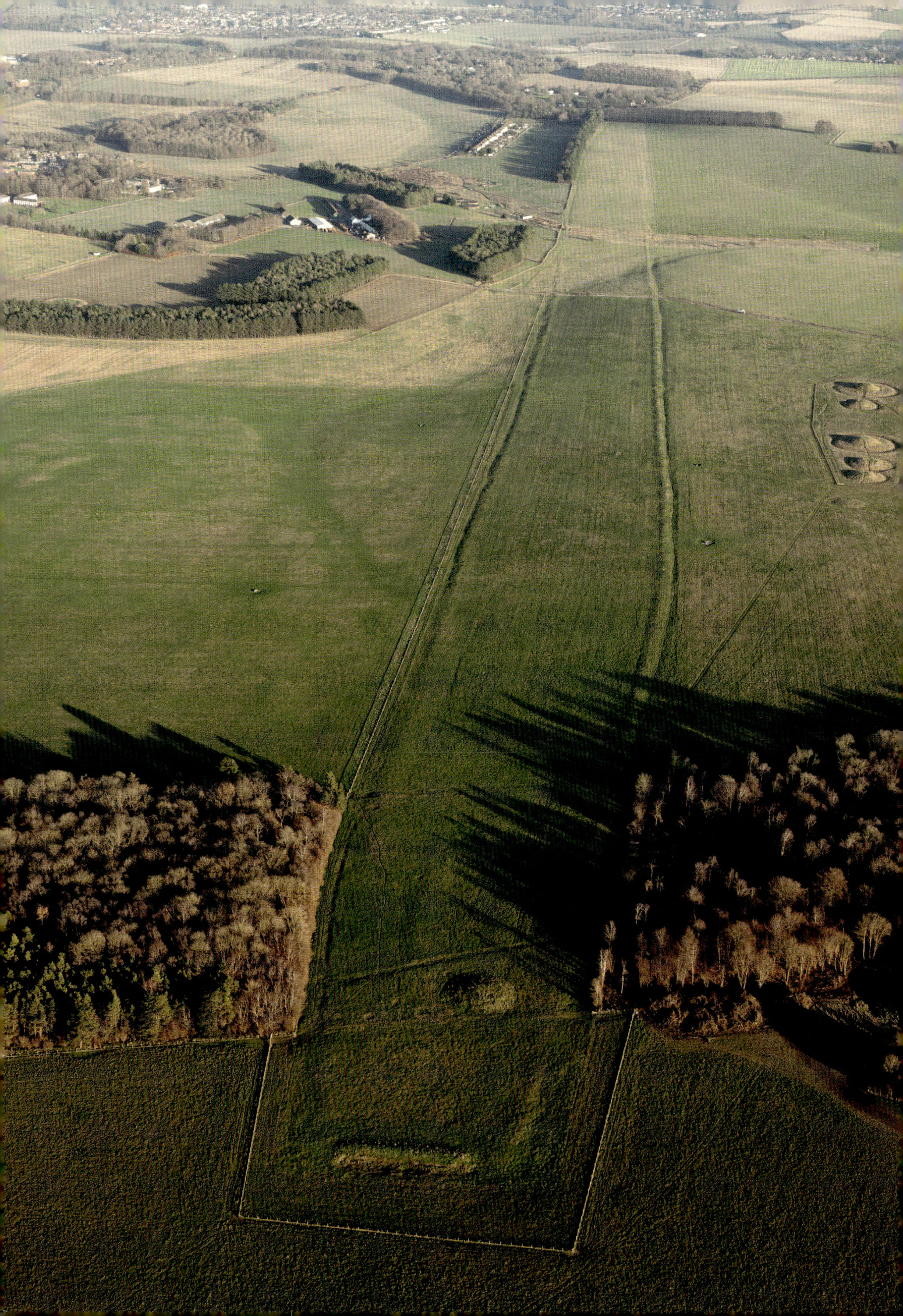

Прогулка по территории Стоунхенджа

Общий вид

Стоунхендж расположен в центре местности исключительно богатой доисторическими памятниками, которая вошла в Список Мирового Наследия. В Стоунхендже находятся могильные холмы (длинные курганы) и вытянутые ограждения земляных сооружений (памятники ипподромов), которые предшествуют созданию Стоунхенджа. Со времени строительства Стоунхенджа остались другие храмы (хенджи), а в течение столетий после прекращения его строительства были возведены сотни могильных холмов Бронзового века (круглые курганы) на окружающих его холмах и по бокам долины. Все эти памятники связаны с погребениями и церемониями, и были известны в течение многих веков, но теперь появились еще и следы повседневной жизни в доисторические времена. Благодаря аэрофотографии были обнаружены следы небольших ферм, граничных рвов, полей и грунтовых дорог. Артефакты, собранные на поверхности вспаханных полей (полевая фиксация), предоставили свидетельства, как древних ремесел, так и мест, где жили люди. В результате раскопок, проведенных после этих открытий, была получена более детальная картина жизни в доисторические времена, и было показано, как развивался этот пейзаж в течение веков.

Хотя к большинству участков в местности окружающей Стоунхендж доступ свободен, некоторые важные памятники находятся на территории в частном владении и посетители не имеют к ним доступа (см стр. 28).

Что было до Стоунхенджа

До того как было построено первое, простое земляное сооружение в Стоунхендже, было ясно, что данная часть Солсберийской равнины имеет большое значение. Хоть у нас нет свидетельств повседневной жизни того далекого времени, но есть свидетельства погребений и проведения ритуалов, полученные из длинных курганов и Ипподрома, построенного 500 лет раньше. Но еще раньше, в эпоху Мезолита (Средний Каменный век), в долине реки Эйвон, находящейся поблизости, жили охотники, водилась рыба, паслись олени и огромной величины дикий скот, и можно было собирать орехи и ягоды. Эти люди, жившие в те далекие времена, также построили уникальные и непонятные сооружения недалеко от того места, где тысячи лет спустя появился Стоунхендж.

МЕЗОЛИТИЧЕСКИЕ ЛУНКИ ДЛЯ СТОЛБОВ

В 1966 г., когда построили первую стоянку для машин в Стоунхендже, были обнаружены три ямы, которые были выкопаны в залежи мела (и еще одна была обнаружена в ходе строительных работ, проведенных в 1989 г.). Их местоположение будет обозначено на земле деревянными и металлическими указателями. Во всех ямах были обнаружены следы первоначально установленных там больших деревянных столбов диаметром ок. 75 см. Древесина, использованная для столбов – это сосна, необычное дерево для меловой почвы, но датировка столбов была еще более неожиданной. Результаты исследований радиоуглеродным методом показали,

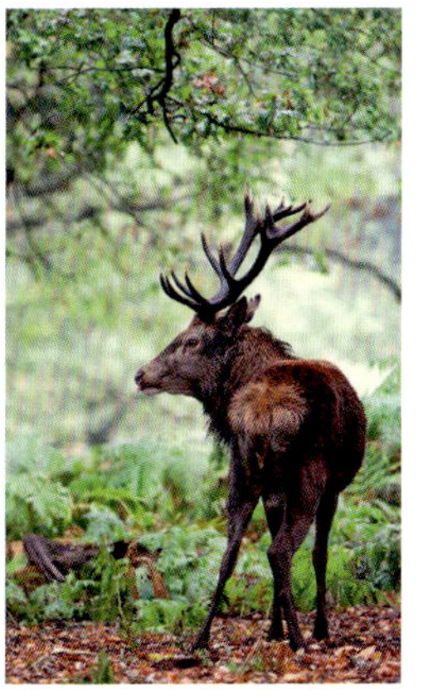

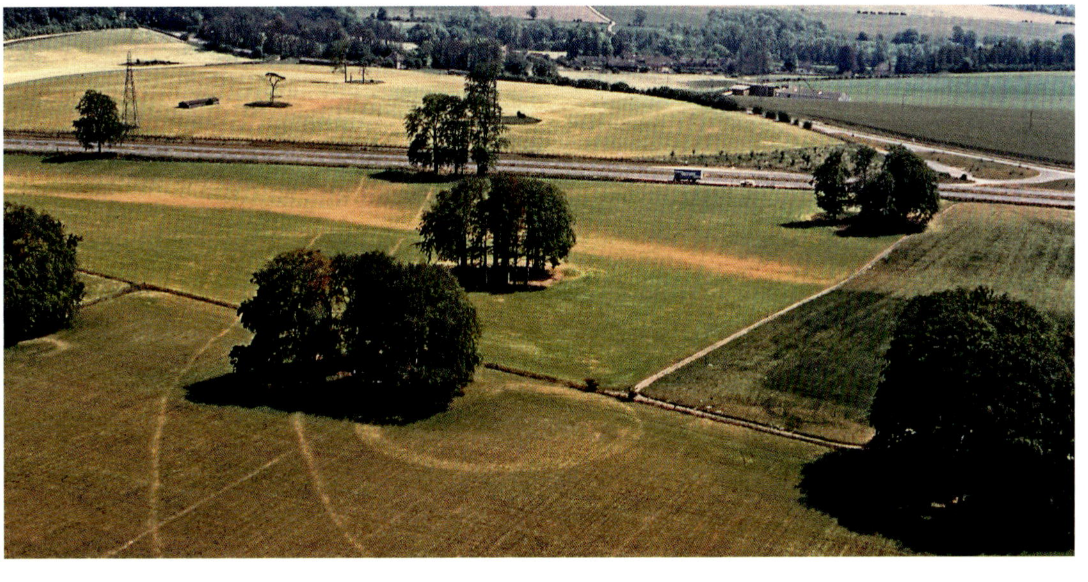

Выше: *Ландшафт периода Мезолита богат дикими плодами, ягодами и орехами, и животными, такими, как красный олень, чье мясо можно употреблять в пищу*
Слева: *Восточная часть Авеню в Стоунхендже, обнаруженная при помощи аэрофотографии: на этой фотографии 1976 г. линии насыпей четко видны как параллельно идущие следы выращивания разных культур*

Противоположная страница: *Вид вдоль Ипподром периода Неолита в Стоунхендже, открытый на восток; курганы Ипподрома эпохи Бронзового века видны справа*

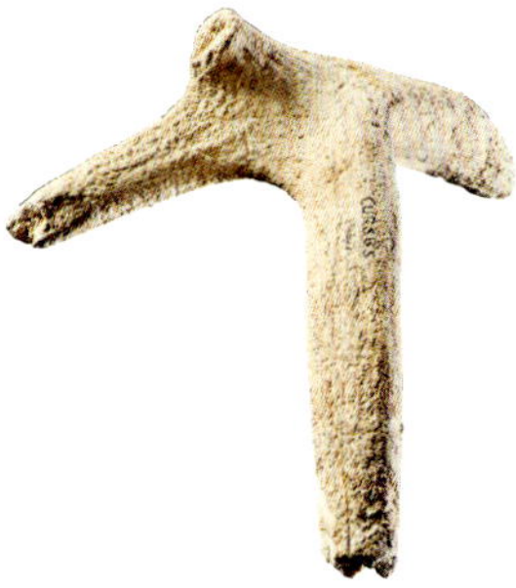

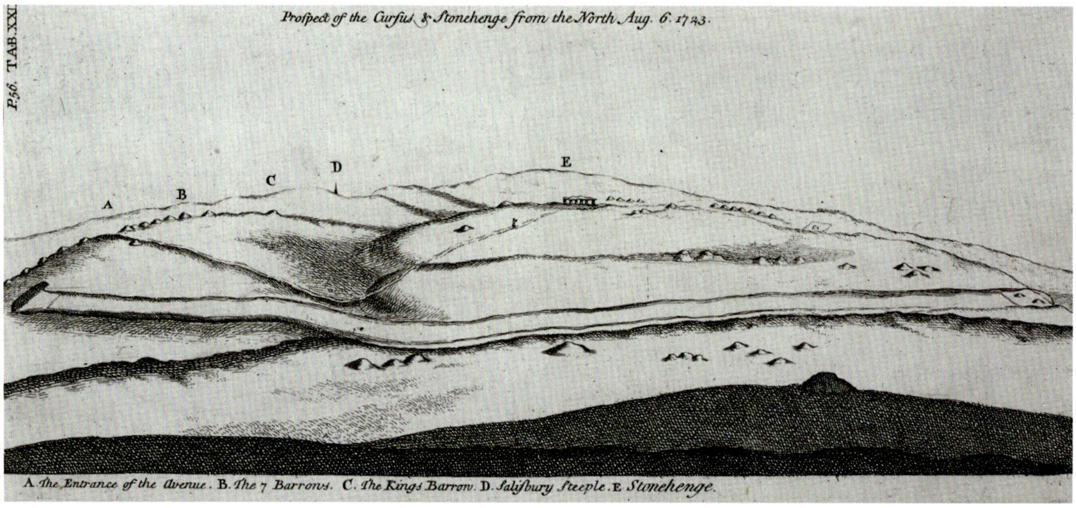

Выше: *Кирка из оленьего рога периода Неолита, найденная во рву на Ипподроме в Стоунхендже*
Выше справа: *В начале 18-ого века антиквар Уильям Стьюкли зафиксировал весь комплекс Ипподрома в Стоунхендже, сохранившийся в форме земляного сооружения*
Ниже: *Вид на длинный курган на перекрестке Уинтербоурн Стоук с северо-восточной стороны, перед тем как были проведены работы по благоустройству дороги в 2013 г.*

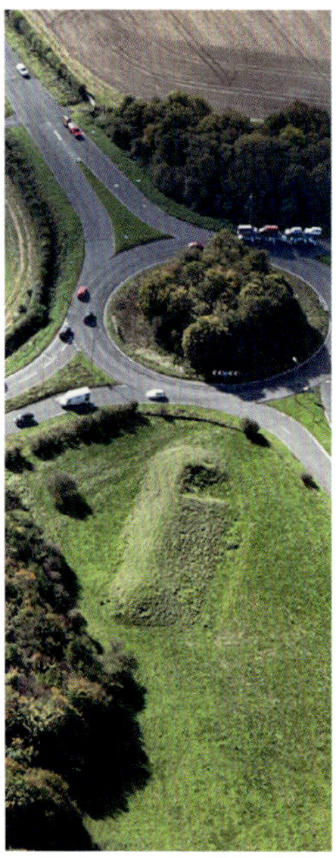

что они были установлены в период Мезолита, между 8500 и 7000 гг. до н.э., вскоре после конца последнего ледникового периода, когда Британия и европейский материк еще не были разделены. По мере того, как поднимался уровень моря, а климат становился теплее, начали расти деревья: сначала это были сосны и лещина. В этом лесу группы охотников и собирателей питались тем, что могли убить или собрать. Именно эти люди поставили уникальные сооружения, столбы, которым уже более 9000 лет, и, возможно лучше всего можно объяснить это, сравнив их со столбами, найденными на стоянках североамериканских индейцев, известных как тотемные столбы. Когда начали строительство Стоунхенджа, более 4000 лет спустя, на земле остались лишь неглубокие депрессии, которые обозначали место, где когда-то стояли эти загадочные столбы.

ИППОДРОМ В СТОУНХЕНДЖЕ

Необыкновенный памятник, известный как Ипподром Стоунхенджа, был построен столетия до появления первого Стоунхенджа. Это огороженное земляное сооружение удлиненной формы со рвом и насыпью, расположенное на участке шириной свыше 100 м, длиной 2, 7 км. Он ориентирован с востока на запад, пересекает низменную часть местности к северу от Стоунхенджа и проходит через неглубокую долину по направлению к ее центральной части. Рвы, расположенные на его длинных сторонах, не очень большие, их глубина чуть больше 1м, и там, где они были исследованы, оказалось, что иногда они вырыты неравномерно. Оба конца, по-видимому, были обозначены гораздо более крупными рвами и соответственно более крупными насыпями. Его восточный конец почти подходит к сравненному с землей длинному Неолитическому кургану, а на его западной оконечности стоит круглый курган.

Антиквар начала 18-ого века Уильям Стьюкли (1687–1765 гг.) был первым, кто заметил его и решил, что ипподром восходит к времени Римской империи и был построен для гонок на колесницах или конных скачек (отсюда название, которое он дал ему: курсус или ипподром – это два классических названия места проведения скачек). Он ошибся в отношении датировки: ипподром был построен в период раннего Неолита, приблизительно в 3400 г. до н.э., когда были построены многочисленные длинные курганы, но пока еще нет уверенности, в чем заключалась его функция. Небольшое число находок, обнаруженных во рвах, дает возможность предположить, что он был создан как особое или священное место, может быть для шествий или как барьер через местность. Ипподром Стоунхенджа целиком расположен на территории организации National Trust, куда доступ открыт всем. Зазор через Фарго Плантейшн обозначает ширину Ипподрома Стоунхенджа здесь, на его западном конце, где была проведена частичная реконструкция земляных сооружений.

ДЛИННЫЙ КУРГАН НА ПЕРЕКРЕСТКЕ УИНТЕРБОУРН СТОУК

Длинный курган на перекрестке Уинтербоурн Стоук, который стал ядром кладбища, состоящего из круглых курганов конца Бронзового века, имеет могильный холм длиной более 80 м и шириной более 25 м. Были обнаружены следы рвов, вырытых в каменоломне, расположенных по его бокам. Из этой каменоломни поставляли материал для его постройки. В 1860-х годах под более широким и высоким северо-восточным концом могильного холма были найдены человеческие останки. Недавно была проведена их датировка радиоуглеродным методом и на ее основе было установлено, что длинный курган был построен примерно в 3500 г. до н.э.

Длинные курганы – это групповые захоронения предков, которые могут лежать в деревянном или каменном сооружении – символическом жилище мертвых. Когда его построили, оно было впечатляющим: белый могильный меловой холм был виден издалека на местности, его длинный курган расположен на возвышенности, не только для размещения костей, но и как бы устанавливая свое право на территорию, где он стоял.

Во времена Стоунхенджа

Не следует рассматривать Стоунхендж как памятник, стоявший в «блестящем одиночестве». Во время его постройки Авеню физически соединяла его со всей местностью, а река Эйвон обеспечивала связь с другими местами, находившимися поблизости, и с другими более отдаленными местностями. На территории Стоунхенджа находятся и другие памятники, большие и маленькие, также построенные во времена больших перемен, и первые свидетельства, оставленные теми людьми, которые, возможно, транспортировали и воздвигали эти камни.

ДАРРИНГТОН УОЛЛС

Приблизительно в 2500 г. до н.э., когда в Стоунхендж привозили большие камни, другие хенджи, т.е. ограждения из мела и древесины, возводились в его окрестностях. Самое крупное из них – Даррингтон Уоллс – массивное ограждение диаметром свыше 470 м, которое расположено в широкой впадине на западном берегу реки Эйвон, почти 3 км к северо-востоку от Стоунхенджа. Даррингтон – это более традиционный хендж, с огромной насыпью, лежащей снаружи такого же огромного рва, но, несмотря на размеры, их трудно разглядеть стоя на земле.

Ограждение имеет четыре входа, самый четкий открыт в юго-восточном направлении, вниз к реке. Между 1966 и 1968 гг. были проведены раскопки на линии дороги, которая пересекает хендж, и было обнаружено, что глубина рва превышает 6 м, а его ширина равна 13 м. Также были найдены остатки двух сложных деревянных сооружений: Северного круга, и более крупного Южного круга, диаметром 23 м. Каждый имел множественные концентрические кольца из крупных бревен, и там производили значительные количества керамики; были найдены кости животных и кремневые орудия.

Раскопки, проведенные недавно, начиная с 2004 г., показали, что в Даррингтоне, как и в Стоунхендже, была Авеню: тропинка из гравия, которая шла от Южного круга через юго-восточный вход и вниз по направлению к реке Эйвон. Эта Авеню также была ориентирована на солнцестояние, на заход солнца в середине лета и на восход солнца в середине зимы. Недалеко оттуда были обнаружены сохранившиеся развалины домов периода Неолита, первые, которые были найдены на юге Великобритании. Новейшие исследования показали, что во многих хенджах ограждение было возведено как последний этап продолжительного периода использования. И поэтому здесь в Даррингтоне есть свидетельства того,

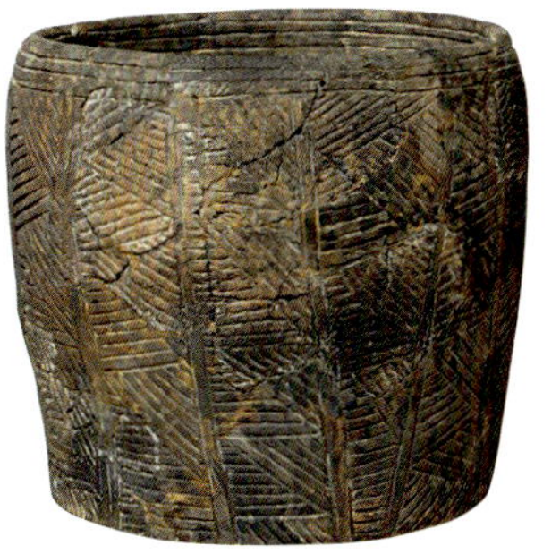

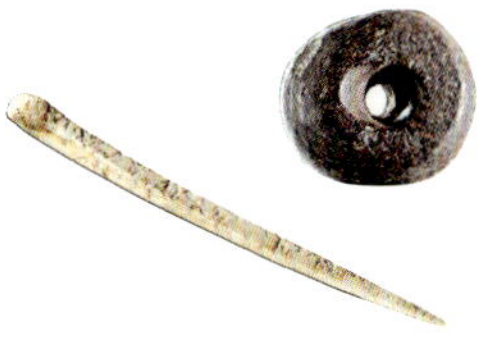

Выше: Во время раскопок в Даррингтон Уоллс было найдено много предметов повседневного пользования. Тут был и горшок, сделанный в индивидуальном стиле, известном как «Желобковая керамика», который часто ассоциируют с памятниками (хенджами) периода Неолита (наверху – сейчас находится в Солсберийском и Южно-уилтширском музее), бусинка из сланца (в середине) и костяная булавка (внизу)

Река Эйвон в доисторические времена

Нетрудно видеть в реках преграды, скорее чем водные пути. В наше время, когда вода течет из крана, мы зачастую забываем о ее источниках. Но в доисторические времена для людей, живших в местности, где расположен Стоунхендж, река и ее долина имели жизненно важное значение. Она была источником питьевой воды, как для людей, так и для домашних животных, и к тому же источником пропитания. Съедобные растения росли на более влажных почвах; можно было ловить рыбу: форель и лосося, можно было охотиться на диких оленей и других животных, когда они приходили к водопою. В чистых водах Эйвона плавали выдры и бобры, чей мех высоко ценился.

Вдобавок к этим практическим возможностям использования реки, и возможности транспортировать голубые камни на последней стадии их пути из Уэльса, она, вероятно, имела и более духовное значение. Драгоценные предметы, брошенные в реки и озера, показывают, что доисторические люди, может быть, считали их воды священными. Некоторые археологи выдвинули гипотезу, что река являлась этапом на пути мертвых из Даррингтона в Стоунхендж, оба имеют Авеню – обеспечивающую физическую связь с текущими водами реки.

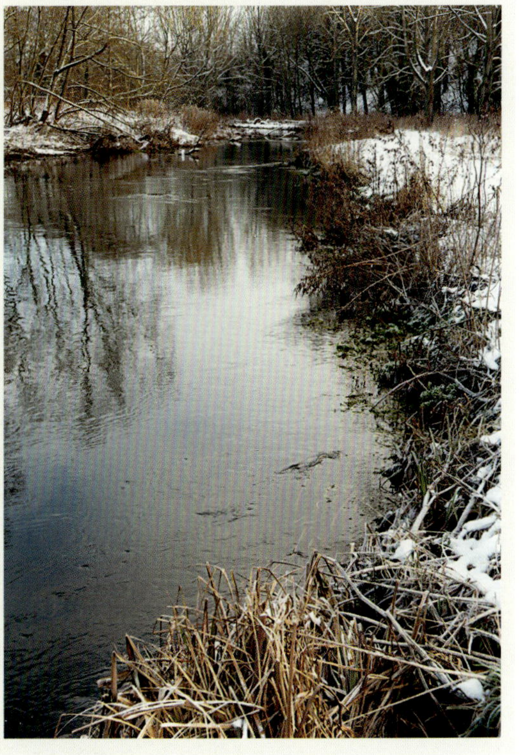

Справа: Река Эйвон, возможно, считалась священной строителями Стоунхенджа

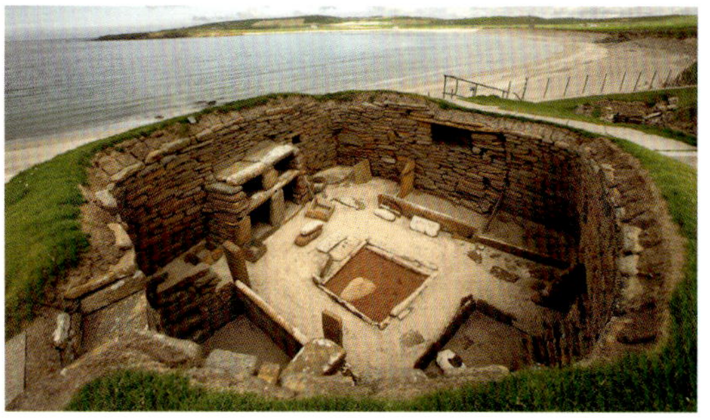

Справа: *Один из каменных домов с мебелью периода Неолита в Скара Бра на Оркнейских островах*

что некоторые, если не все, дома были построены, использованы и заброшены до того как вырыли ров и соорудили насыпь.

Дома были маленькими и почти квадратными, большинство длиной 5 м поперек; стены были сделаны из плетеных веток лещины, обмазанных глиной, внутри был квадратной формы пол из твердого спрессованного мела, а в центре находился очаг. В пространстве между полом из мела и наружной стеной, возможно, стояла деревянная мебель: кровати и шкафы. Планировка этих домов почти идентична планировке жилищ того же периода в Скара Бра, поселения периода Неолита на Оркнейских островах, где стены и мебель были изготовлены из камня и поэтому сохранились в течение свыше 4 000 лет, до наших дней.

Дома были отделены заборами из деревянных свай, рядом с которыми лежали кучи мусора. Огромные количества костей животных, в основном, свиного молодняка, указывают на большие пиры, возможно, устраивавшиеся в середине зимы. Обнаружение этих домов и следы подобных сооружений в других точках вокруг хенджа показывают, что до постройки ограждения, там, возможно, стояли сотни домов, и, может быть, в Даррингтоне проживали тысячи людей. Возможно, что это было самое крупное поселение периода Неолита в Британии и Ирландии, хотя, вероятно, там жили только в определенные времена года. Итак, были ли это дома людей, построивших и использовавших Стоунхендж?

Другие дома, некоторые из них больших размеров и окруженные глубокими рвами, как и хенджи меньших размеров, были обнаружены внутри главного ограждения. Отсутствие свидетельств повседневной жизни, пищи и ее приготовления, характерных для большинства домов, показывает что они имели особую, может быть, ритуальную функцию. Деревянные круги, найденные в 1960-х годах, которые недавно были заново исследованы и интерпретированы, также, по-видимому, имели скорее ритуальную, чем практическую функцию. Бревна были установлены вертикально до постройки ограждения,

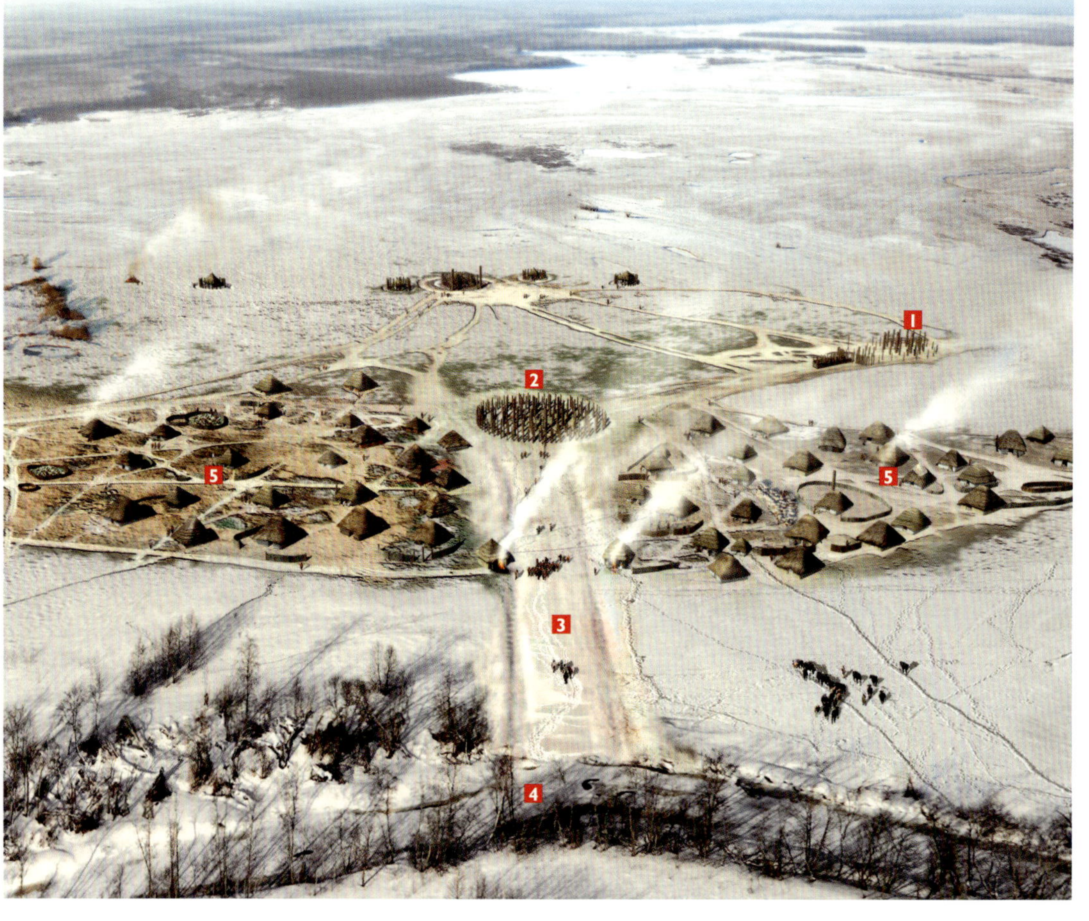

Справа: *Реконструкция неолитического поселения в Даррингтон Уоллс, приблизительно 2500 г. до н.э, ориентированное на запад*

1 Северный круг
2 Южный круг
3 Авеню
4 Река Эйвон
5 Дома периода Неолита

Жизнь в Даррингтон Уоллс

Жизнь людей в Даррингтон Уоллс в период постройки Стоунхенджа отличалась общением и трудом; тем не менее, они занимались не только повседневными делами, но и проводили разные церемонии.

Люди жили в этих небольших, сгруппированных вместе домах, отделенных друг от друга заборами из тканой древесины. В этих домах, каждый из которых был достаточных размеров, чтобы в нем свободно жила небольшая семья, еду готовили вокруг очага, расположенного в центре жилища; кости свиней и скота указывают на то, что их рацион был богат мясом. Странно, что зерновые не являлись важным элементом их рациона.

В домах было темно и пахло дымом, а ночью дом был освещен языками огня; жители Даррингтона спали на низких деревянных полатях и укрывались шкурами животных.

Это было место, которое менялось, может быть, почти ежедневно. Люди приезжали сюда издалека, пригоняли своих свиней и скот, т.е. мясо для пиров приходило «своим ходом», часто из мест, находящихся далеко на севере. Может быть, им надо было каждый день идти через низкие холмы в Стоунхендж, а затем обрабатывать и вертикально устанавливать огромные камни.

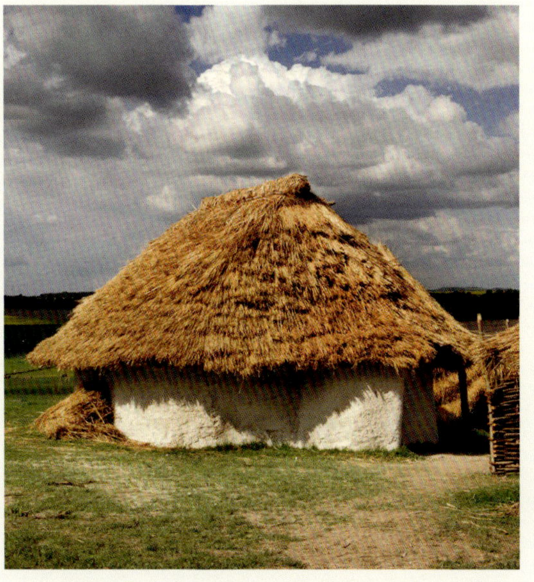

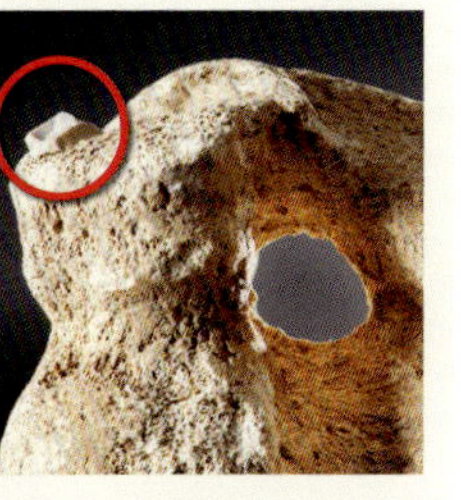

Слева: *Реконструкция дома в Даррингтон Уоллс, построенная в 2013 г.*
Ниже: *Наконечник кремневой стрелы (в кружке) был найден внутри этой свиной кости из Даррингтона*

Но, возможно, это не было место, где они жили постоянно. Было выдвинуто предположение, что часть года, может быть, в период зимнего и летнего солнцестояний, они проводили на берегах реки Эйвон. А когда они возвращались после месяцев, проведенных вдали от дома, необходимо было ремонтировать старые и строить новые дома, и когда дома были окончательно заброшены, надо было вырыть яму, чтобы сложить туда весь оставшийся мусор, «закрыв» дом навсегда.

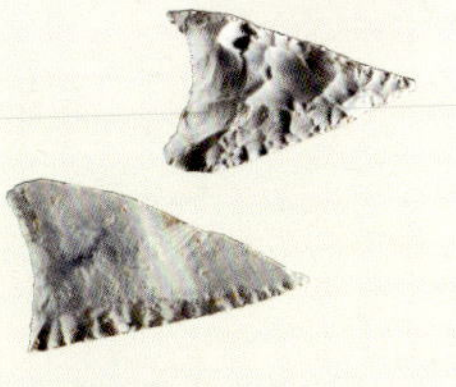

Выше: *Тонко обработанные наконечники кремневых стрел периода Неолита из Даррингтон Уоллс*

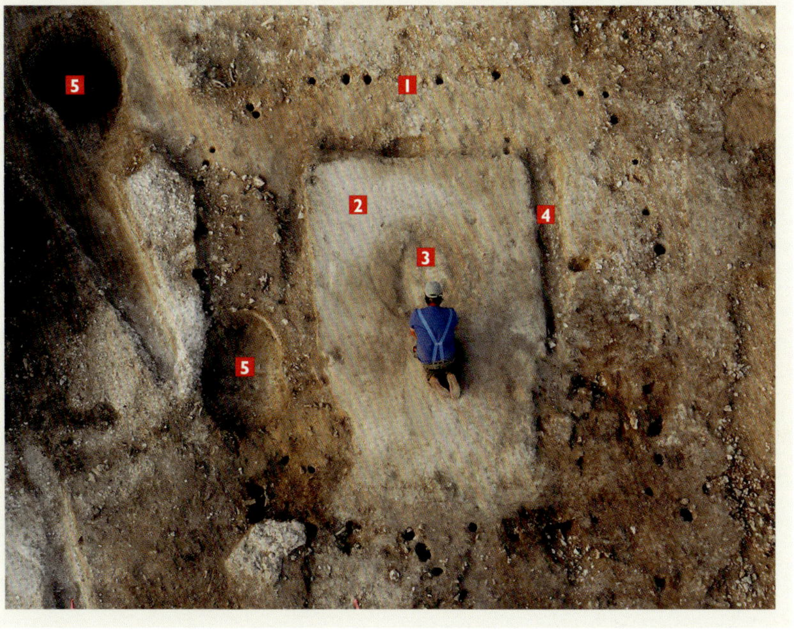

Справа: *Вид сверху, над домом 851, одним из домов периода Неолита, который был обнаружен в ходе раскопок у восточного входа в Даррингтон Уоллс*

1 Ямы для свай – это следы небольших вертикально стоящих бревен, часть стен, построенных из прутьев, которые первоначально были обмазаны смесью из самана и мела

2 Пол из мела – утрамбованный и истоптанный до гладкости, ходившими по нему людьми

3 Очаг – в каждом доме имелся очаг, расположенный в центре

4 Пазы для горизонтальных деревянных досок, следы деревянных кроватей, шкафов и другой мебели, стоявшей между стенами на полу из мела

5 Ямы, содержащие керамику, кости животных и кремневые орудия, которые были вырыты в стене дома или с его наружной стороны, возможно, были элементом ритуала ухода из дома

Мод Каннингтон

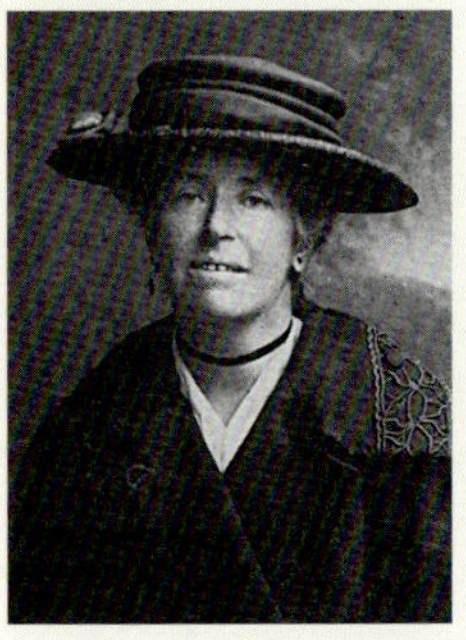

Выше: *Фотографический портрет Мод Каннингтон*

Мод Каннингтон (1869–1951 гг.) была археологом-первопроходцем и прославилась своими раскопками важных доисторических меловых площадок Солсберийской равнины.

Она начала вести раскопки в 1897 г., а в 1920-х годах заново обнаружила и раскопала Святилище (каменный круг недалеко от Эйвбери), а также Вудхендж. Обе эти площадки были приобретены Мод Каннингтон и ее супругом Бенджамином, правнуком антиквара Уильяма Каннингтона, и впоследствии были переданы в дар нации. Для своего времени она использовала отличные методы ведения раскопок и записей, незамедлительно анализировала находки и публиковала свои заключения.

В 1931 г. ее избрали на пост Президента Уилтширского Археологического Общества, а в 1948 г. она получила орден Командора Британской Империи (CBE) за свой вклад археологию, и стала первой женщиной-археологом, удостоенной этого звания.

но даже после того как они сгнили, место, где они стояли, все еще считалось особым и оно было обозначено кучами костей животных и керамики – дополнительными свидетельствами приготовления еды и пиров.

Даррингтон Уоллс физически связан со Стоунхенджем, рекой Эйвон и, в конечном итоге, с Авеню, расположенной в Стоунхендже. Некоторые исследователи считают, что его дома, где шла повседневная жизнь, и деревянные круги, расположенные недалеко от Вудхенджа – это «страна живых», в отличие от Стоунхенджа с его кремированными человеческими костями и кругами холодных камней, который считают «страной мертвых». Невозможно доказать, что так думали наши предки из периода Неолита, тем не менее Стоунхендж и Даррингтон Уоллс тесно связаны между собой.

Ниже: *Местоположение деревянных свай в Вудхендже; теперь место, где они стояли, обозначено бетонными столбами*

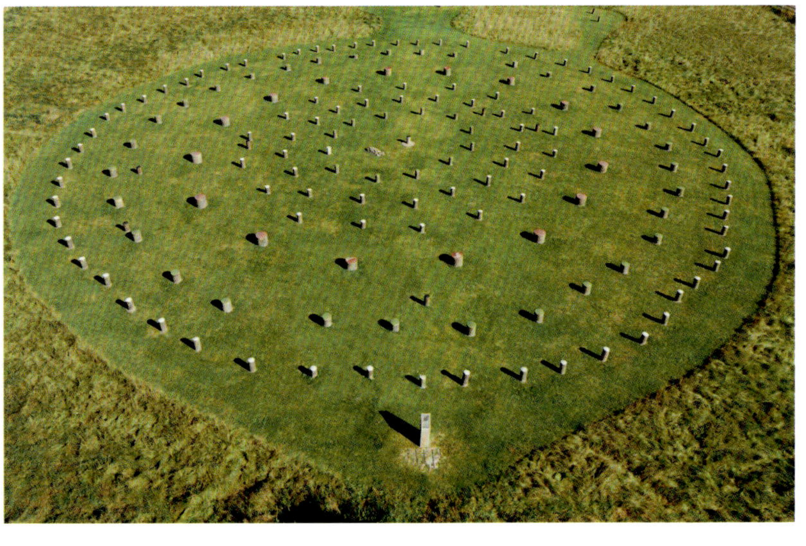

ВУДХЕНДЖ

К югу от Даррингтон Уоллс расположен обнаруженный в ходе аэросъемок в 1925 г. Вудхендж – хендж, который сравняли с землей. Насыпь и внутренний ров окружают территорию диаметром ок. 50 м, с одним входом, открытым на северо-восток. Вскоре после его открытия Мод Каннингтон провела раскопки на этой площадке. В результате ее работ было обнаружено, что внутри площадки было шесть концентрических кругов ям, значительно отличающихся друг от друга по размерам, где первоначально находились большие вертикально стоящие дубовые столбы. В виду схожести планировки этой площадки и Стоунхенджа, она стала известна под названием Вудхендж. Сюда на позднем этапе его существования было доставлено несколько камней, предположительно сарсенов, но впоследствии их удалили.

Сложно интерпретировать эти деревянные круги (как и круги из Даррингтон Уоллс) на основе горизонтальной проекции. Вертикально стоящие столбы, возможно, находились под открытым небом, и либо не имели орнамента, либо были богато украшены. Возможно, они были соединены горизонтальными брусьями для создания деревянного варианта Стоунхенджа, или даже, может быть, функционировали как рама огромного сооружения.

Находки, обнаруженные в ходе раскопок Вудхенджа, включают украшенную керамику «желобкового» типа, кремневые орудия и кости животных, по-видимому, уложенные в строгом порядке, может быть на фундаменте деревянных столбов, до того как они сгнили. Каждый из деревянных кругов, возможно, имел разное значение или использование: в одних было больше керамики, в других – костей животных, но, возможно, находка, вызывающая наибольшее недоумение – это могила в центре площадки. Теперь она обозначена на земле небольшими каменными кремневыми вымостками,

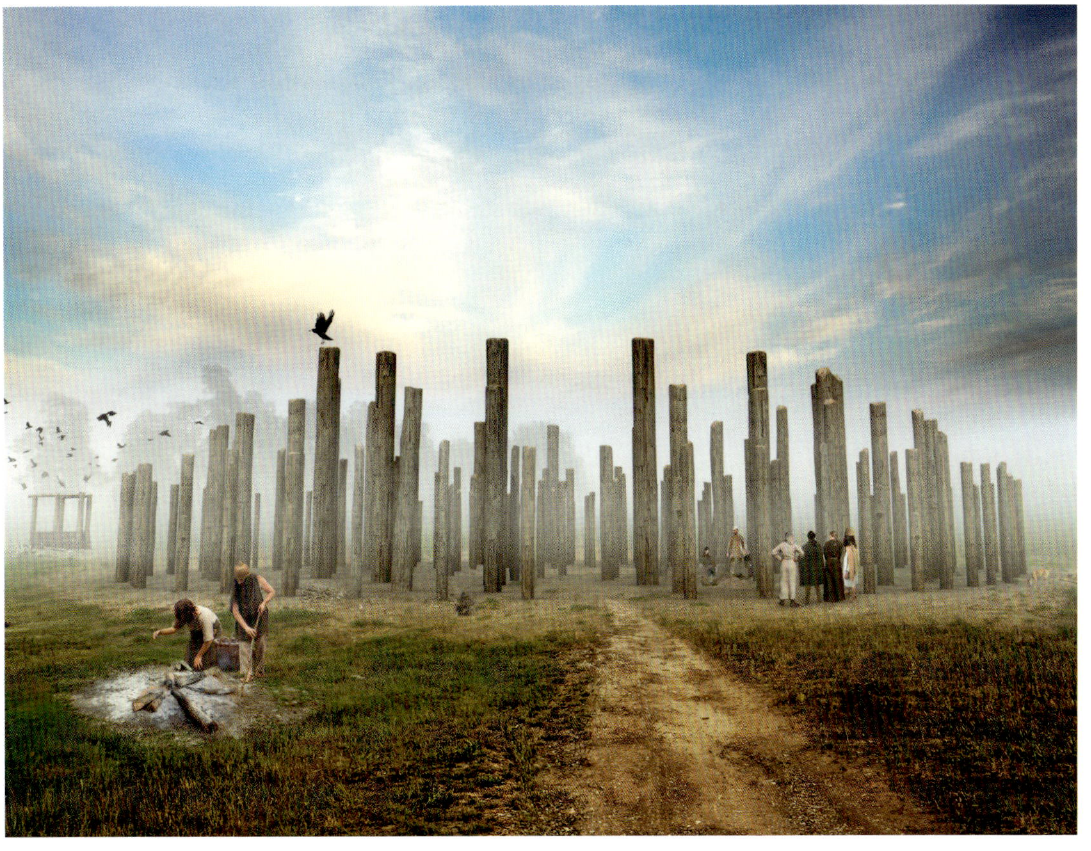

Слева: *Реконструкция Вудхенджа – возможно, он выглядел так приблизительно в 2500 г. до н.э. Может быть, вертикально стоящие столбы были очень простыми или, возможно, на них была резьба и узоры*

Ниже: *Находки из Вудхенджа*

1. Костяная булавка
2. Топор из мела (скорее символический, чем функциональный)
3. Фрагменты керамики «желобкового» типа
4. Кремневое шило для пробивания дырок, например, в коже или в кости
5. Кремневая пила
6. Кремневое изделие, возможно, использовавшееся для высекания искр и зажигания огня

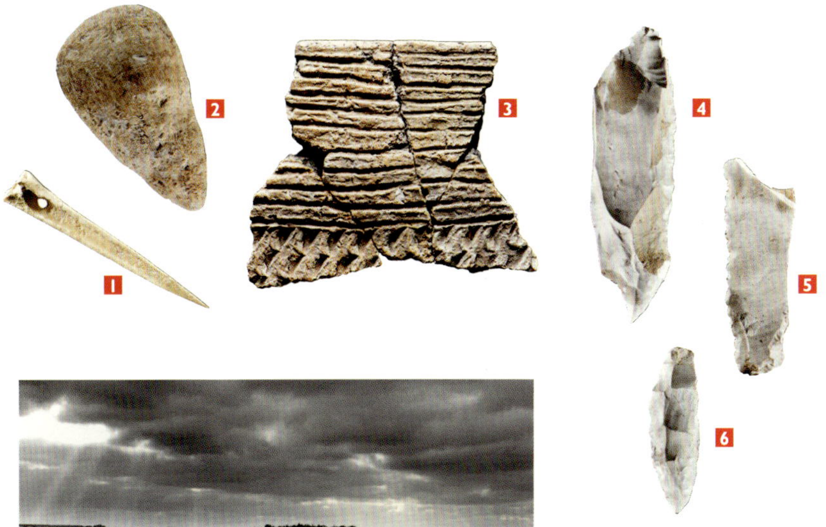

где находился скелет ребенка в возрасте около трех лет. Археолог, проводивший раскопки, предположил, что череп ребенка был расчленен на две части, но более правдоподобное объяснение, что черепные кости ребенка в момент смерти еще не полностью срослись.

Вудхендж, построенный примерно в 2500 г. до н.э., теперь находится под управлением организации English Heritage; доступ для посетителей свободен. Там есть стоянка для машин, недавно обнаруженные ямы для столбов, где велись раскопки, обозначены цветными бетонными столбами.

КУКУШКИН КАМЕНЬ

В поле, расположенном к западу от Вудхенджа, лежит небольшой сарсеновый валун, известный под названием Кукушкин (камень Рогоносца) камень. В ходе раскопок, проведенных вокруг его нынешнего местоположения, была найдена неглубокая впадина в слое мела, где он первоначально лежал, что доказывает как его местное происхождение, так и то, что он не был привезен сюда, как сарсены Стоунхенджа. Установленный вертикально некоторое время спустя, в период позднего Неолита, этот небольшой вертикальный камень затем стал центром для нескольких захоронений кремированных останков в начале Бронзового века и, может быть местом, где совершались другие ритуальные обряды, включая храм более поздних, римских времен.

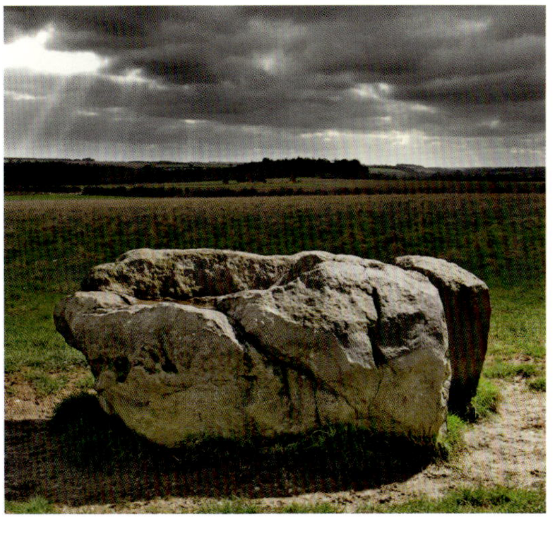

Слева: *Кукушкин камень в поле к западу от Вудхенджа*

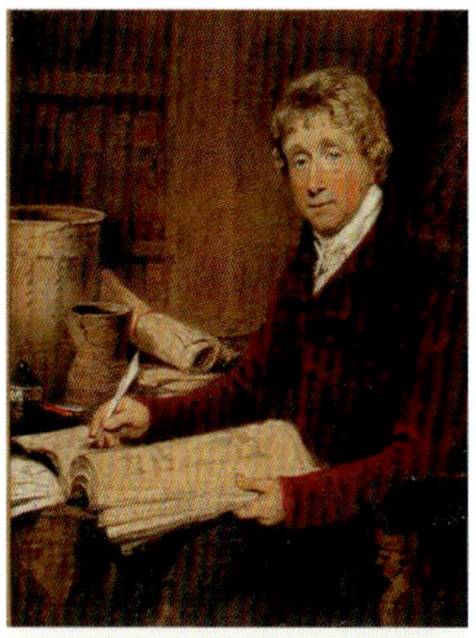

«Значительные размеры и красота этого кургана (тумулуса) сильно возбудили наше любопытство и надежду на успех; но, увы! После огромных усилий, которые мы приложили, чтобы выбросить землю, на глубине 15 футов мы нашли лишь простое захоронение сожженных костей без урны, без оружия и каких-либо украшений».
Вот так Сэр Ричард Колт Хоар описал раскопки в одного из курганов Ипподрома («История древнего Уилтшира», том. 1, 1812 г.).

После Стоунхенджа

За пределами Стоунхенджа, на каждой вершине холма, видимого из Стоунхенджа, расположены низкие могильные холмы, поросшие травой. Это круглые курганы, и каждый из них является местом погребения богатого человека с высоким социальным положением в начальный период Бронзового века. Этот период начался примерно в 2300 г. до н.э. и завершился примерно в 1600 г. до н.э., когда строительство Стоунхенджа было, в основном, закончено, и надо было только добавить ямы Y и Z к трилитонам, украшенным неглубокой резьбой.

Положение этих курганов явно неслучайно, многие из них вытянуты вдоль вершин невысоких гребней, откуда они лучше всего просматривались. Здесь они могли лучше всего «демонстрировать» власть людей, которые были похоронены в этих курганах.

Ландшафт вокруг Стоунхенджа имеет одну из самых больших концентраций круглых курганов Бронзового века в Англии, на их размещение влияла продолжающаяся сила камней. Могильные холмы, которые можно увидеть еще сегодня, это лишь несколько сохранившихся таких холмов; первоначально здесь их насчитывалось свыше 300 в радиусе 3-х километров от Стоунхенджа. Они привлекли множество ранних пионеров археологии и поэтому почти в каждом кургане, который мы видим, проводились, по меньшей мере, частичные раскопки.

В начале 19-ого века Уильям Каннингтон (1754–1810 гг.), археолог-самоучка, и его богатый патрон – Сэр Ричард Колт Хоар (1758–1838 гг.), провели раскопки сотен курганов. С точки зрения сегодняшних стандартов их методы кажутся примитивными: они искали захоронение, обычно находящееся под центром могильного холма, и копали яму прямо вниз, через центр кургана. Тем не менее, им удалось идентифицировать разные типы курганов; они достаточно подробно зафиксировали и затем опубликовали свои заключения. Они сохранили те предметы, которые их интересовали, неповрежденные керамические сосуды, предметы из бронзы, янтаря и золота, но если они считали, что человеческие останки не научат их ничему, их возвращали на место в могилу. Многие из их великолепных находок можно увидеть в Уилтширском музее в г. Девайзес и в Солсберийском и Южно-уилтширском музее в г. Солсбери.

КУРГАНЫ В СТОУНХЕНДЖ ДАУН

На территории треугольника, на котором расположен Стоунхендж, можно без труда ознакомиться с целым рядом круглых курганов. К юго-западу имеется группа низких могильных холмов, то, что, по-видимому, осталось от семи курганов. Курган, сохранившийся лучше других, находится недалеко от дороги А303, это дисковой курган, где в начале 19-ого века Каннигтон нашла захоронение кремированного человека. К востоку от Стоунхенджа есть прекрасный курган в форме колокола, где Каннингтон, в ходе второй попытки провести раскопки, обнаружила «больших размеров, грубо сделанную погребальную урну с кремированными костями и парой костяных щипчиков».

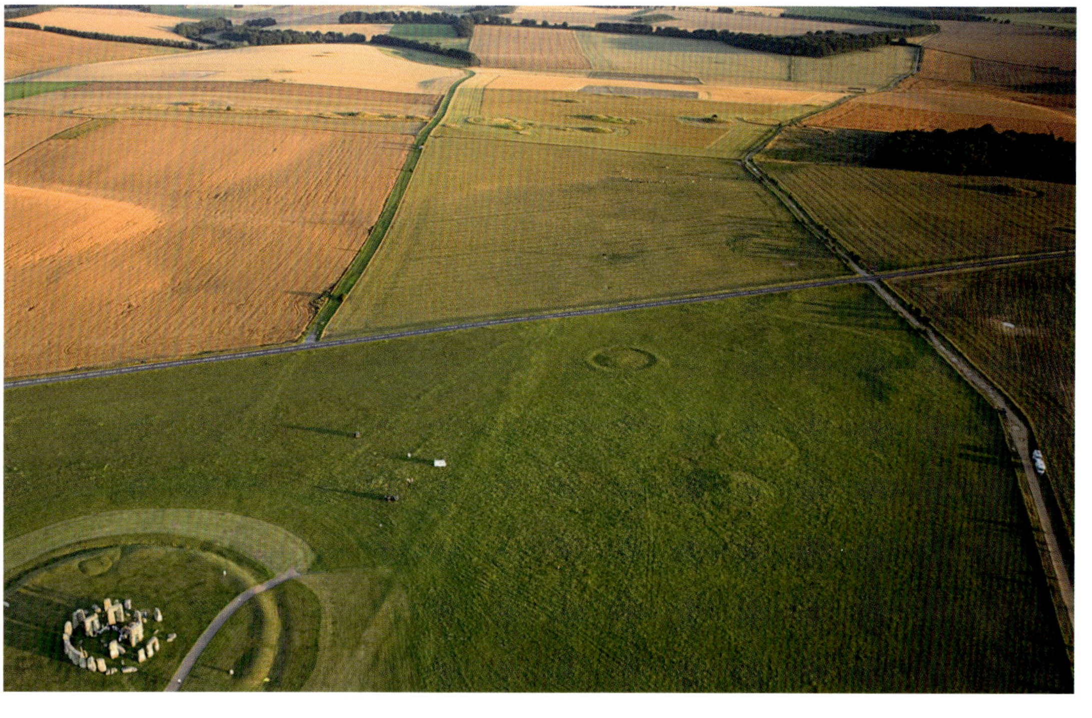

Выше: *Портрет Сэра Ричарда Колт Хоара кисти Хенри Эдриджа*
Справа: *Курганы Стоунхендж Даун, расположенные к юго-западу от Стоунхенджа. Вдали видны курганы Нормантон Даун, тянущиеся вдоль низкого хребта*

Курганы Бронзового Века

На территории Стоунхенджа, без сомнения, самым многочисленным и самым впечатляющим доисторическим памятником является большая группа круглых курганов.

Это могильные холмы Бронзового века разных размеров и форм. Самые ранние датируются примерно 2300 г. до н.э., т.е. после того как заново был построен каменный Стоунхендж. Приблизительно до 1500 г. до н.э. люди продолжали изменять эти курганы и строили новые .

В отличие от более ранних, длинных курганов периода Неолита, которые датируются примерно 3500 г. до н.э., и в которых обычно имеются группы захоронений, каждый круглый курган Бронзового века обычно был могилой одного индивида. Останки либо хоронили, либо кремировали, и в другой мир их сопровождало множество личных вещей, включая керамические сосуды, каменные, костяные или бронзовые орудия, а также ювелирные изделия из экзотических материалов, таких как гагат, золото и янтарь.

Следы, оставшиеся от улиток, погребенных в почве под могильными холмами, показывают, что когда их строили, местность была, в основном, открытая, с хорошими пастбищами и немногочисленными деревьями. Поначалу, когда их построили, белые меловые курганы, были хорошо видны на фоне этого открытого пейзажа, особенно те, что располагались на высоких хребтах и холмах.

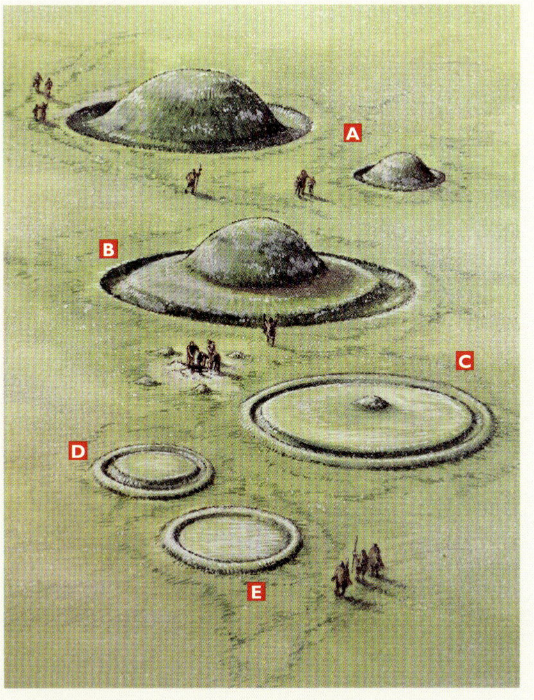

Некоторые курганы были впоследствии увеличены или изменены и использовались для захоронений в течение нескольких веков. То, что мы видим сегодня – это последний этап в процессе модификаций и увеличения.

Многие изящные группы курганов, окружающие Стоунхендж, расположены на земле, принадлежащей National Trust, и доступ к ним свободен.

Типы курганов

A Чашевидные курганы могут значительно отличаться друг от друга размерами. Обычно – это могильный холм, окруженный рвом

B Участок колоколовидного кургана либо плоский, либо с небольшим наклоном, отделяет могильный холм от окружающего рва

C Дисковой курган – это небольшой могильный холм, расположенный на ровном участке концентрической формы и окруженный рвом и наружной насыпью

D Курган-блюдце – это низкий могильный холм, окруженный рвом и наружной насыпью

E Курган-пруд – очень редкий тип кургана, с неглубокой концентрической впадиной, окруженный низкой насыпью

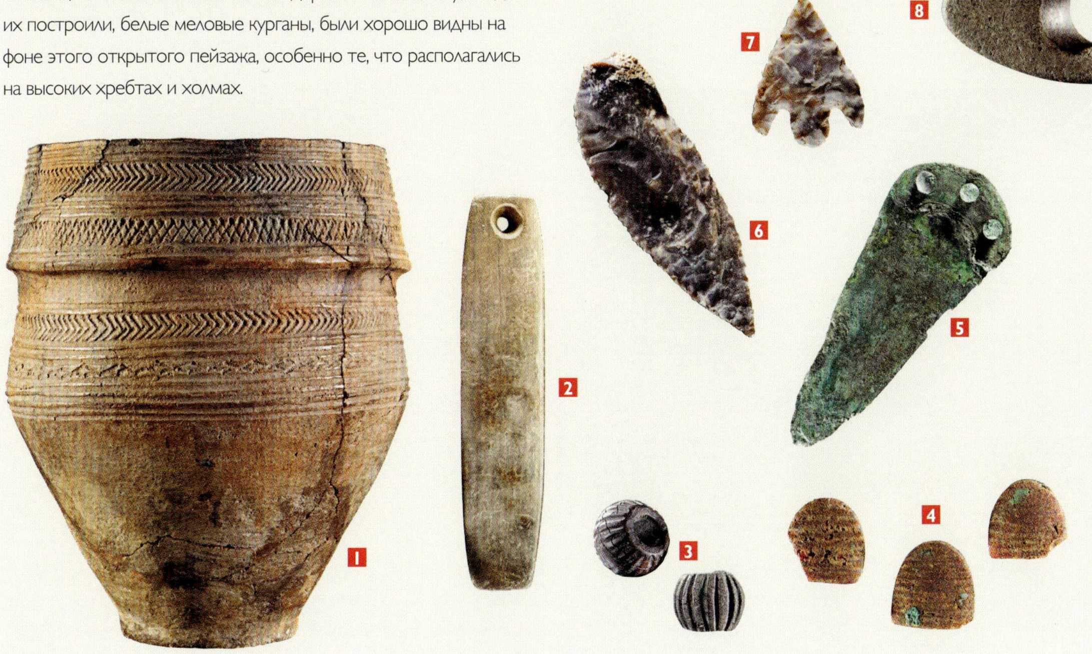

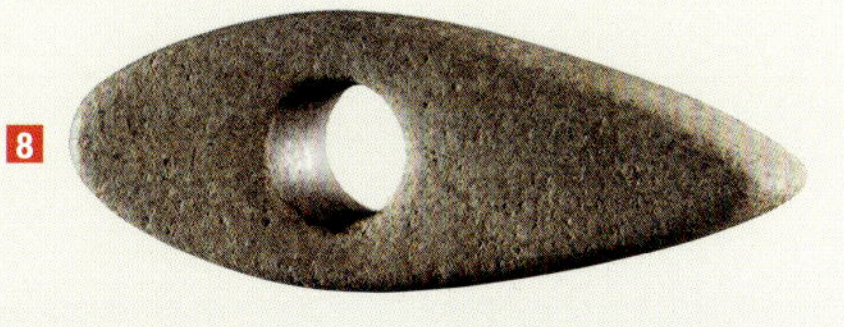

***Слева:** Предметы, найденные в курганах Бронзового века в Стоунхендже и его окрестностях*

1 Урна с «воротничком»
2 Точильный камень из глинистого сланца
3 Две бусинки в форме арбуза из кристаллического сланца
4 3 янтарные подвески в форме щита
5 Кинжал из медного сплава
6 Кремневый кинжал
7 Заостренный наконечник кремневой стрелы с шипами
8 Топор из голубого камня (пятнистый долерит)

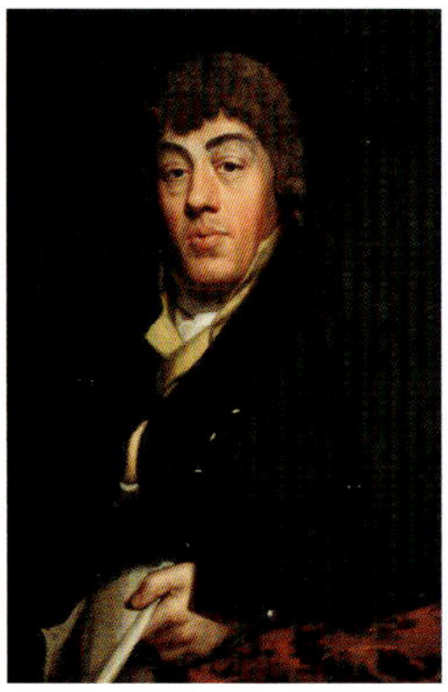

КУРГАНЫ ИППОДРОМА

Как указывает само название, они находятся недалеко от Ипподрома Стоунхенджа, на гребне низкого хребта, расположенного параллельно его южной насыпи (см. фотографию на стр. 16). Это место было выбрано неслучайно: могильные холмы в форме впечатляющих чашевидных и колоколообразных курганов расположены так, что они были очень хорошо видны и, смотря из Стоунхенджа, их силуэт четко просматривается на фоне неба. В 1723 г. антиквар Уильям Стьюкли исследовал несколько курганов в этой группе и нашел там кремированные человеческие кости и бусинки из янтаря и стекла, на основе которых он выдвинул предположение, что это была могила молодой женщины. В 1803 г. Колт Хоар и Каннингтон заново исследовали эти курганы, и нашли еще несколько захоронений и несколько изящных керамических сосудов. Курганы Ипподрома находятся на земле, принадлежащей National Trust, и доступ к ним свободен.

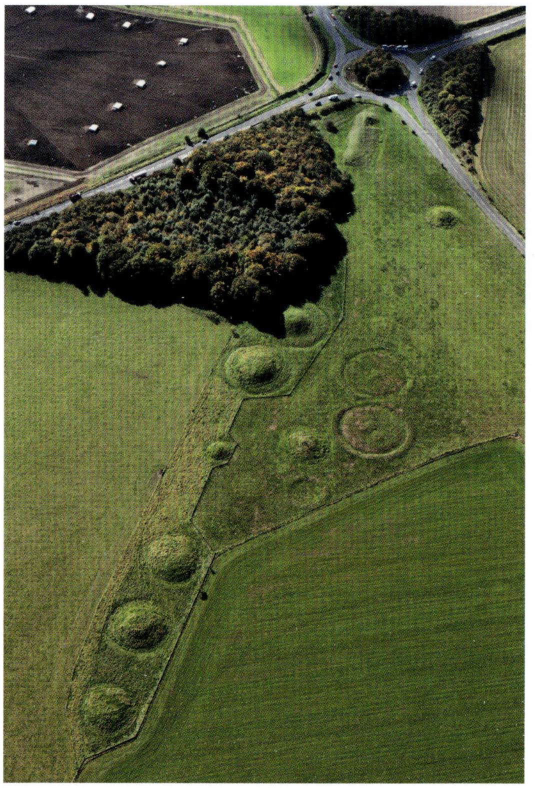

Выше: *Портрет Уильяма Каннингтона, великого исследователя курганов, кисти Самуэля Вудфорда, 1808 г.*
Справа: *Аэрофотография группы курганов на перекрестке (Бронзовый век) Уинтербоурн Стоук, с длинным курганом периода Неолита наверху справа, до проведения работ по улучшению дороги в 2013 г.*
Ниже: *Неисследованные могильные холмы Новых Королевских курганов*

СТАРЫЕ И НОВЫЕ КОРОЛЕВСКИЕ КУРГАНЫ

К востоку от Стоунхенджа видна группа больших могильных холмов, расположенная в лесу, растущем на гребне ближайшего хребта. Это Старые и Новые Королевские курганы; эта группа курганов извивается вдоль хребта на расстоянии более 1 км.

Старые Королевские курганы, это разбросанная на местности группа чашевидных курганов, расположенная к северу от трассы Авеню Стоунхенджа и включает несколько примеров необычных, низких холмиков, на которых, по-видимому, расположены могильники, сооруженные в основном из дерна. Новые Королевские курганы, это более компактная группа, лежащая по направлению к югу, включает один из самых больших чашевидных и колоколообразных курганов в Стоунхендже. Это также единственная группа, где не велись раскопки в 19 в., только потому, что ее заслоняли деревья. Единственный ключ к дате и структуре курганов находится в ямах могильных холмов, появившихся после того как в 1990 г. буря повалила древние буки, и поэтому можно предположить, что некоторые могильные холмы отличались также необычной конструкцией, они были сооружены, в основном, из дерна с покрытием из мела, добытого из окружающего рва.

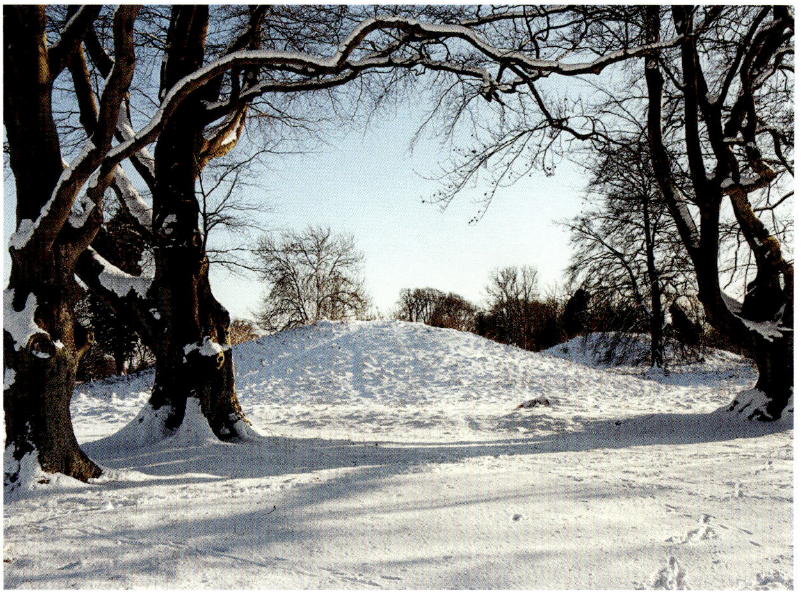

Хотя не существует солидных свидетельств для установления даты создания Новых Королевских курганов, сам их размер дает возможность ранней датировки круглых курганов, может быть, до 2000 г. до н.э. Как Старые, так и Новые Королевские курганы просматриваются с расположенной поблизости тропинки; к группе Новых Королевских курганов обеспечен свободный доступ.

КУРГАНЫ НА ПЕРЕКРЕСТКЕ УИНТЕРБОУРН СТОУК

Самый ранний курган этой группы – длинный неолитический курган (см. стр. 18), датированный примерно 3500 г. до н.э.; его ориентация, возможно, была повторена рядом больших чашевидных и колоколообразных курганов почти 1500 лет спустя. Затем, в течение еще нескольких столетий, по мере изменения стиля захоронений, в начале Бронзового века (примерно между 2000 и 1600 гг. до н.э.), были добавлены еще более сложные типы курганов. Это меньших размеров чашевидные, дисковые и блюдцевидные курганы, чьи прекрасные, но неглубокие формы лучше всего можно оценить с высоты птичьего полета. Существуют даже примеры редких курганов-прудов.

Почти во всех курганах этой группы велись раскопки в начале 19 в., самые известные находки – это остатки двух деревянных гробов, множество керамических сосудов с украшениями, наконечников копий и бронзовых кинжалов. История захоронений этой прекрасно сохранившейся группы, возможно, продолжалась почти 2000 лет; там имеется каждый тип кургана, который можно найти в южной Англии. Курганы на перекрестке Уинтербоурн Стоук находятся в частичном владении National Trust, а частично в частном владении; они просматриваются из находящейся поблизости тропинки, ведущей от остановки Фарго Плантейшн.

КУРГАНЫ НОРМАНТОН ДАУН

Курганы Нормантон Даун расположены вдоль гребня низкого хребта, по направлению к югу от Стоунхенджа. Сэр Ричард Колт Хоар назвал их «благородной группой, отличающейся разнообразием форм, безупречной симметрией и богатым содержимым».

В этой группе имеется несколько впечатляющих, крупных дисковых курганов, которые Колт Хоар и его коллега по раскопкам Уильям Каннингтон назвали «Курганами друидов». Предметы, извлеченные из этих курганов, включают бусинки и другие личные украшения, и поэтому они были убеждены, что дисковые курганы были предназначены для захоронения женщин.

Комментарии Колт Хоара насчет «богатых» курганов, главным образом, основаны на находках, извлеченных в 1808 г. из большого могильного холма, известного под названием Кустового кургана. Сначала Каннингтон исследовал его 11 июля 1808 г., но безрезультатно, и поэтому решил вернуться туда в сентябре, когда он нашел «скелет полного и высокого мужчины, лежавшего по направлению с севера на юг». Он также обнаружил удивительную коллекцию артефактов, включая бронзовые кинжалы с уцелевшими элементами деревянных рукояток, украшенные сложными узорами из миниатюрных золотых булавок. В этой коллекции также был бронзовый топор, и какой-то предмет, возможно, жезл с верхней частью из камня и костяными украшениями на рукоятке. Но самые впечатляющие артефакты, найденные им, были три предмета, изготовленные из чистого золота – нагрудник кирасы, меньших размеров лист в форме леденца (верхний предмет, показанный внутри переднего клапана обложки) и крючок для пояса (нижний предмет, показанный внутри переднего клапана обложки). Это самое богатое захоронение из Кустового кургана, находящееся в ближайшем соседстве Стоунхенджа, датируется приблизительно 1800 г. до н.э.

Курганы Нормантон Даун находятся в частном владении, но Кустовой курган и прилегающие к нему дисковые курганы просматриваются из близлежащих тропинок.

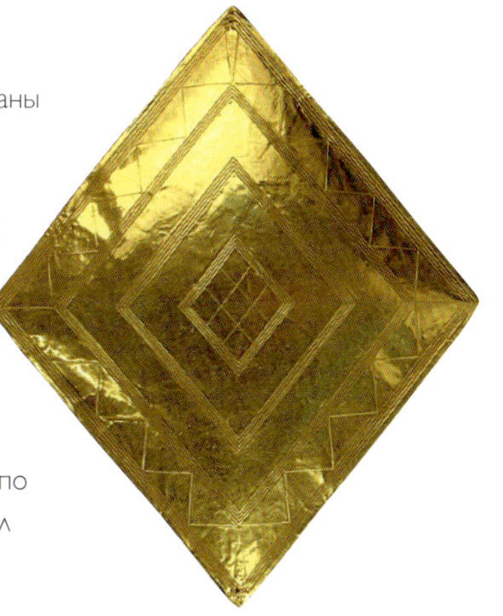

Выше: *Изумительный золотой нагрудник кирасы из Кустового кургана, одного из курганов группы в Нормантон Даун*

Ниже слева: *Курганы Нормантон Даун. Кустовой курган, где в 1808 г. были обнаружены замечательные находки, находится справа от этой фотографии, увенчан одним кустом*

Ниже: *Бронзовый кинжал и бронзовый топор с реставрированным жезлом (слева) из Кустового кургана. Все находки из этого кургана сегодня находятся в Уилтширском музее в г. Девайзес*

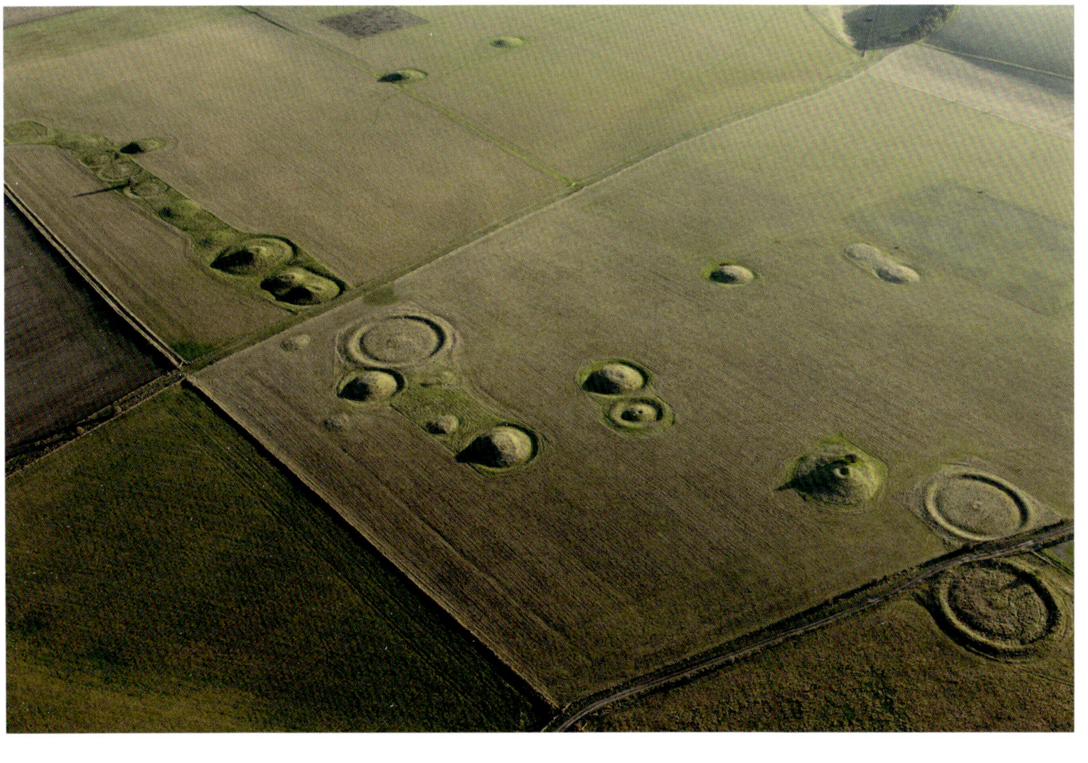

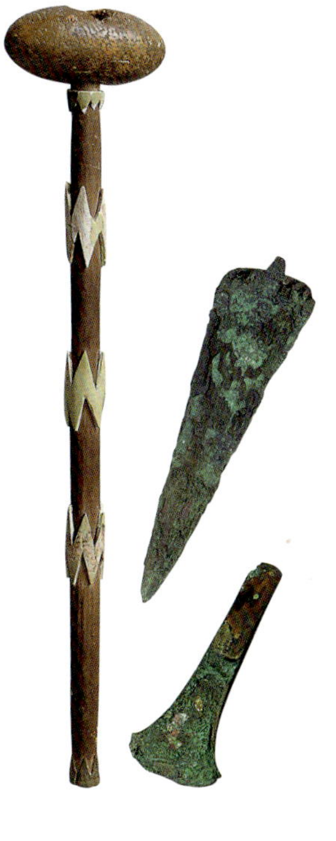

Окружающий пейзаж

Большая часть территории вокруг Стоунхенджа находится во владении National Trust, куда разрешен доступ пешеходам, и она указана на карте. Тем не менее, есть много важных доисторических объектов и групп объектов, находящихся за пределами зоны свободного доступа. Девять самых важных объектов описаны здесь. Некоторые из них сегодня не видны на земле и, так как все они находятся на территории в частном владении, владении Минобороны или на сельскохозяйственных угодьях; их невозможно посетить без специального разрешения. Однако все они помогают узнать богатство доисторического пейзажа Стоунхенджа.

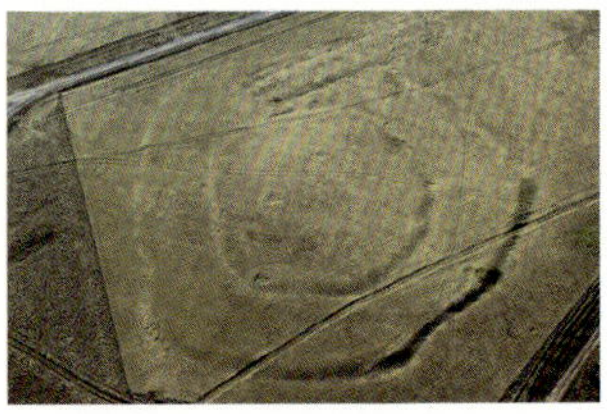

КРУГ РОБИН ГУДА

Круг Робин Гуда – это ограждение с вымостками времен раннего Неолита, расположенное в 4 км к северо-западу от Стоунхенджа. Он был построен приблизительно в 3600 г. до н.э., и состоит из двух концентрических окружностей: рва и насыпи; рвы были вырыты как ряд коротких отрезков, разделенных вымостками. Часто в них наличествовали тщательно погребенные коллекции керамики и костей животных, возможно, то, что осталось от пиров. Некоторые ограждения были созданы в целях защиты, в других жили люди, но, в основном, они служили для церемоний. Круг Робин Гуда недоступен для посетителей, так как он находится на военном полигоне.

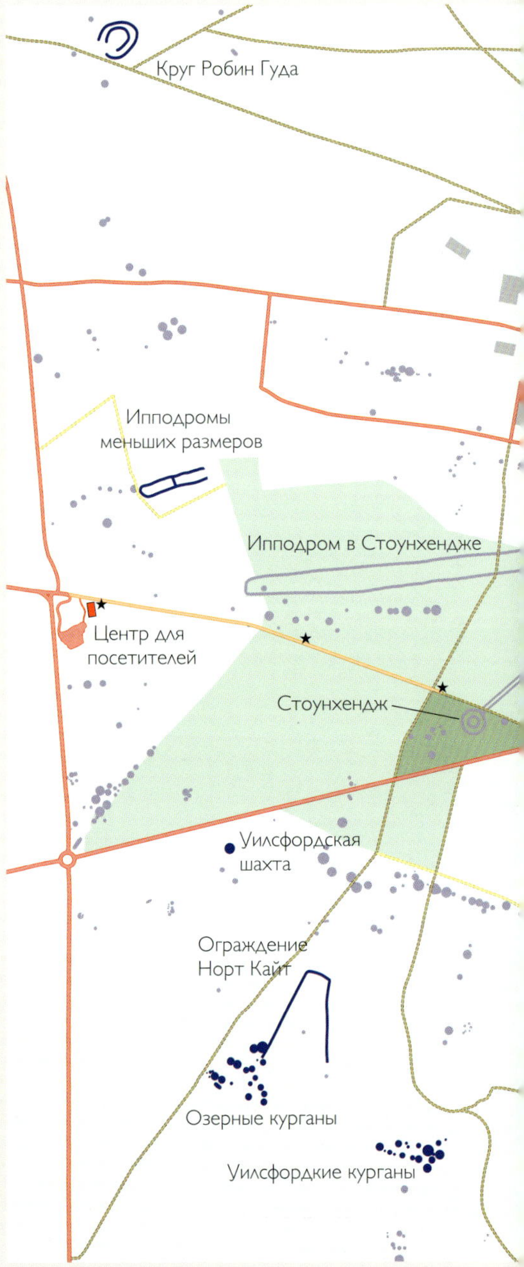

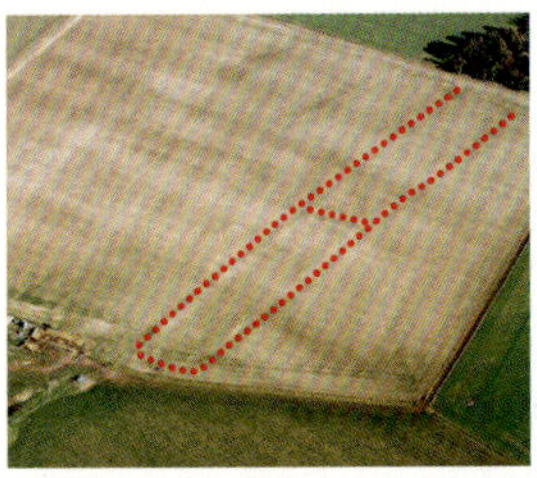

ИППОДРОМ МЕНЬШИХ РАЗМЕРОВ

Этот Ипподром гораздо меньше Ипподрома в Стоунхендже (см. стр. 18), его длина равна только 400 м. Раскопки, проведенные в 1983 г., показали, что когда он был впервые построен его длина была равна половине его нынешней длины. Странный факт, но на восточном конце рвы просто кончаются, и их конец остается открытым, как будто, он никогда не был завершен. Только что выкопанные рвы затем быстро заполняли, засыпав коллекцию кирок из рогов, которые были аккуратно разложены в ряд в одной части рва. На основе этих кирок методом радиоуглеродной датировки было предположительно установлено, что Ипподром меньших размеров был построен примерно в 3500 г. до н.э.

УИЛСФОРДСКАЯ ШАХТА

Глубина Уилсфордской шахты составляет 30 м.; эта узкая концентрическая шахта была вырыта в меловой залежи в какой-то период между ранним Неолитом (ок. 3500 г. до н.э.) и Средним Бронзовым веком (ок. 1500 г. до н.э.). Она была обнаружена в 1960 г., и затем в ней были проведены раскопки. Нижние слои, заполняющие ее, были затоплены и сохранившийся органический материал содержит веревки, шерсть и остатки деревянных ведер. Первоначально считалось, что это были ритуальные ворота в загробный мир, но более вероятно, что это был колодец.

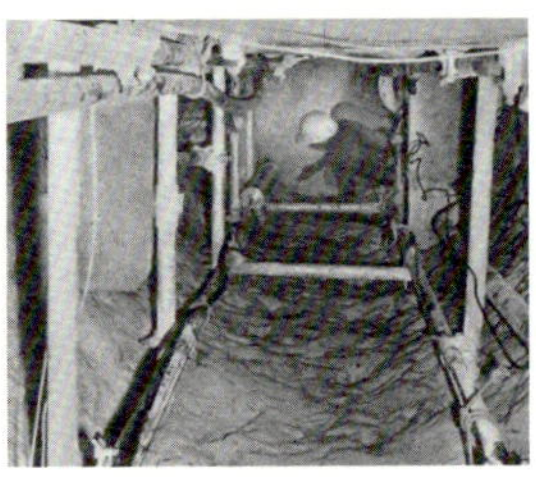

ОГРАЖДЕНИЕ НОРТ КАЙТ

Это трехстороннее ограждение, находящееся на расстоянии 1,7 км к югу от Стоунхенджа, первоначально имело насыпь с наружным рвом, окружавшим большую площадку, открытую на ее южной стороне. Раскопки показали, что это сооружение было возведено в начале Бронзового века, хотя, возможно, что оно было частью системы граничных рвов позднего Бронзового века. Норт Кайт находится на земле в частном владении, и поэтому закрыт для посетителей; земляные сооружения на западной стороне хорошо видны с близлежащей тропинки.

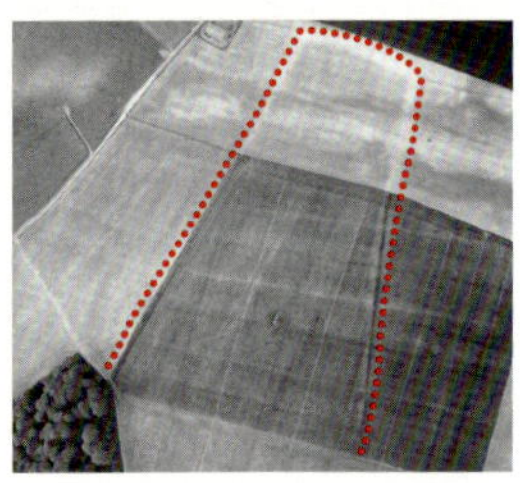

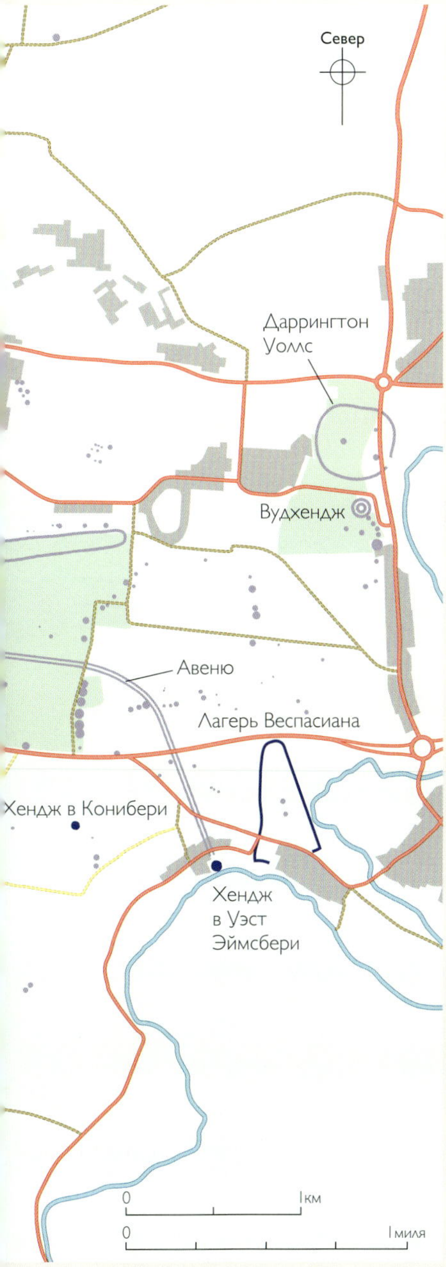

- Дорога
- Дорога с ограниченным доступом
- Второстепенная дорога, грунтовая дорога или пешеходная дорожка
- Тропинка с доступом
- ★ Остановка безрельсового поезда
- Археологический объект, описанный в брошюре
- Другой археологический объект
- Участок Стоунхенджа с входом по билетам
- Участок территории National Trust, куда разрешен свободный доступ

ХЕНДЖ В КОНИБЕРИ

Он расположен на холме Конибери, в 1,4 км к юго-востоку от Стоунхенджа. Сначала предполагали, что это распаханный круглый курган; на аэрофотоснимках он выглядит как небольшой курган с овальным ограждением с единственным входом, открытым на северо-восток, т.е. с ориентацией идентичной Стоунхенджу и Вудхенджу. В ходе раскопок в 1980 г. был обнаружен глубокий ров с крутыми склонами и ямами, где нашли изделия из желобковой керамики. Конибери был построен примерно в 2700 г. до н.э., что считается ранней датой постройки для хенджа. Он не просматривается с уровня земли, но площадка видна с близлежащей тропинки.

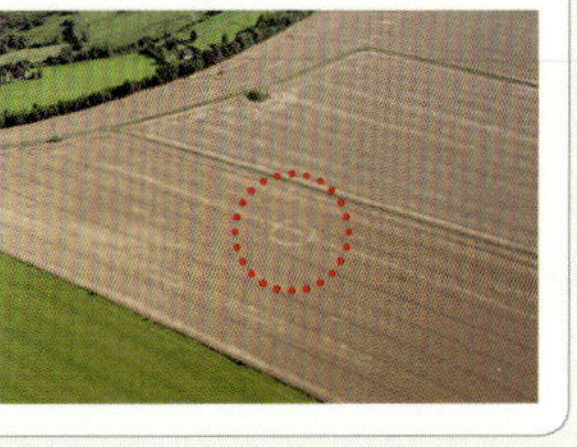

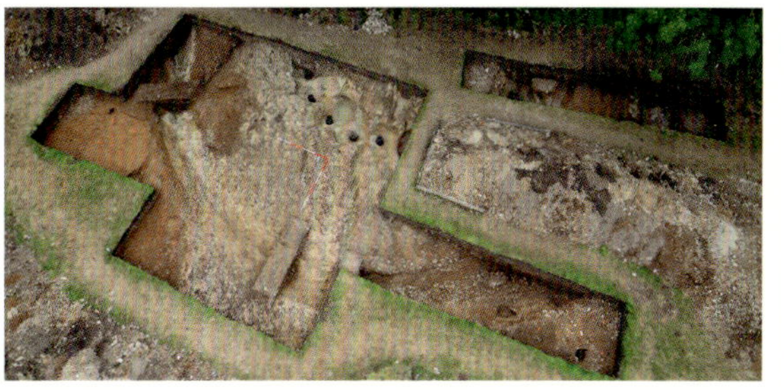

ХЕНДЖ В УЭСТ ЭЙМСБЕРИ

В 2008 г. было обнаружено, что Авеню в Стоунхендже не заканчивается у края воды на берегу реки Эйвон, а в другом, небольшом хендже. Концентрический ров с наружной насыпью окружает круг глубоких ям. Возможно, первоначально в них стояли вертикальные камни, может быть даже некоторые из голубых камней, которые затем перенесли в Стоунхендж. То, что находилось в этих ямах было удалено примерно в 2500 г. до н.э., и только тогда выкопали ров и построили насыпь самого хенджа. Площадка не просматривается с уровня земли и находится на территории в частном владении.

ЛАГЕРЬ ВЕСПАСИАНА

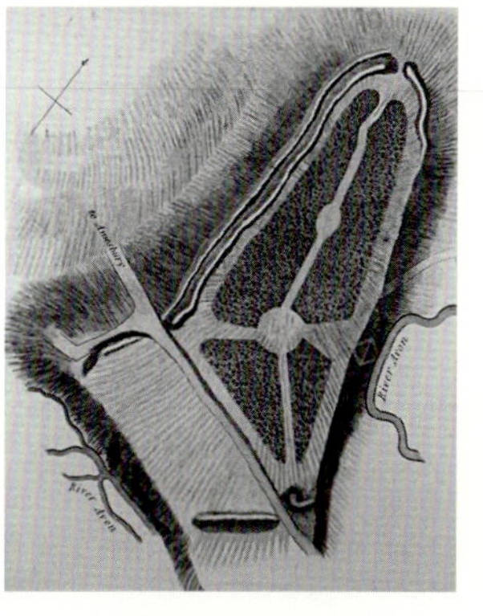

Этот лагерь, носящий имя римского императора, представляет собой форт, построенный на холме в эпоху раннего Железного века, расположенный на хорошо защищенном месте поблизости от реки Эйвон, недалеко от Эймсбери. Защитные сооружения, которые в одних местах состоят из рва и насыпи, а в других – это просто глубокий крутой откос, окружают территорию площадью 15 га. Внутри форта находится часть парка усадьбы Эймсбери Хаус. В 18 веке был благоустроен парк, где были посажены декоративные деревья. Площадка находится на земле в частном владении и закрыта для посетителей.

ОЗЕРНЫЕ КУРГАНЫ

Эти курганы расположены на хребте к югу от Стоунхенджа, за курганами Нормантон Даун. Центральным пунктом этого кладбища является крупный и длинный ров, расположенный в лесу, прямо под гребнем хребта. Со всех сторон этого длинного кургана, кроме юго-западной, находится, по меньшей мере, 20 круглых курганов, включая два соединенных, дисковых кургана. Эти курганы находятся на земле в частном владении и закрыты для посетителей, но курган Пророка, расположенный непосредственно снаружи северо-западной опушки леса, виден с близлежащей тропинки.

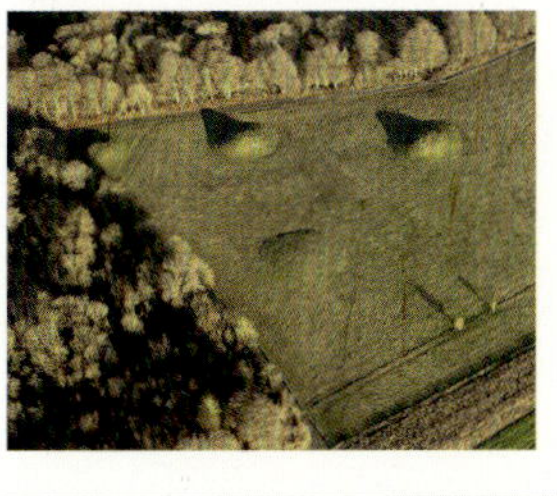

КУРГАНЫ В УИЛСФОРДЕ

Курганы в Уилсфорде расположены к югу от Стоунхенджа, на том же хребте, что и озерные курганы. Самые впечатляющие курганы в данной группе – это четыре дисковых кургана, образующие восточный конец кладбища. Большая их часть была распахана, но оставшиеся курганы уцелели в близлежащем лесу. Они находятся на земле в частном владении и закрыты для посетителей.

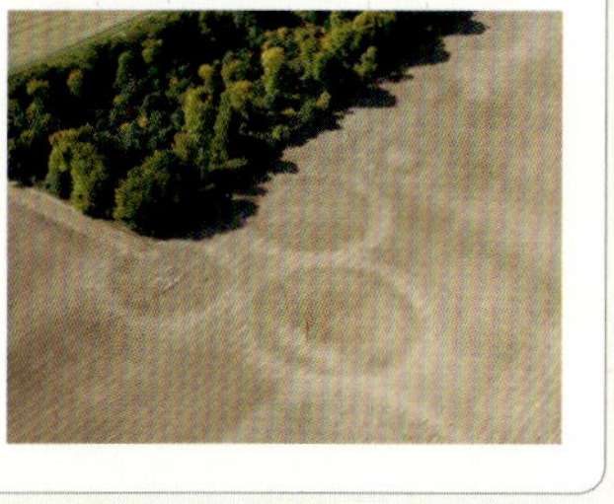

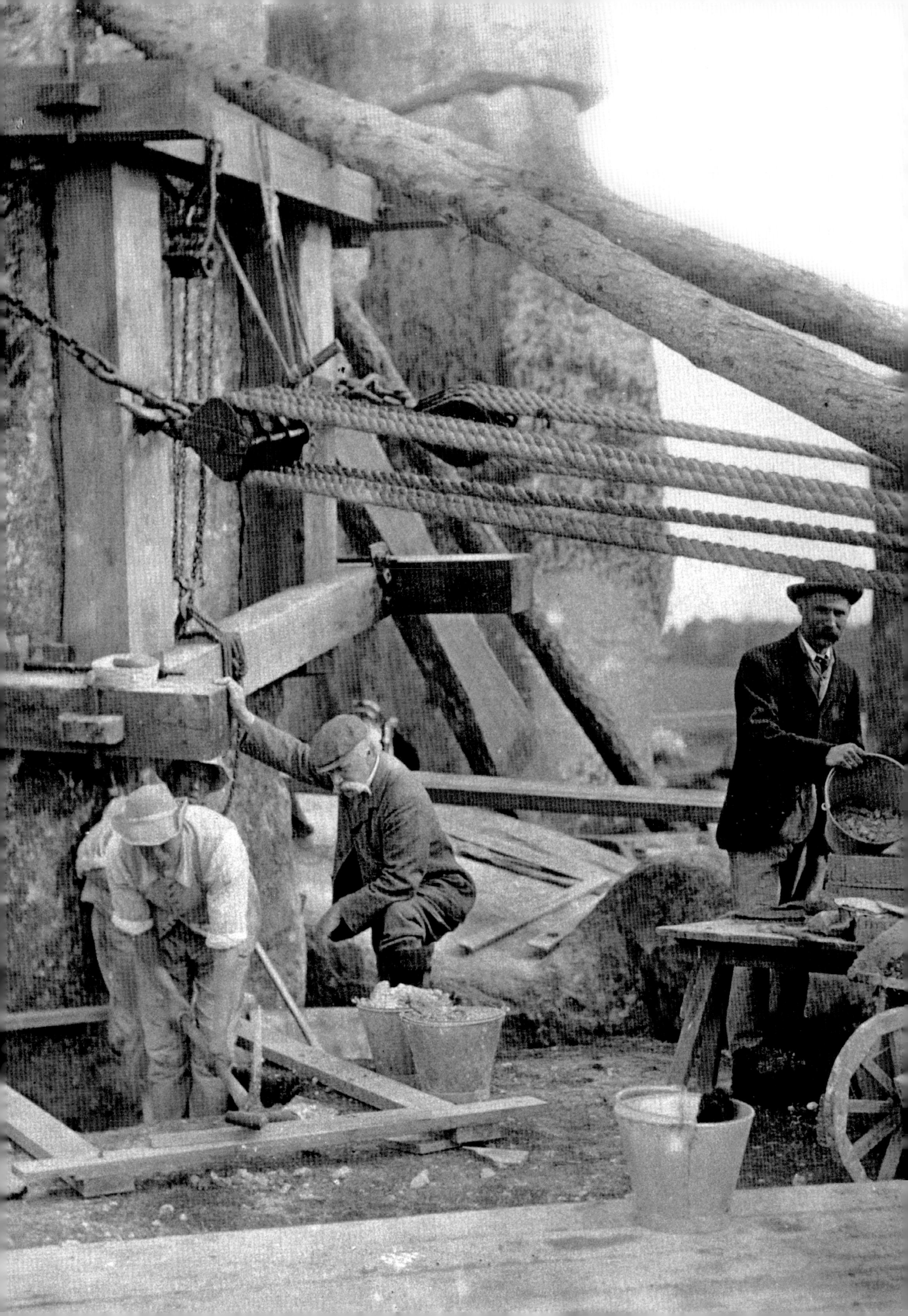

История Стоунхенджа

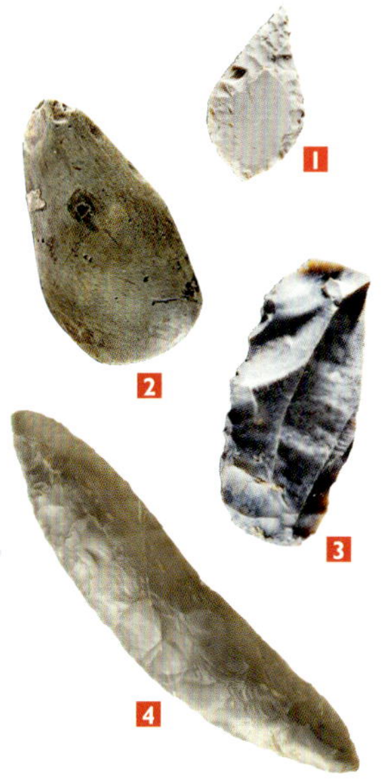

Начиная с самого раннего этапа своего существования и до момента, когда он был покинут, примерно 1500 лет спустя, Стоунхендж, вероятно, был самым важным храмом в Британии. С тех пор в разные эпохи разные люди видели в нем загадку и воспринимали его как источник вдохновения. Начиная со Средних веков и до наших дней, люди пытались понять его истоки, и ответить на фундаментальные вопросы: как и зачем он был построен. По результатам новых раскопок и повторного анализа предыдущих находок постоянно менялась интерпретация как самого объекта, так и его ландшафта, и этот процесс будет продолжаться. Итак, дальнейшее объяснение не является окончательным ответом – оно просто отражает сегодняшнее понимание этого объекта.

В предыдущих интерпретациях Стоунхенджа его сложная и долгая история была поделена на отдельные этапы или «фазы», что может создать впечатление, что именно так шло развитие его строительства, что оно состояло из целого ряда совершенно отдельных событий. Без сомнения, есть моменты в его истории, когда его внешний вид сильно менялся, но в периоды между ними, происходили незаметные изменения, которые гораздо труднее датировать с уверенностью. Однако, есть и особые моменты, как бы застывшие во времени картинки, когда нам известно, как выглядел Стоунхендж. Эти изменения подробно описаны в следующих главах: святилище, каменный монумент, измененные камни. Все эти изменения лишь часть процесса почти непрерывной модификации Стоунхенджа.

ДО ПОЯВЛЕНИЯ СТОУНХЕНДЖА

За тысячи лет до появления первого, примитивного ограждения в Стоунхендже группы охотников периода Мезолита (Средний Каменный век) разбили лагерь на краю долины реки Эйвон, недалеко от города Эймсбери. Возможно, люди, которые жили на этой территории, где природа была еще первозданной и «не укрощенной», воздвигли огромные сосновые тотемы в период между 8 500 и 7000 гг. до н.э., обнаруженные недалеко от Стоунхенджа. В долине, в ее густых зарослях, где дикие животные жили как в раю, они ловили рыбу и охотились, и незаметно изменяли ландшафт в поисках пропитания.

Легко было бы представить себе, что жизнь в те времена была борьбой за выживание во враждебном мире, но это отнюдь не так. Как внутри страны, так и на берегу моря было много мест, где можно было найти стабильные источники пищи, а также все необходимое для жизни, а именно воду, камни для орудий, древесину для постройки жилищ, и топливо. В таких местах, богатых природными ресурсами, можно было селиться на более продолжительные периоды.

Вскоре после окончания последнего ледникового периода, примерно в 10 000 г. до н.э., Британия и Европа еще не были разделены Ла Маншем. Затем, по мере того как поднимался уровень моря в результате потепления климата изменилась растительность, некоторые части нового острова Британии покрылись густыми лесами, где росли вязы, дубы и лещина, постепенно вытеснившие сосновые леса, которые прежде росли там. Но некоторые участки мела оставались открытыми; там были поросшие травами равнины, которые сильно привлекали первых земледельцев раннего Неолита.

Стоунхендж расположен на одной из этих территорий, где были условия, чтобы сразу начать обрабатывать землю, без необходимости сначала выкорчевать лес при помощи каменных топоров и огня. Эти первые земледельцы создали небольшие поля, больше напоминающие огороды, и совсем непохожие на сегодняшние, где они выращивали зерновые культуры, такие как пшеница и ячмень. В окрестностях бродили одомашненные животные: скот, свиньи и овцы. Именно эти люди привезли с собой новые идеи из европейского материка: первые, простые керамические изделия с плоским дном, новые виды кремневых орудий, отшлифованные топоры и наконечники для стрел в форме изящного листика, а также идею строительства крупных сооружений из земли и камня, которая дожила до наших дней. Земледелие, даже в таких небольших масштабах, обеспечивает стабильность. Благодаря земледелию люди могут собираться вместе, праздновать и поминать своих мертвых, таким образом, который демонстрирует их связь с землей. Эти первые земледельцы и были строителями ограждения в Круге Робин Гуда, а также многих длинных курганов, которые сгруппированы в этой местности, и двух ипподромов, которые «оседлали» местность к северу от Стоунхенджа. Они изменили ландшафт Стоунхенджа, придали ему особый характер и заложили фундамент будущего.

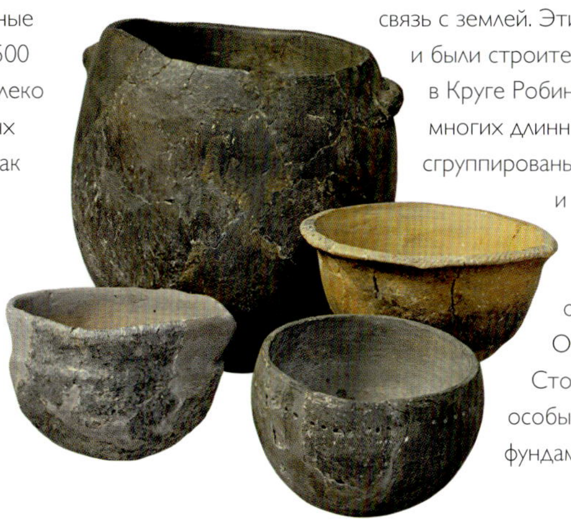

Выше: *Доисторические орудия из окрестностей Солсберийской равнины, датированы временем первого Стоунхенджа или незадолго до его постройки*

1 Наконечник стрелы в форме листика

2 Отшлифованный топор

3 Кремневый скребок для выделки шкур животных

4 Кремневый серп, найденный в керамическом сосуде периода Неолита, редкое свидетельство существования земледелия в то время (теперь находится в Солсберийском и Южно-уилтширском музее)

Слева: *Мешковатые горшки периода раннего Неолита, которые, возможно, повторяют форму кожаных сосудов, которые были в более частом употреблении до того времени. Теперь они находятся в экспозиции Уилтширского музея в г. Девайзес*

На противоположной странице: *Проф. Уильям Гауланд (1842–1922 гг.), в центре, стоит на коленях, тщательно раскапывая основание самого высокого сарсена – 1901 г. Рабочий справа просеивает землю, чтобы обнаружить более мелкие предметы*

СВЯТИЛИЩЕ – 3000 Г. ДО Н.Э.

На место, где появился Стоунхендж, возможно, повлияли и более ранние памятники, такие как Ипподром Стоунхенджа, и характерные черты видимого ландшафта, геологические овраги и редкий местный валун – сарсен, впоследствии воздвигнутый как Пяточный камень.

Первый Стоунхендж представлял собой земляное ограждение, со слегка наклоненной центральной частью, очерченной рвом нерегулярной формы и внутренней насыпью с более регулярным профилем.

Вокруг частей рва была небольшая наружная насыпь – контрэскарп. Мы знаем наверняка о двух входах: один смотрел на северо-восток и использовался в течение всего периода активного существования Стоунхенджа, а другой вход, меньших размеров, смотрел на юг.

Положение главного, северо-восточного входа было жизненно важным для функционирования Стоунхенджа. Вдоль ряда естественных оврагов он был открыт к восходу солнца в середине лета в одном направлении, и был ориентирован на заход солнца в середине зимы в другом направлении. Эта ориентация входа в ограждение не была случайной и можно предположить, что с самого начала своего существования Стоунхендж был связан с движением солнца.

По размерам рва и объему материла, который мог быть получен из него, можно было построить насыпь до 2 м. высоты. Нерегулярная форма рва позволяет предположить, что это могла быть лишь каменоломня, где добывали мел, а насыпь была более важна. Время, когда был вырыт ров, можно определить методом радиоуглеродной датировки, используя образцы

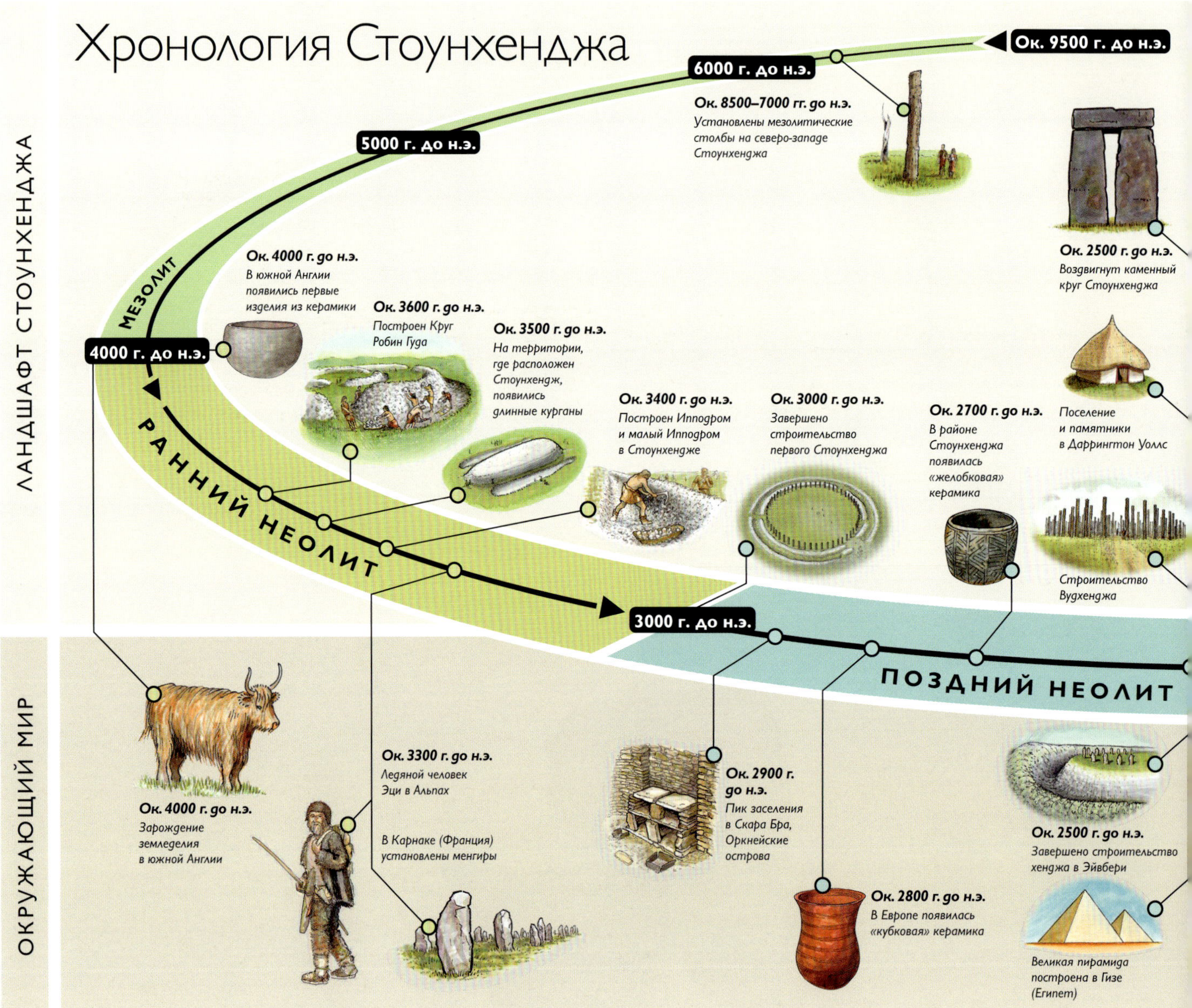

кирок из рогов, найденные на дне, примерно 3000 г. до н.э. Но и кости скота, также обнаруженные на дне этого рва, оказались на 300 лет старше. Эти кости, может быть, остатки древних церемоний, позволяют предположить, что даже до постройки ограждения это было особое место.

Очевидно, что в строительстве ограждения была задействована вся община, и, возможно, что отдельные отрезки рва были вырыты разными группами людей. Небольшие отряды, семьи или племенные группы, может быть, прибыли из более отдаленных мест, чтобы совместно работать над этим великим проектом.

Внутри ограждения и вокруг внутреннего края насыпи было 56 равномерно расположенных, больших ям, это лунки Обри, которые были вырыты в одно время со рвом. Возможно, первоначально в них были установлены деревянные столбы или небольшие вертикально стоящие камни (тех же размеров, что и голубые камни), но многие из них, в конечном итоге, были заполнены кремированными останками людских костей. Множество таких останков было найдено в ходе раскопок, в частично заполненном рве, врезанном в насыпь, и даже внутри его внутреннего края, а также в лунках Обри. Они свидетельствуют о том, что еще на очень раннем этапе своего развития Стоунхендж был кладбищем. Большая часть кремированных останков была найдена в 1920-х годах, в ходе обширных раскопок, которые велись полковником Уильямом Хаули. В 1935 г. его помощник, Роберт Ньюалл, не сумел понять их значение, и перезахоронил их в одной из лунок Обри, где ранее велись раскопки.

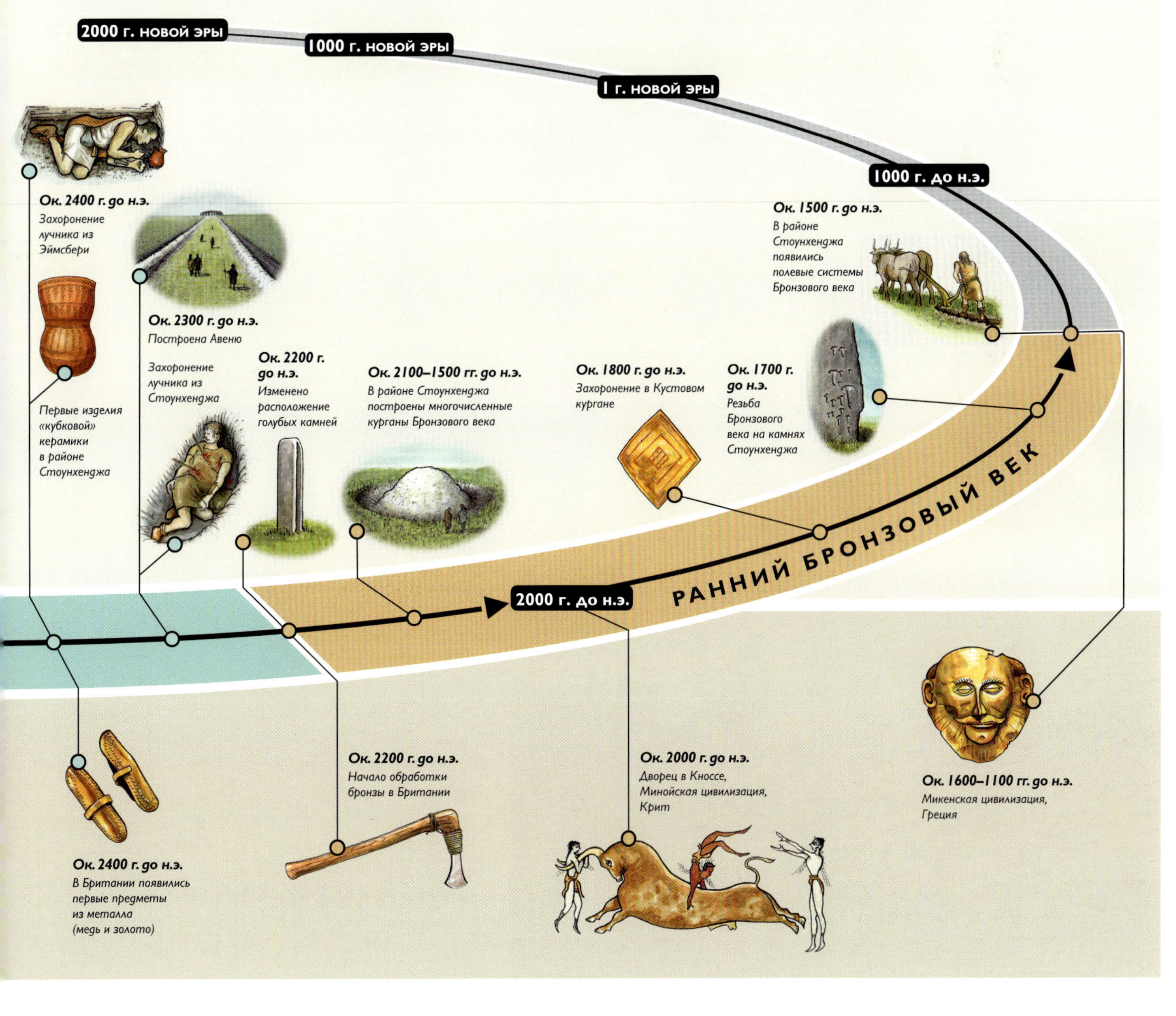

Справа: *Ров и насыпь были средоточием захоронений кремированных останков в ранней истории Стоунхенджа*
Ниже: *Небольшое керамическое блюдо (наверху) и отполированная головка церемониальной булавы (внизу), найденные в захоронении кремированных человеческих останков в лунках Обри. Теперь они находятся в Солсберийском и Южно-уилтширском музее*
Внизу: *Рисунки с восстановленным изображением костей животных, некоторые из них насчитывают сотни лет, иллюстрирующие процесс укладывания на дно только что вырытого рва в Стоунхендже – примерно 3000 г. до н.э.*

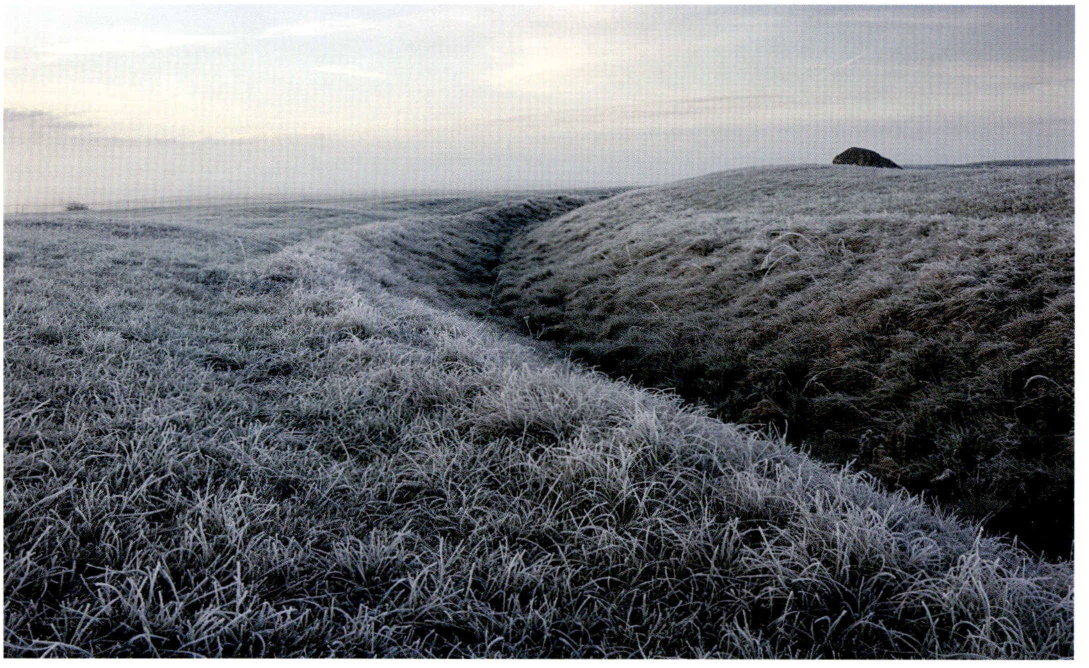

В Стоунхендже вдобавок к сожженным костям из многочисленных кремаций, обнаружили также пепел и древесный уголь из погребальных костров. Исходя из этого, можно предположить, что, фактически, процесс кремации происходил поблизости. Небольшое количество предметов, которые были найдены вместе с кремированными костями, среди них на нескольких длинных булавках из рогов или костей животных есть следы сожжения; вероятно, их сожгли вместе с телом, возможно, закрепив ими саван. Там есть также гладко отполированная каменная головка булавы, явно очень высоко ценившийся предмет, и небольшое керамическое блюдо, возможно, использовавшееся для масла или курения ладана.

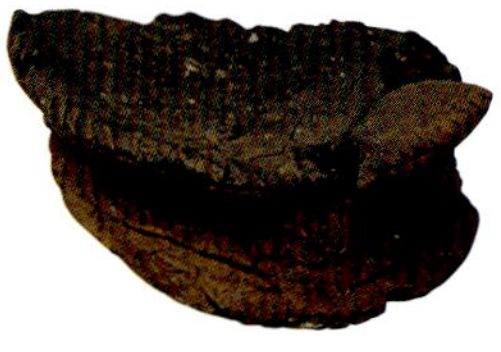

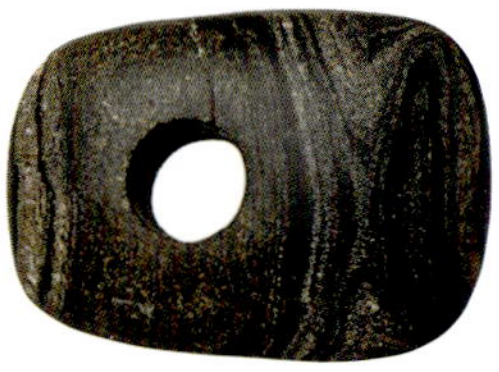

Более сомнительно предположение, касающееся того, что еще могло составлять часть первого Стоунхенджа. Возможно, что вокруг входа стояли более крупные камни, после них остались пустые ямы, обнаруженные в ходе раскопок. Кроме того, в раскопках были найдены многочисленные небольшие ямки для вертикально стоящих деревянных свай, и некоторые из них, хотя не были датированы, возможно, были установлены в то время. На месте главного входа в ограждение и непосредственно за его пределами стояли регулярные ряды небольших столбов, а у второго, южного входа, к центру ограждения шли параллельные ряды столбов, близко стоящих друг от друга, возможно, они составляли часть входного прохода, окруженного забором. Логично было бы предположить, что на этом участке стояли самые важные деревянные сооружения. К сожалению, в последующие годы там были подняты камни, и в результате были уничтожены еле заметные следы ям для деревянных свай. Сегодня есть лишь намеки на, что, возможно, там было несколько небольших четырехугольных сооружений.

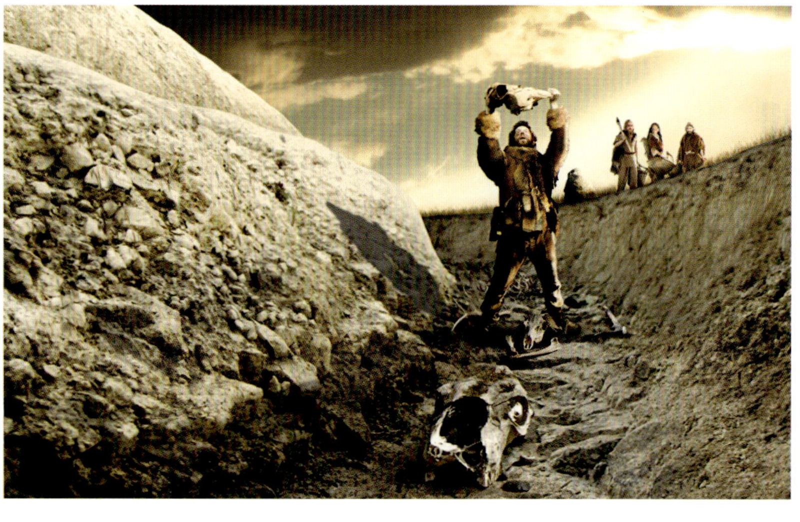

Первый Стоунхендж представляет собой загадку. Он был построен после окончания периода бурного роста в строительстве монументов, когда возводились длинные курганы, ограждения с вымостками, такие как Круг Робин Гуда, и большие ипподромы. Тем не менее, на этом этапе – это еще не подлинный хендж. Существуют другие кладбища для кремированных останков, датируемые этим временем, и это единственное свидетельство, касающееся захоронений в тот период. На смену простым керамическим сосудам раннего Неолита пришли новые декоративные стили, включая роскошную «желобковую» керамику, образцы которой постоянно находят в хенджах более поздних периодов. Но домов и сел нигде не видно; ландшафт кажется безлюдным.

КАМЕННЫЙ МОНУМЕНТ – 2500 Г. ДО Н.Э.

Следующий этап в развитии Стоунхенджа – это начало его преобразования (примерно в 2500 г. до н.э.) из простого земляного ограждения в объект, который выглядел совсем иначе и производил огромное впечатление. На эту площадку было привезено множество камней: огромные сарсены из Малбороу Даунс и, возможно, из других мест, и небольшие голубые камни из холмов Пресели в Уэльсе.

Находившийся непосредственно за входом в ограждение Пяточный камень, скорее всего, был перенесен, а затем к нему добавили еще два или три камня, один из них сохранился как лежачий камень – Эшафот. Внутри ограждения находятся четыре сарсена небольших размеров, известные как Станционные камни, которые были установлены вертикально непосредственно внутри внутреннего края насыпи. Но то, что радикально и навсегда изменило внешний вид Стоунхенджа – это привезенные сюда, обработанные и поставленные вертикально 75 сарсенов, которые сформировали наружный круг и подкову из массивных трилитонов.

По-видимому, все эти события произошли примерно в 2500 г. до н.э., но неизвестно сколько времени длилось это масштабное строительство. К тому же нет археологических свидетельств, показывающих в каком порядке были построены два основных сооружения. В соответствии с практическими соображениями, кажется, что подкова из трилитонов была построена первой или хотя бы до полного завершения наружного круга. Археологи более уверены в том, что примерно к 2400 г. до н.э. Стоунхендж уже был преображен. Скорее всего, наружный круг уже был сооружен, но тщательность его постройки не везде одинакова. Северо-восточная сторона, которая смотрит на вход, была очень изящной, с прекрасно обработанными и соединенными деликатно изогнутыми перекладинами, а верхняя поверхность каменного кольца, которую они формируют, была почти повсеместно одинаково ровной. Недавно проведенные детальные лазерные обследования камней показали, что все камни на этой стороне круга, а именно те, которые видны из входа, были обработаны гораздо изящнее, а затем выровнены. В отличие от северо-восточной, юго-западная сторона круга кажется нерегулярной и почти незавершенной, и многие камни там гораздо грубее обтесаны.

Ниже: *Вид Стоунхенджа с Авеню. Руины каменных сооружений, которые преобразили его внешний вид примерно в 2500 г. до н.э., все еще производят огромное впечатление*

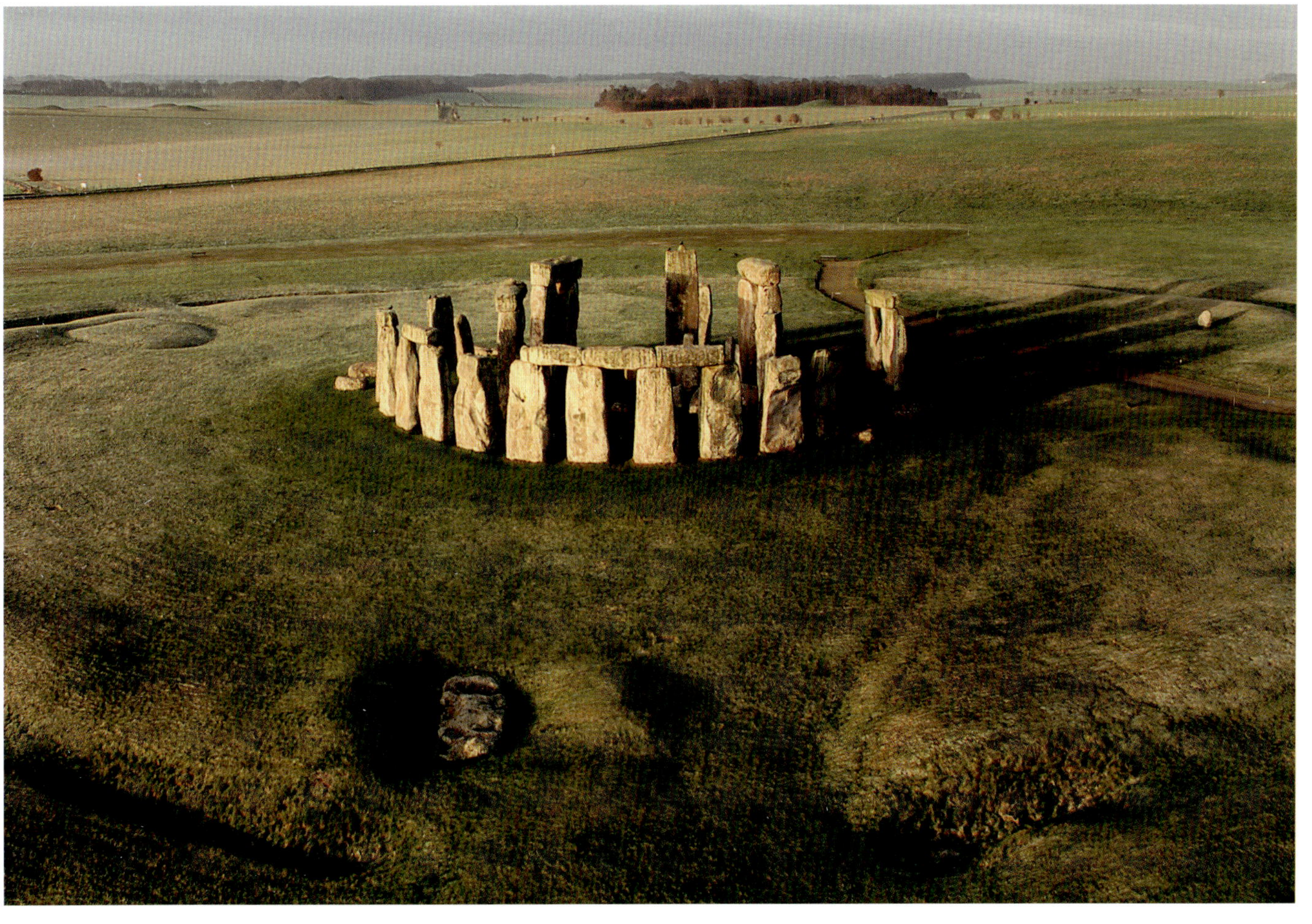

Зачем был построен Стоунхендж?

Это самый сложный вопрос для археологов. Стоунхендж не имеет очевидного практического назначения. Там никто не жил, и его невозможно было защитить, поэтому должна была существовать духовная причина, в силу которой люди Неолита и Бронзового века приложили такие огромные усилия, чтобы его возвести.

Ниже: *Голубые камни, которые, возможно, считались источником целительной силы*

Внизу: *Середина зимы, по-видимому, была самым важным временем года, полным духовного значения для строителей Стоунхенджа*

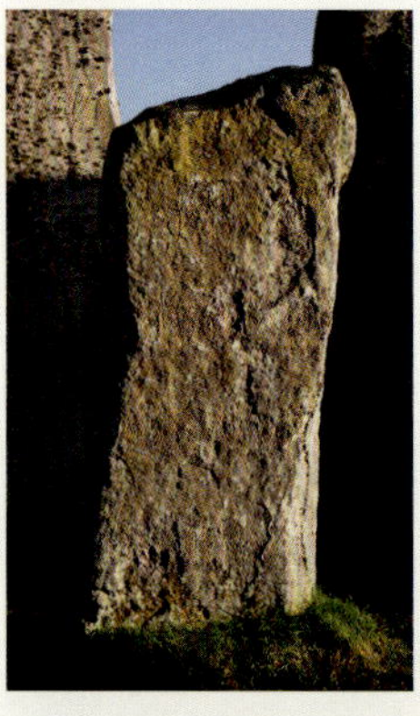

Для тех людей, земледельцев, которые зависели от хорошего урожая и здоровья своих животных, зима была временем, наводящим страх; в темные зимние месяцы дни становились короче и холоднее, а запасы пищи скуднели. Они наверно скучали по свету и теплу, которые означали, что снова начнутся посевы, а животные будут тучнеть. Свет означал жизнь. Возможно, это было причиной строительства Стоунхенджа и его тщательной ориентации: обозначить меняющиеся времена года и ежегодное путешествие солнца по небосклону. С его помощью не только узнавали, когда наступал самый длинный день года, но и самый короткий: во время, зимнего солнцестояния, когда год как бы делал поворот, а после этого свет и жизнь постепенно возвращались в мир.

Однако могли быть и другие причины. В начале своей длинной истории Стоунхендж был местом для мертвых, где хоронили кремированные людские кости. Были даже предположения, что холодные, твердые камни, стоявшие там, представляли давно умерших предков, в отличие от деревянных сооружений для живых, расположенных в близлежащих Даррингтон Уоллс и Вудхендже.

Ключ к этой загадке, возможно, таится также и в голубых камнях, которые везли из далеких холмов Пресели в Уэльсе, где рассказывали народные предания об их целительной силе; эти рассказы, возможно, дошли из очень далеких доисторических времен. Итак, вера в целительную силу этих камней, возможно, была одной из причин, почему были приложены такие громадные усилия для их транспортировки на такое огромное расстояние.

Эти две последние причины могут дать ключ к разгадке, почему Стоунхендж преобразовали при помощи камней, столетия после того как вырыли первое ограждение; с голубыми камнями, привезенными из Уэльса, пришла надежда на исцеление, а сарсены навсегда обозначили места, где были похоронены предки.

Лучше всего, может быть, Стоунхендж, стоит рассматривать как доисторический аналог огромного собора, такого, как собор в Солсбери, предназначенного для богослужений, и как место, куда верующие приходили, чтобы исцелиться и обрести надежду, и где можно было хоронить важных членов общества.

Но был ли Стоунхендж местом проведения церемоний в особые времена года? Были ли камни окрашены и имелись ли на них узоры? Были ли они украшены гирляндами цветов? Пели ли там песни и танцевали, проводились ли шествия и устраивались ли пиры? Эти тайны Стоунхендж не раскрыл, а археологи не могут ответить на эти вопросы.

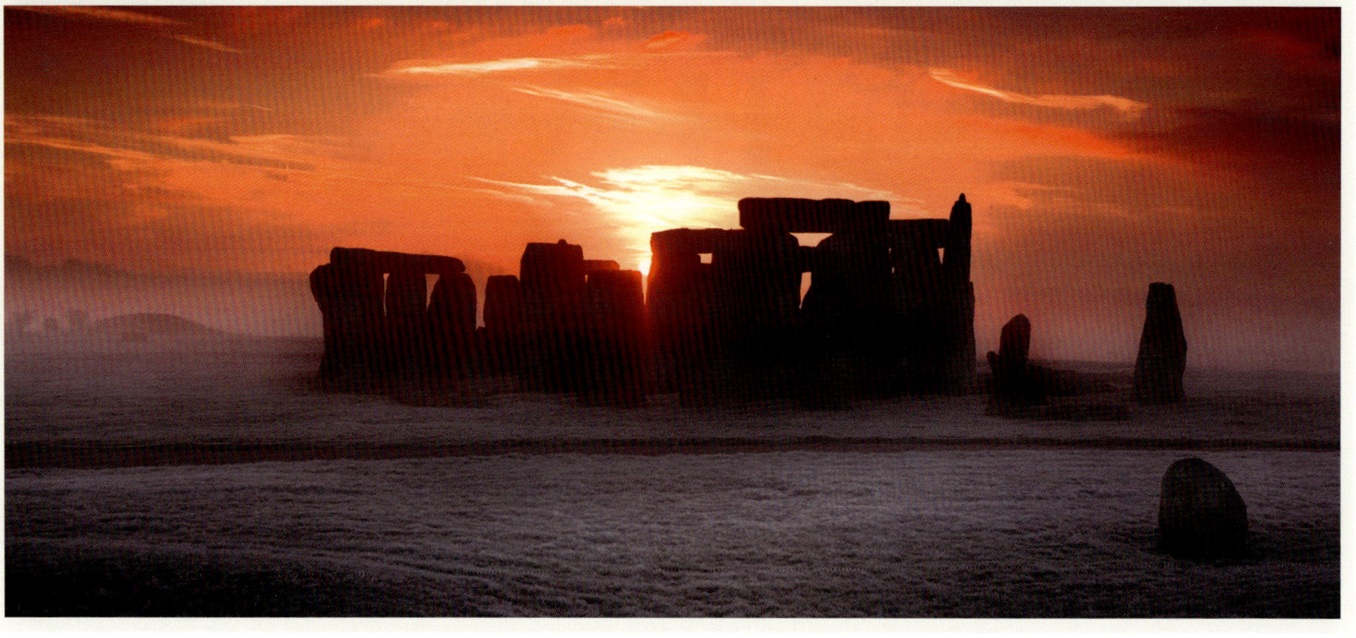

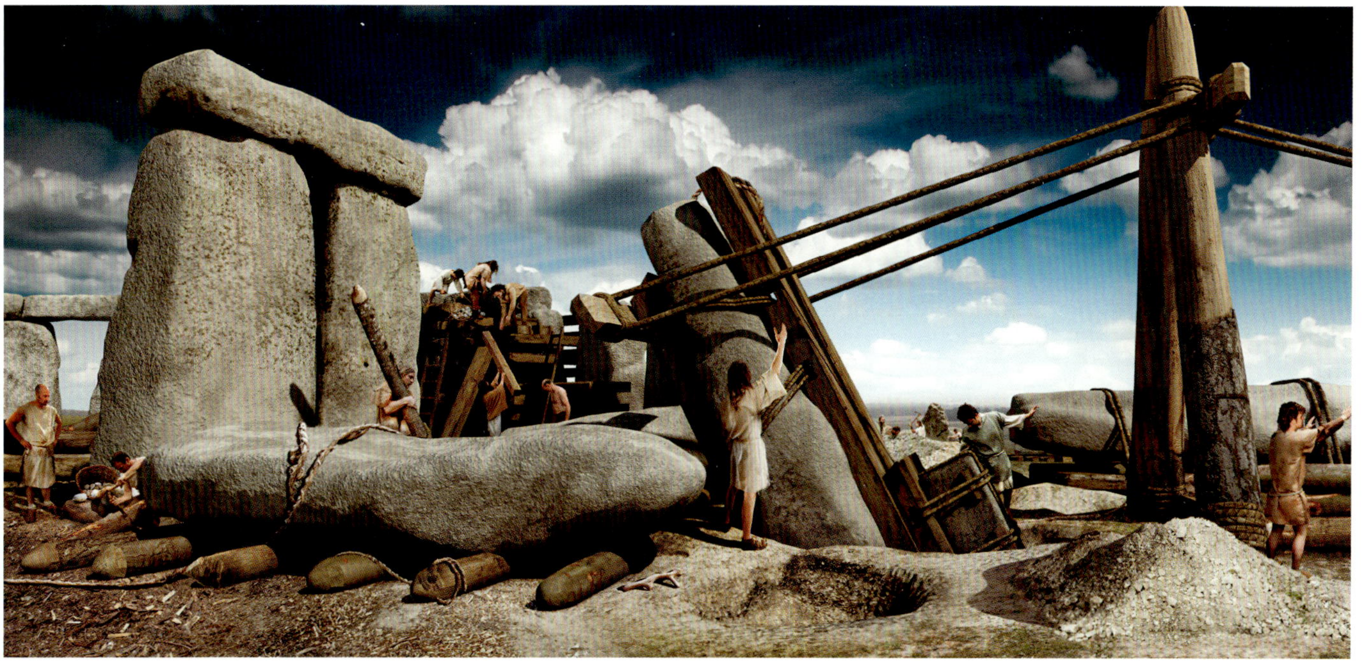

Пять сарсеновых трилитонов были такими же изящными и, возможно, еще более массивными; они расположены по высоте, от самой короткой пары, стоявшей на противоположных сторонах открытого конца подковы, до самой высокой – Большого Трилитона, размещенного напротив входа в ограждение. Эта подкова еще более подчеркивала ориентацию всего храма, который первоначально был установлен на основе расположения входа в земляное ограждение. Выбор сарсенов также несколько варьируется, так как каждый трилитон имеет один очень хорошо обработанный, вертикально стоящий камень, и второй обтесанный менее тщательно. Это, по-видимому, не случайность, но каково значение этого факта? Мужское и женское начало? Искусство и природа? Нам остается только строить догадки. Те же камни варьируются также по степени гладкости и отделки их поверхностей. Их внутренние стороны – плоские, а большая часть наружной поверхности сравнительно шероховатая. Единственное исключение здесь – это Большой Трилитон, чья задняя сторона такая же гладкая, как и передняя.

Нет сомнений, что сарсены визуально были самыми впечатляющими элементами преобразования Стоунхенджа, но, возможно, что некоторые из голубых камней были либо перемещены из лунок Обри или привезены из холмов Пресели, и в тот же период были установлены в интерьере Стоунхенджа. Тем не менее, сегодня они находятся в других местах.

Голубые камни были впервые расположены особым образом, который известен только из раскопок. На северной и восточной сторонах центрального участка Стоунхенджа были обнаружены ямы для камней, расположенные на двух концентрических дугах, известные как ямы Q и R. На дне каждой ямы был виден отпечаток крупного камня, в котором кое-где были видны мельчайшие обломки голубого камня. Это место сложно интерпретировать; по-видимому, это не был завершенный круг, так как было найдено мало следов в местах, которые могли быть его южной и западной сторонами. Однако там, на его северо-восточной стороне, отражена ось ограждения в форме многочисленных ям для камней, указывая на то, что данное направление было очень важным. В том месте, вероятно, также были включены миниатюрные трилитоны из голубого камня. Свидетельства их

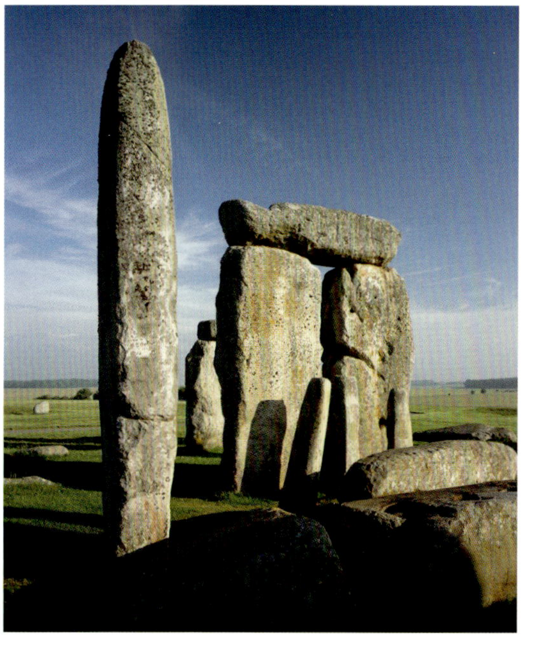

Выше: *Рисунок, где проиллюстрирована реконструкция подъема огромных валунов из круга сарсенов примерно в 2500 г. до н.э. Для такого начинания понадобились значительная подготовка и инженерное мастерство*

Слева: *Единственный стоящий вертикально камень самого высокого трилитона, на переднем плане лежит его разбитый «спутник»*

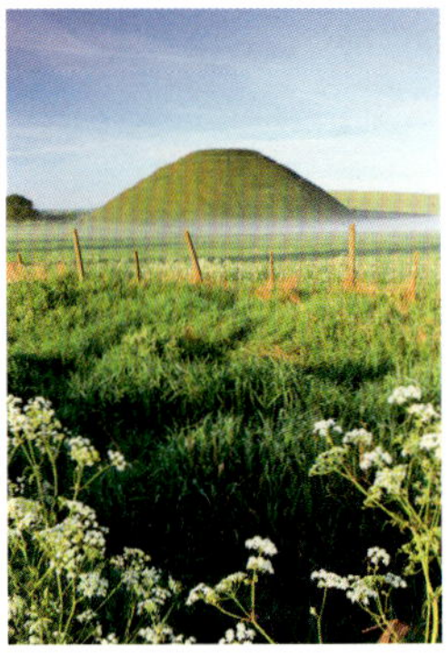

Выше: *Массивный могильный холм в Силбери Хилл, недалеко от Эйвбери, в северном Уилтшире*

существования были обнаружены на перекладинах (с отверстиями для шипов), которые затем были заново использованы как столбы в более поздних оформлениях, и на основании следов разбитых гнезд на верхушках других столбов из голубого камня. Предполагают, что Алтарный камень также был установлен в тот период и положен горизонтально у подножия Большого Трилитона.

Этот новый, более благоустроенный Стоунхендж, появился в результате огромного организованного труда. Его компоненты, чей сбор и транспортировка из далеких местностей, стоили огромных усилий и требовали хорошей организации, показывают участие общин из отдаленных и близлежащих местностей. Он был построен в период, когда другие большие памятники возводились повсюду в Британии, начиная от южного Дорсета и до Оркнейских островов, Ирландии и Гебридских островов. В этот период беспрецедентного роста строительства, хенджи, каменные круги и массивные могильные холмы, такие как Силбери Хилл недалеко от Эйвбери, были построены общинами, отличающимися высоким уровнем организации, и создавшими характерную, богато украшенную, «желобковую» керамику. На территории Стоунхенджа есть и другие хенджи: Вудхендж и Конибери, а в Даррингтон Уоллс есть не только большое меловое ограждение с массивными деревянными кругами, но и следы повседневной жизни. Очень вероятно, что это была деревня, где в определенные времена года жили рабочие, строившие Стоунхендж, и где устраивали большие пиры во время празднования смены времен года.

Завершение этого этапа в развитии Стоунхенджа ознаменовало конец масштабных начинаний для его строителей. Результат их инженерного мастерства, выраженный в монументальных формах, завершился созданием доисторического монумента, ставшего самым узнаваемым в мире.

Кубковая культура

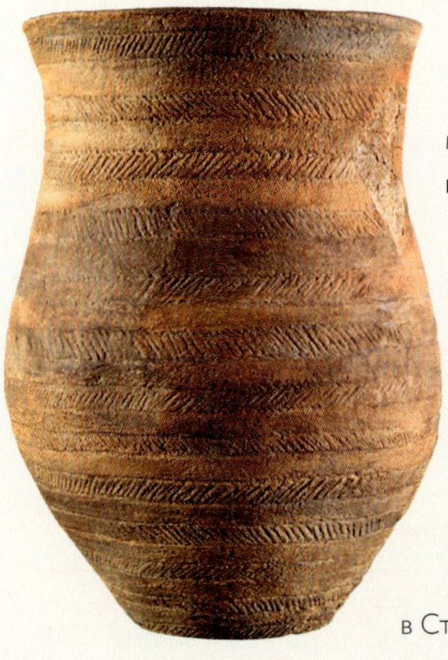

Повторное строительство Стоунхенджа из камня имело место незадолго до того, как новые идеи, материалы и люди прибыли из европейского материка. Новый вид тонко изготовленной и украшенной «Кубковой» керамики, новая форма наконечников кремневых стрел, новые стили захоронений и начало употребления металлов (меди и золота) – все это характерно для данного периода. В самом Стоунхендже и в его окрестностях есть три замечательных захоронения, благодаря которым известно об огромных и захватывающих переменах, происходивших в то время.

В 1976 г., в ходе раскопки, проведенной во рву в Стоунхендже, был обнаружен захороненный скелет; вместе с ним нашли тонко обработанные наконечники кремневых стрел, причем некоторые наконечники были сломаны, а также и каменную пластинку для защиты запястья лучника. Наконечники стрел были в стиле Кубковой культуры, а человек, умерший приблизительно в 2300 г. до н.э., стал известен как лучник из Стоунхенджа.

Анализ его костей позволил заключить, что он местный житель, в возрасте около 30 лет, погибший насильственной смертью. Отсутствующие наконечники стрел были обнаружены в его костях, таким образом, он не был владельцем стрел, но они стали причиной его смерти. Но даже тот факт, что его смерть была насильственной, возможно его принесли в жертву, не помешала похоронить его очень тщательно в месте, которое к тому времени, может быть, было самым священным на Британских островах

Выше: *Горшок периода Кубковой культуры, изящно сделанный и аккуратно обожженный в печи с богатыми украшениями*

Справа: *Реконструкция классического захоронения периода Кубковой культуры – тело находится в согнутом положении и погребено с горшком периода Кубковой культуры, бронзовым кинжалом и каменной пластинкой для защиты запястья*

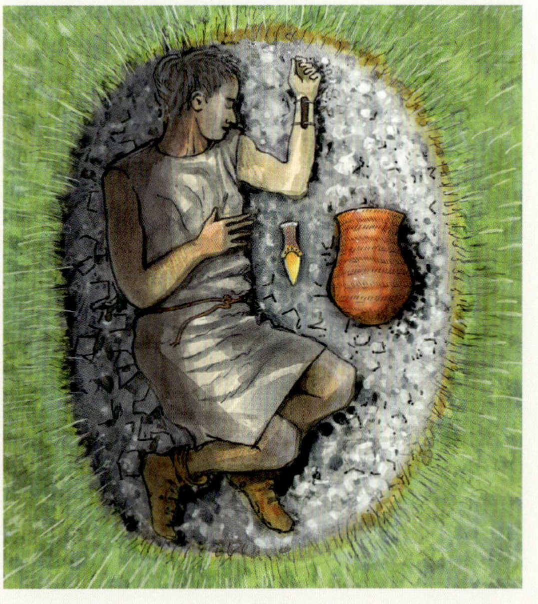

В мае 2002 г. было обнаружено еще одно захоронение в Эймсбери, в 5 км от Стоунхенджа, совершенно непохожее на захоронение в Стоунхендже. Лучник из Эймсбери (он стал известен под этим именем) лежал в самой богатой могиле когда-либо обнаруженной со времен Стоунхенджа. В возрасте между 35 и 45 годами, он был похоронен приблизительно в 2400 г. до н.э., и в его могиле нашли удивительную коллекцию богатых предметов: не менее пяти горшков кубкового стиля, три медных ножа, две каменные пластинки для защиты запястья, 16 тонко обработанных наконечников кремневых стрел и пару золотых украшений для волос – самые ранние предметы из золота, найденные в Британии. При нем был также предмет, напоминающий небольшую наковальню. Химический анализ зубов показал,

ИЗМЕНЕННЫЕ КАМНИ – 2200 Г. ДО Н.Э.

Можно было бы предположить, что масштабная перестройка Стоунхенджа в камне, имевшая место примерно в 2500 г. до н.э., ознаменовала бы конец активного использования этого памятника. Но в отличие от многих других памятников, построенных в тот период и ознаменовавших конец традиций Каменного Века, в Стоунхендже продолжались работы по его изменению, и, можно выдвинуть гипотезу, что он не утратил своего значения в течение еще 1000 лет. В этот период продолжающееся значение Стоунхенджа подтверждается сотнями могильных холмов, возникших на верхушке каждого окружающего его холма.

Некоторые сооружения в Стоунхендже не претерпели изменений. После размещения на месте огромные сарсены, уложенные в форме кругов и трилитонов, больше никогда не перемещали. Сотни лет спустя на них нанесли узоры. Неглубокая резьба была нанесена на многие вертикально стоящие камни; на большинстве камней представлены изображения широких лезвий топора, что, на основе их формы, позволяет датировать их создание между 1750 и 1500 гг. до н.э. Впервые они были замечены в 1953 г., но в результате недавно проведенного лазерного сканирования удалось увеличить их количество до 115, вместе с тремя кинжалами из шести известных образцов, имеющихся во всей Великобритании (см. стр. 41).

Было легче изменить размещение голубых камней меньших размеров. Приблизительно к 2200 г. до н.э. их первоначальное размещение, т.е. незавершенный круг в ямах Q и R, было разобрано. Его компоненты, возможно, вместе с голубыми камнями из других разобранных памятников, находящихся в соседстве, были затем повторно уложены в форме круга и овала. Круг из небольших необработанных голубых камней расположен концентрически к кругу крупных сарсенов и непосредственно внутри него.

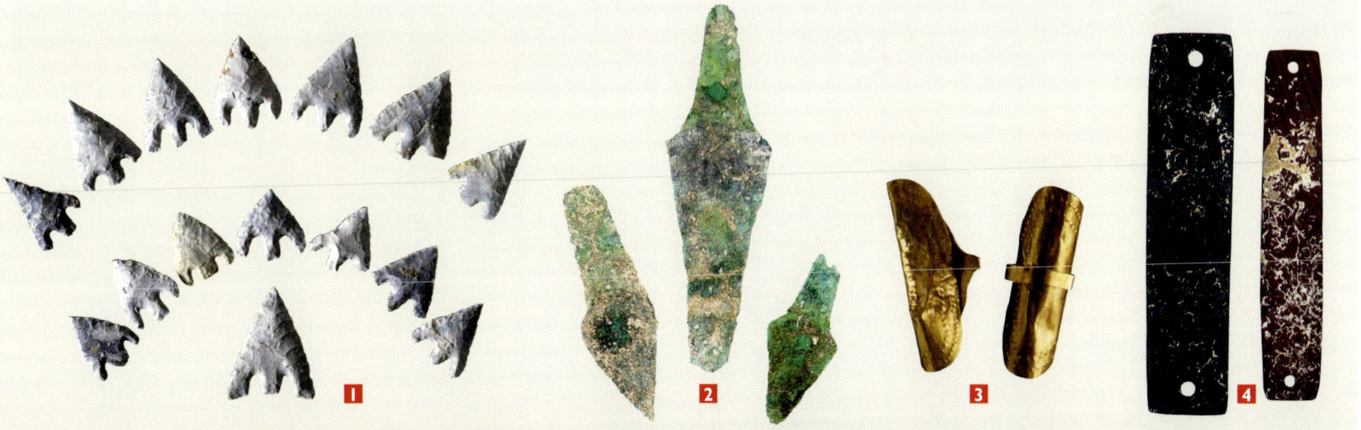

что он не был местным, а родился где-то в Альпах, скорее всего на территории нынешней Швейцарии. Итак, возможно, что он был одним из первых, кто привез методы обработки металлов в Британию, т.е. мастерство, которое принесло бы ему огромный престиж и богатство.

В мае 2003 г. в Боскомбе, на расстоянии ок. 6 км от Стоунхенджа, была обнаружена еще одна замечательная могила, датируемая приблизительно 2300 г. до н.э., где нашли, по меньшей мере, восемь горшков кубкового типа, самое большое количество когда-либо найденное в одной могиле. В могиле также нашли много скелетов: трех взрослых мужчин, подростка (мальчика) и троих детей в возрасте от двух до семи лет.

Обследование их черепов позволяет выдвинуть версию, что они все были родственниками, у некоторых кости производят впечатление истертых, как если бы раньше они были похоронены в другом месте. Метод захоронения не типичен для Кубкового периода, он больше напоминает захоронения, найденные в более ранних, длинных курганах периода Неолита. Эти люди, названные лучниками из Боскомба, также не были местными, так как анализ их зубов показал, что некоторые из них, возможно, провели первые годы своей жизни в Уэльсе, где находится источник голубых камней, или в Европе.

Все три захоронения Кубкового периода и множество других, которые недавно проанализировали при помощи идентичных научных методов, показывают, каким образом археология может помочь понять более широкие культурные влияния на Стоунхендж.

В то время, вскоре после восстановления Стоунхенджа с использованием сарсена и голубых камней, люди из далеких окраин Европы стекались сюда, принося с собой новые идеи, которые немедленно подхватывались местными жителями. Очевидно, что и чужеземцы, и местные жители хотели быть похоронены рядом со Стоунхенджем, этим поистине международным монументом.

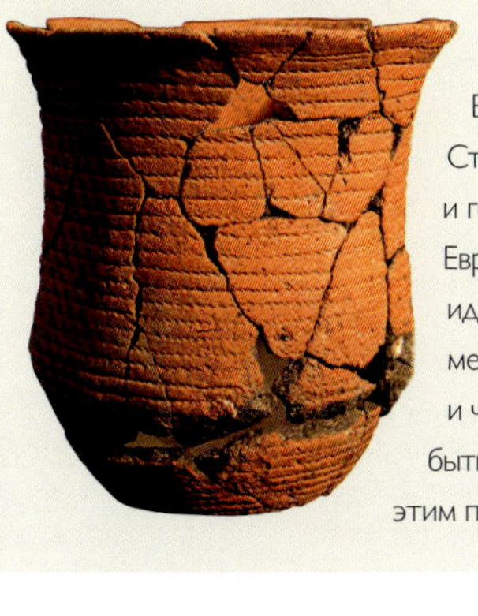

Выше: *Некоторые предметы, похороненные вместе с Лучником из Эймсбери (теперь находятся в Солсберийском и Южно-уилтширском музее)*

1 Набор хорошо подобранных наконечников кремневых стрел

2 Медные ножи – одни из самых ранних металлических предметов, найденных в Британии

3 Золотые украшения для волос – одни из самых ранних золотых предметов, найденных на Британских островах

4 Две каменные пластинки для защиты запястья лучника

Слева: *Один из горшков Кубковой культуры, найденный в захоронении лучника из Боскомба*

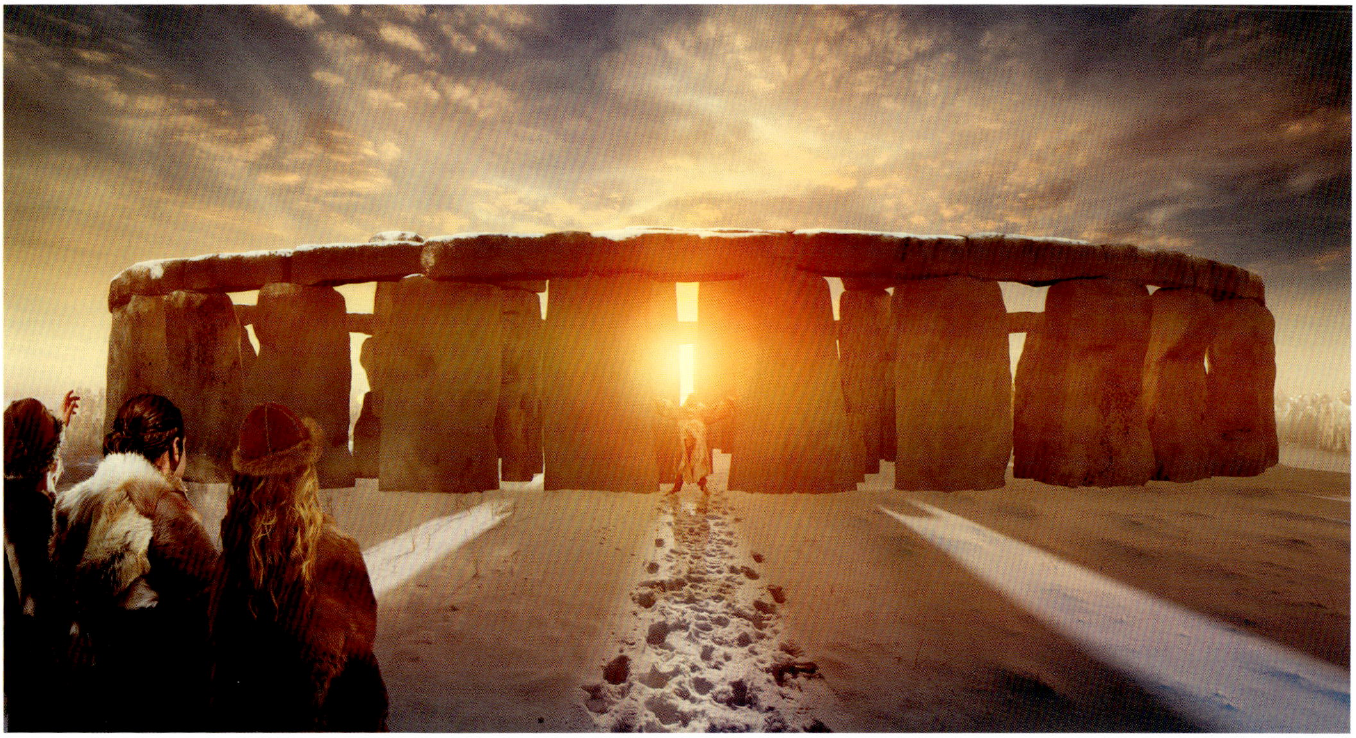

Выше: *Рисунки, на которых показано, как мог выглядеть Стоунхендж на заходе солнца во время зимнего солнцестояния, приблизительно в 2200 г. до н.э.*

Овал из тонко обработанных столбов, почти все из пятнистого долерита, лежит внутри сарсеновых трилитонов. После удаления нескольких камней на его северо-восточной стороне это сооружение было перестроено из овального в подковообразное, отражающее сарсеновую подкову гораздо больших размеров. Это и есть окончательное, общее размещение центральных каменных сооружений, руины которых мы видим сегодня.

В самом входе в главное ограждение и недалеко от него также произошли перемены. Камни были удалены оттуда и на месте остались только Пяточный камень и Эшафот. Заполненный илом ров был перекопан, а мел, возможно, использован для сооружения наружной насыпи меньших размеров – контрэскарпа. Но самое очевидное изменение – это строительство Авеню. Следуя ориентации солнцестояния в ее первом, прямом отрезке, рвы и насыпи затем изгибались по направлению на восток, перед тем как устремиться вниз, в долину реки Эйвон.

Теперь Стоунхендж был завершен, и единственное загадочное добавление к нему – это два круга неглубоких ям, Y и Z, вырытых непосредственно за сарсеновым кругом, возможно, в 1600 г. до н.э. По-видимому, там не было ни вертикально стоящих камней, ни деревянных свай и они были заполнены мелким илом, занесенным туда ветром. Эта почва, возможно, поможет найти разгадку конца

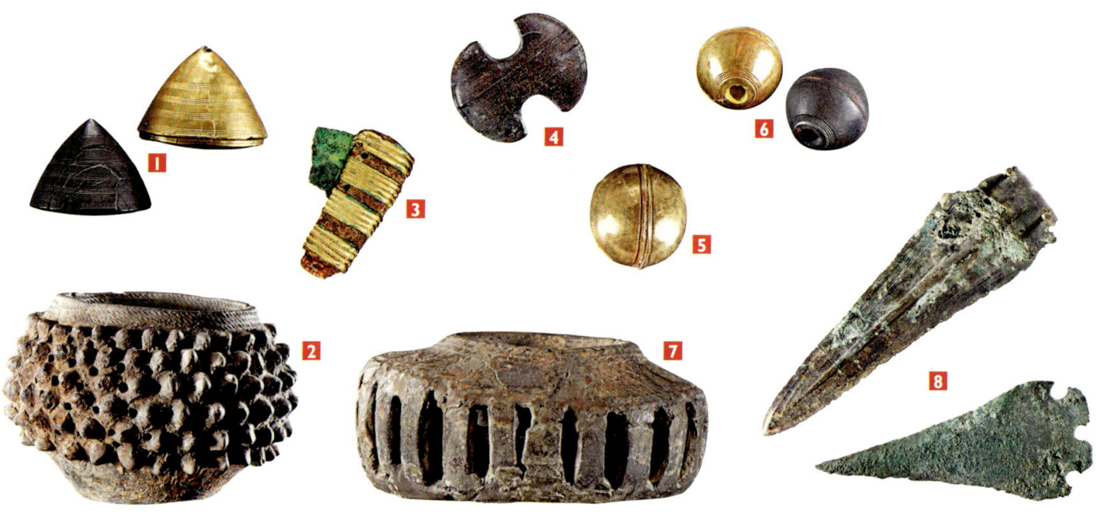

Справа: *Выбранные артефакты из богатых «Уэссекских» захоронений начала Бронзового века в окрестностях Стоунхенджа*

1 Сланцевая пуговица конической формы, покрытая золотом
2 Керамика «виноградной грозди» – тип сосуда с орнаментом
3 Миниатюрный кулон из янтаря и золота в форме топора
4 Гагатовая бусинка в форме топора
5 Сферический кулон из золота
6 Сферическая сланцевая бусинка, покрытая золотом
7 Кубок для благовоний с прорезями
8 Бронзовые кинжалы

Стоунхенджа, как живого памятника, с окружавшими его священными лугами, затем распаханными земледельцами Бронзового века.

Кладбища из круглых курганов, сгруппированных на вершине каждого холма, явно демонстрируют значение Стоунхенджа в период Кубковой культуры и в течение начального этапа Бронзового века. Стоунхендж был магнитом, местом, где следовало быть похороненным богатому и важному человеку. И это необычно. Сначала Стоунхендж был построен, а затем, в период Неолита, более благоустроен обществом, которое построило громадные общинные памятники, где отдельные люди оставались, в основном, неизвестными. Там нет могил богатых людей времен постройки Стоунхенджа. Те, чьи кремированные останки были там похоронены, должно быть были важными людьми, может быть это были жрецы или зодчие, но если они и были богаты, они не взяли своего богатства с собой в загробный мир.

В отличие от упомянутых выше, люди, похороненные в круглых курганах более позднего периода, известных под названием «Уэссекские захоронения», демонстрируют свое богатство в форме бронзовых, золотых, янтарных и гагатовых артефактов. Это часть нового общества, где ценили личную власть, и, тем не менее, его члены хотели быть похороненными недалеко от этого древнего сооружения прошлой эпохи. В отличие от многих других неолитических памятников на территории Британии, которые канули в Лету, Стоунхендж оставался местом, несомненно, обладавшим огромной притягательной силой.

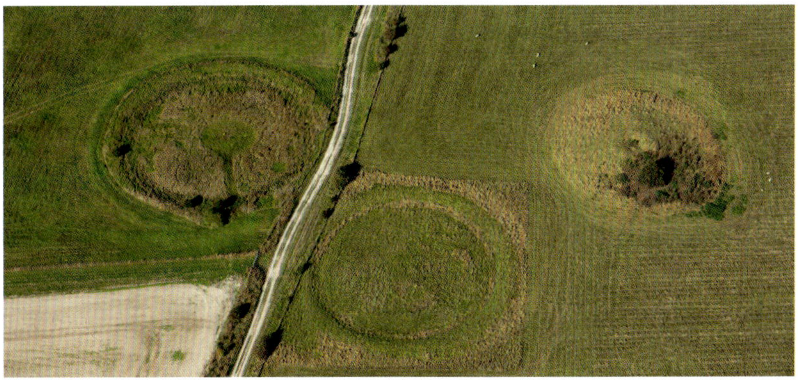

Выше: *Курганы из группы Нормантон Даун. Справа Кустовой курган – одно из самых богатых Уэссекских захоронений на территории Стоунхенджа*

Резьба на камнях Бронзового века

Древняя резьба на камнях, неглубокие очертания лезвий кинжала и топора, была впервые замечена зорким археологом в 1953 г. При более внимательном обследовании стоящих вертикально камней трилитонов было обнаружено еще больше топоров, и к 2003 г. было зафиксировано, в общей сложности, 44 топора. Не было возможности прямой датировки этих изображений, но форма оружия и орудий позволяет датировать их началом Бронзового века, между 1750 и 1500 гг. до н.э.

В результате новейших исследований, включая лазерное сканирование всех камней, было обнаружено гораздо больше резных изображений, некоторые из них очень неглубокие и поэтому невидны невооруженным глазом. Сегодня известно более 115 топоров, некоторые из них находятся на сложных плитах, где имеется до 59 отдельных резных изображений, и три кинжала из шести известных на всей территории Великобритании.

Благодаря украшениям, добавленным на позднем этапе его длинной истории, Стоунхендж стал одним из самых важных объектов в Великобритании, где можно увидеть доисторическое наскальное искусство: это художественная галерея Бронзового века.

Связь между кинжалами и топорами, найденными в богатых кладбищах круглых курганов, окружающих Стоунхендж, и очертания орудий и оружия, вырезанных на его твердых сарсенах, предельно ясна. Это был еще один способ, которым пользовались богатые люди, похороненные в этих курганах, чтобы продемонстрировать свою связь с этим объектом, уже в то время очень древним, но все еще обладавшим огромным значением.

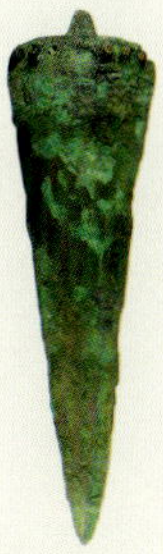

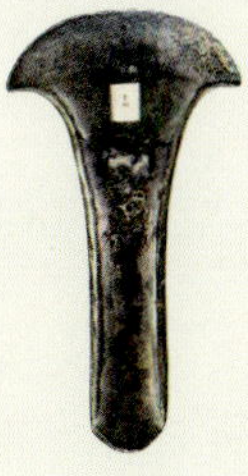

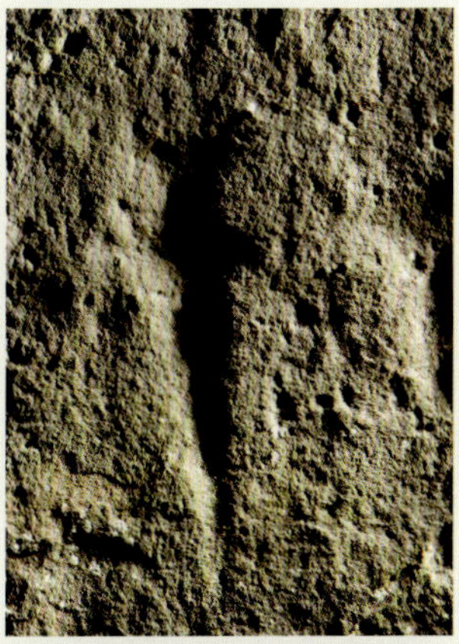

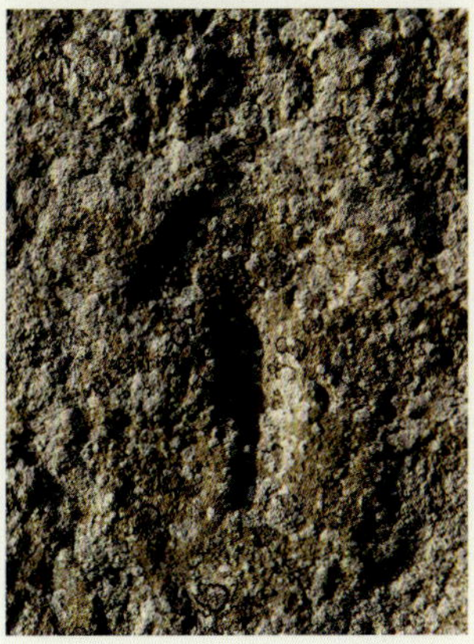

Справа: *Резные очертания орудий Бронзового века на вертикально стоящем камне трилитоне представляют кинжал с деревянной рукояткой (наверху) и лезвие топора (внизу)*

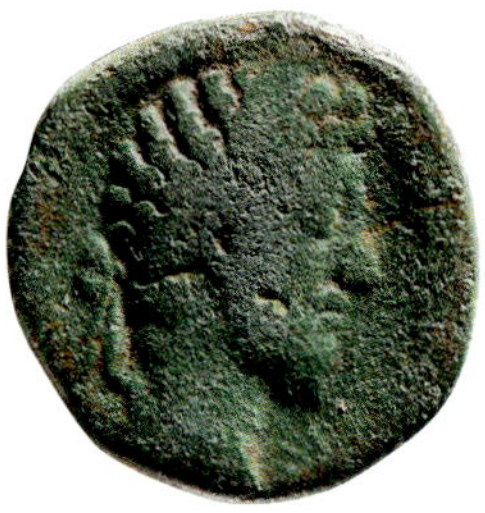

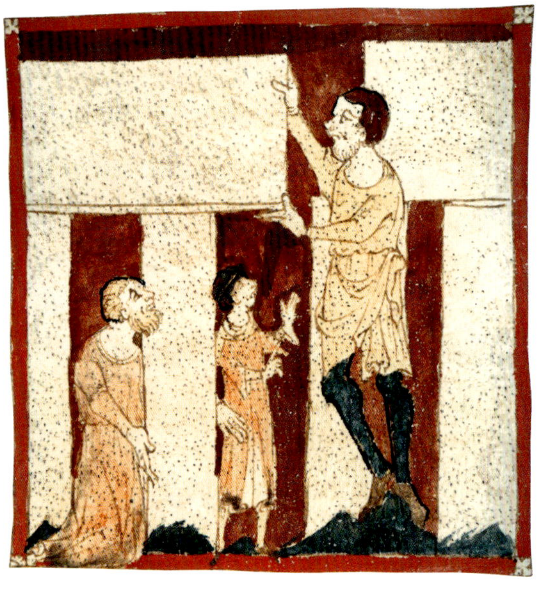

Выше: *Сестерций (крупная монета из латуни) римского императора Коммода, датированная приблизительно 186–7 гг., была найдена Уильямом Гауландом во время раскопок в Стоунхендже в 1901 г.*

Справа: *Манускрипт середины 14 века: иллюстрация с изображением Мерлина, строящего Стоунхендж*

Ниже: *Стоунхендж в 1574 г. кисти голландского путешественника Лукаса Де Хира*

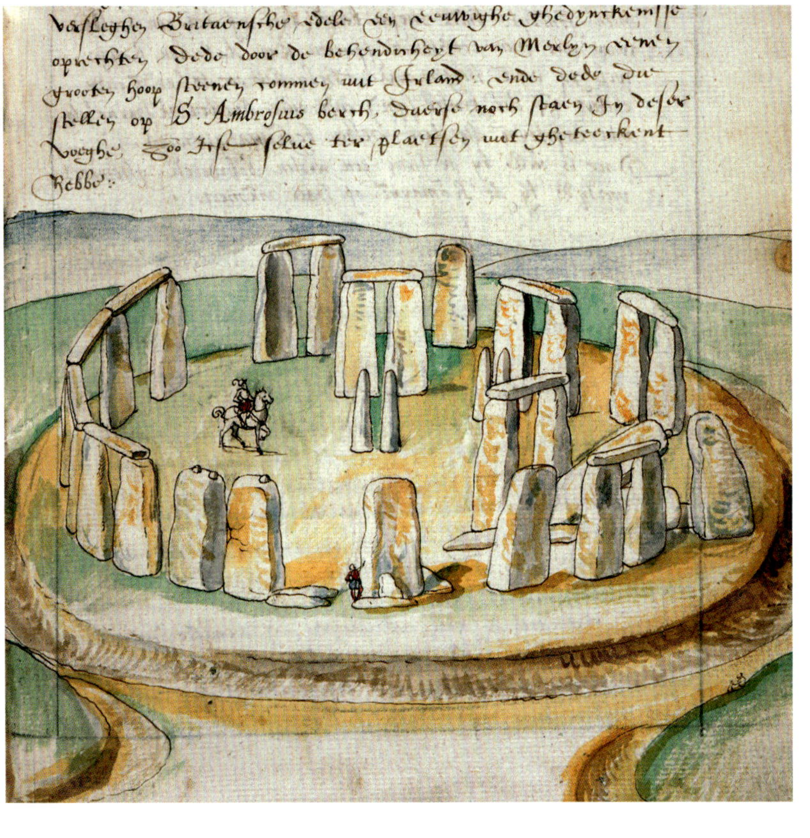

ПОСЛЕ СТОУНХЕНДЖА

Хотя строительные работы в Стоунхендже фактически закончились к 1600 г. до н.э., нет свидетельств как долго продолжалось его использование. Но даже если Стоунхендж и не менялся, в окружающем его ландшафте происходили перемены. Строились все более и более сложные круглые курганы, продолжившие долгую традицию захоронений в окрестностях Стоунхенджа. Однако, начиная с середины Бронзового века (ок. 1500 г. до н.э.), накапливается все больше свидетельств повседневного быта. Люди рыли граничные рвы, разделявшие территорию, и небольшие регулярные поля для выращивания различных культур распространились на территории, ранее использовавшейся преимущественно под пастбища. Насыпи Ипподрома в Стоунхендже, которым было уже более 2000 лет, а причина их создания была давно забыта, стали использоваться земледельцами Бронзового века, которые распахивали внутреннюю его часть, как полевые межи. Перенесенные ветром частицы почвы, заполнившие ямы Y и Z в Стоунхендже, доказывают, что поблизости находились открытые, обрабатываемые поля. Земледельцы того времени жили в небольших поселениях, которые были рассеяны по всей территории, каждое представляло собой группу круглых деревянных домов, покрытых соломой, стоящих среди своих собственных полей.

ЭПОХА РИМСКОЙ ИМПЕРИИ И СРЕДНЕВЕКОВЬЯ

До того как Рим завоевал Британию в 43 г., Стоунхендж давно перестал быть живым храмом, но, по-видимому, римские завоеватели вдохнули в него новую жизнь. Многие находки римских времен (монеты, броши и керамика) указывают на то, что это было что-то большее, чем просто предметы, которые уронили случайные посетители; в ходе недавних раскопок были обнаружены большие ямы, вырытые между камнями, и голубые камни, разбитые в то же время. То, что можно было бы посчитать действиями вандалов, могло быть и данью уважения: Стоунхендж, как и многие другие древние объекты в Британии, может быть, был принят новой религией и стал римским храмом.

Приблизительно в 645 г. в Стоунхендже был похоронен человек; он был обезглавлен, и, возможно, казнен как преступник. Некоторое время спустя появилось и само название Стоунхендж (Stonehenge), составленное из двух слов 'stone' (камень) и 'henge', означавшее «висящий» или, возможно, оно было связано с размещением вертикальных камней и перекладин, напоминающим виселицу.

Начиная со Средневековья, много усилий было потрачено, чтобы разгадать дату постройки Стоунхенджа, кто его строил и его назначение. Первое письменное описание, датированное приблизительно 1130 г., было опубликовано в «Истории английского народа», пера Генри Хантингдонского, где он описывает «Стоунхендж, где воздвигли камни удивительных размеров, наподобие портала … никто не может понять, как такие огромные камни были подняты наверх или зачем их использовали там».

В 1136 г. Джефри Монмаутский объяснил в своей «Истории королей Британии», что Стоунхендж

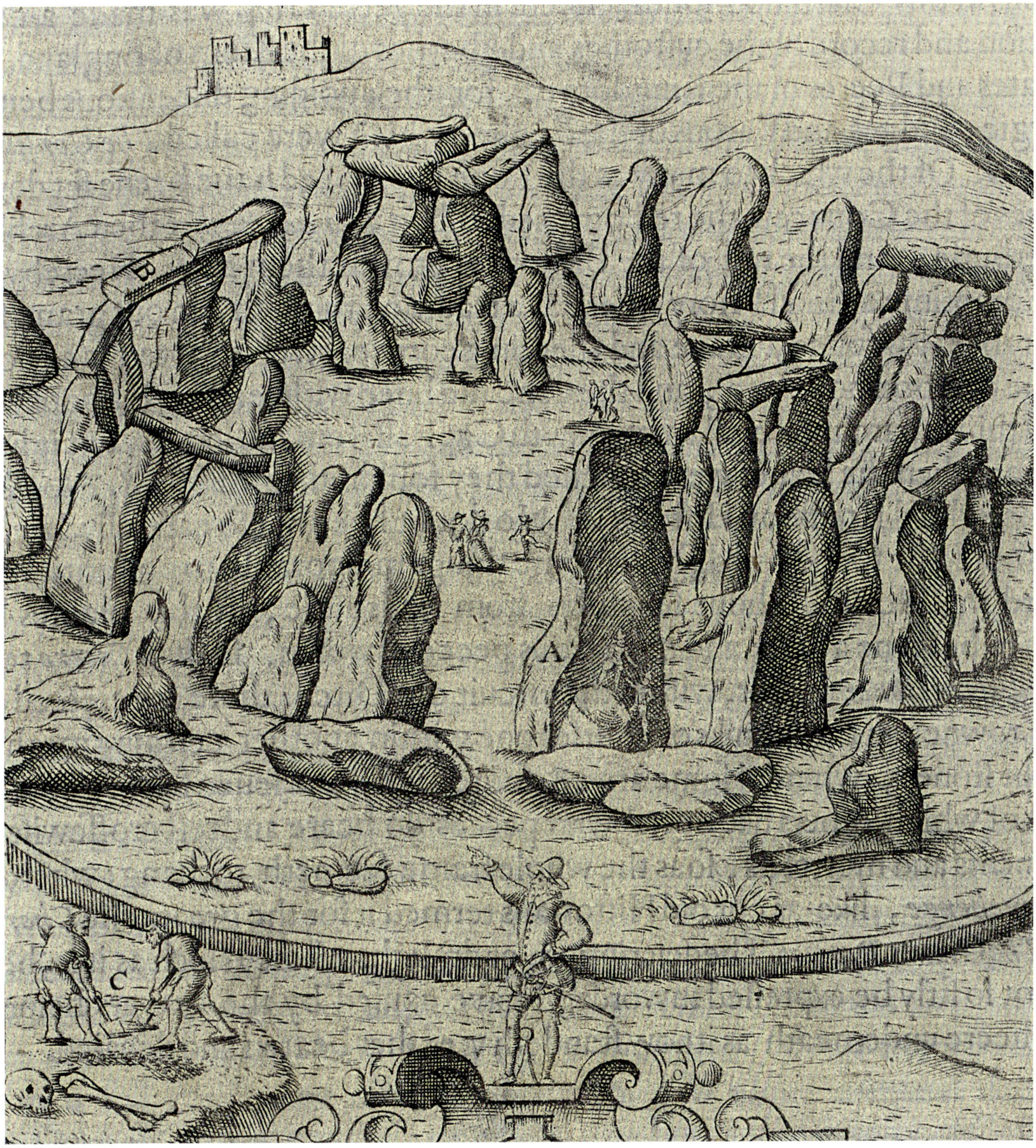

Выше: *Гравюра Уильяма Кипа, на которой изображен Стоунхендж, издание 1610 г. книги Уильяма Камдена «Британия». На этикетке «С» (внизу слева) имеется ссылка на «место, где выкопали человеческие кости»*

был памятником великой битвы между саксами и бриттами. Он выдвинул предположение, что камни были привезены на Солсберийскую равнину из ирландского каменного круга, известного под названием «Круг исполинов», а затем повторно воздвигнуты колдуном Мерлином при помощи магии. Эта идея оказалась очень популярной и была принята многими в 16-ом веке.

АНТИКВАРЫ 17 ВЕКА

В 17-ом веке в результате возобновления интереса к древности, появились новые методы объяснения Стоунхенджа. В 1620-х годах Герцог Букингемский приказал вырыть яму в центре памятника, но был разочарован, не найдя там ничего кроме: «оленьих и бычьих рогов и древесного угля». Современный археолог гораздо больше

Иниго Джонс

Иниго Джонс составил свои записки в первой половине 17 века, и выдвинул ложное предположение, что Стоунхендж не мог быть построен бриттами, жившими там, так как они были *«диким и варварским народом… без знаний… необходимых для постройки величественных сооружений или создания таких великолепных памятников как Стоунхендж [sic]».*

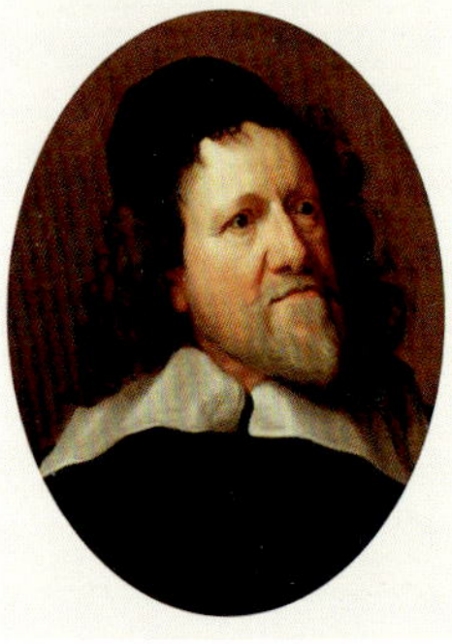

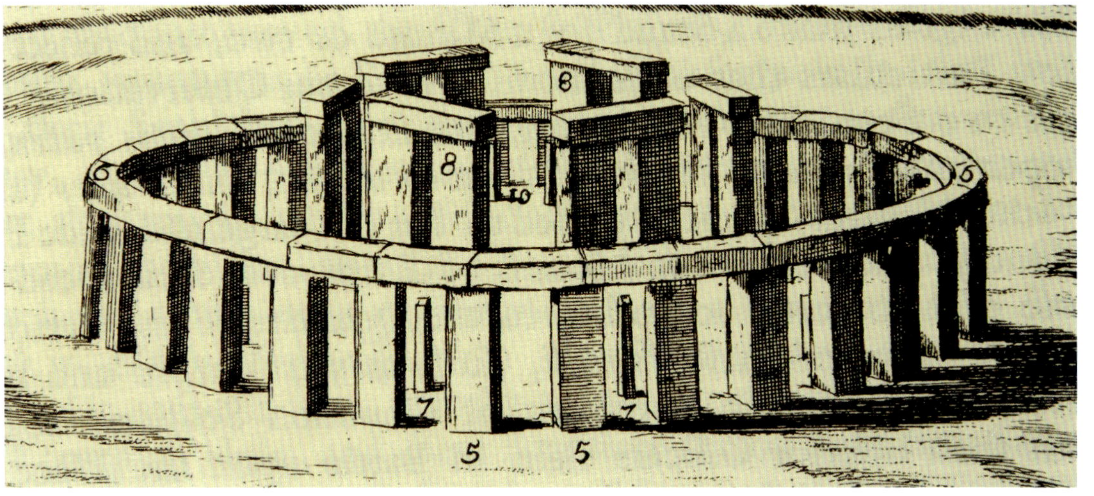

обрадовался бы, обнаружив такую коллекцию образцов для радиоуглеродного датирования, но герцогу они были ни к чему, потому что он надеялся найти, что-то более ценное и впечатляющее.

Король Яков I (даты царствования 1603–25 гг.) решил, что следует детально изучить Стоунхендж, и пригласил архитектора Иниго Джонса (1573–1652 гг.) провести это исследование. На план Стоунхенджа Иниго Джонс наложил сложный геометрический узор, состоящий из четырех равносторонних треугольников, вписанных в круг. Для этого ему понадобилась значительная доля воображения: следовало добавить еще один трилитон, чтобы создать необходимую ему совершенную симметрию, но Джонсу этого было достаточно, чтобы доказать, что Стоунхендж должен был быть построен более «цивилизованными» римлянами.

Вскоре, в качестве возможных строителей Стоунхенджа, рядом с саксами и римлянами появились датчане и финикийцы, хотя были люди, которые считали его делом рук древних бриттов. Среди них был Джон Обри, антиквар родом из Уилтшира.

Он понял, что бесполезно было искать строителей Стоунхенджа в письменных исторических документах, потому что такие объекты «были настолько древними, что они не описаны в книгах». В 1666 г. Обри составил первый план Стоунхенджа. Это был один из первых точных рисунков Стоунхенджа в истории, и на нем он отметил ряд «впадин в земле», недалеко от внутреннего края насыпи. Более 250 лет спустя раскопки подтвердили, что эти впадины обозначали местоположение более крупных ям, которые получили название «лунок Обри», в честь человека, который первым заметил их. У него было много фантастических идей, но он пришел к правильному выводу, что Стоунхендж был храмом, построенным древними бриттами, хотя он был одним из первых, выдвинувших ложное предположение, что жрецами в храме были друиды.

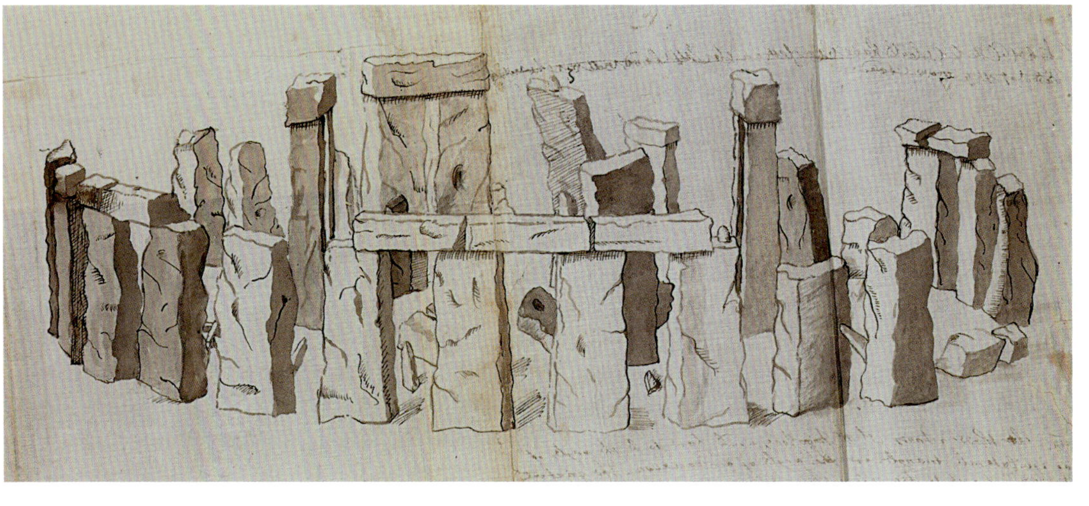

Выше: *Копия современного портрета Иниго Джонса кисти Антони Ван Дейка*
Выше справа: *Стоунхендж, рисунок Иниго Джонса, 1725 г., так он представлял себе его первоначальную геометрическую конструкцию*
Справа: *Вид Стоунхенджа с северо-востока, скопированный Джоном Обри в его книге 1660 г. «Monumenta Britannica» на основе первоначального рисунка Иниго Джонса. Обри назвал Стоунхендж «одним из чудес Англии»*

Друиды

Согласно расхожему мнению, Стоунхендж построили друиды, но это не так. Современные друиды были «заново изобретены» в 19 веке, но были и настоящие, древние друиды: жрецы, процветавшие в Железном веке, за несколько столетий до покорения Британии римлянами в 43 г.

Связь между друидами и Стоунхенджем основана на произведениях антикваров 17 и 18 веков, включая Уильяма Стьюкли.

Стоунхендж вызывал у Стьюкли живой интерес, и он сделал правильный вывод, что данный объект не был построен римлянами или датчанами, но людьми, жившими в Британии до прибытия римлян. Он также понял, что это был храм. Храму нужны жрецы, а единственные жрецы древности, известные Стьюкли, были друиды, описания которых содержатся в произведениях римских авторов. Итак, вывод, к которому пришел Стьюкли, а именно, что друиды построили Стоунхендж, был вполне логичен, но ошибочен. В действительности, даже друиды Железного века появились лишь более чем 1000 лет после того как Стоунхендж был заброшен.

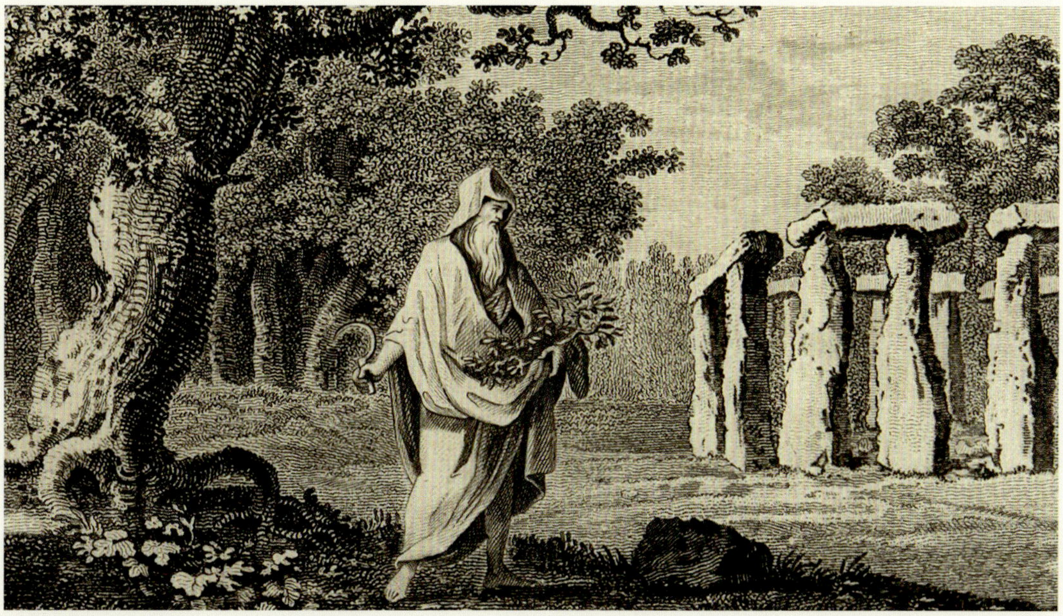

Выше: *Гравюра конца 18 века авторства С. Спарроу, где показан друид возле сооружения, напоминающего Стоунхендж. Такие изображения были созданы под влиянием произведений Уильяма Стьюкли и других*

ИССЛЕДОВАНИЯ 18 И 19 СТОЛЕТИЙ

В начале 18 века идеи Джона Обри взял на вооружение Уильям Стьюкли, врач родом из Линкольншира, и пионер в области полевой археологии. Его большим преимуществом было то, что он успел увидеть низинные территории, окружавшие Стоунхендж, до того как большая их часть была распахана; он был также первым, кто заметил не только Авеню, ведущую к Стоунхенджу, но и его Ипподром – длинное земляное сооружение времен Неолита, расположенное непосредственно к северу (см. стр. 18). Стьюкли также придумал термин «трилитон» («три камня» по древнегречески) для определения формы, состоящей из двух вертикальных камней, покрытых горизонтальной перекладиной. К сожалению, гипотеза о том, что Стоунхендж был храмом друидов, превратилась в навязчивую идею, и она наложила отпечаток на большую часть его более поздних наблюдений.

3 января 1797 г. весь трилитон свалился. Это был первый зафиксированный случай падения камней в Стоунхендже. Среди его посетителей, находившихся там в тот момент, был Уильям

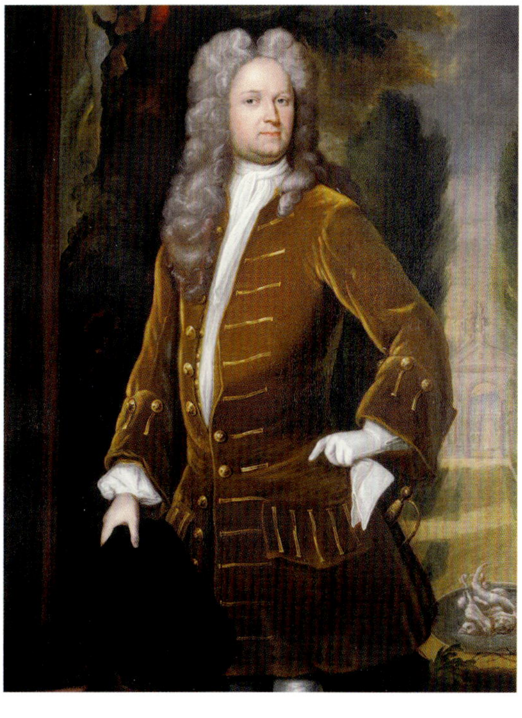

Слева: *Портрет Уильяма Стьюкли кисти Ричарда Коллинса, написанный приблизительно в 1728–9 гг. Стьюкли был первым антикваром, заметившим и зафиксировавшим наличие Авеню и Ипподрома в Стоунхендже*

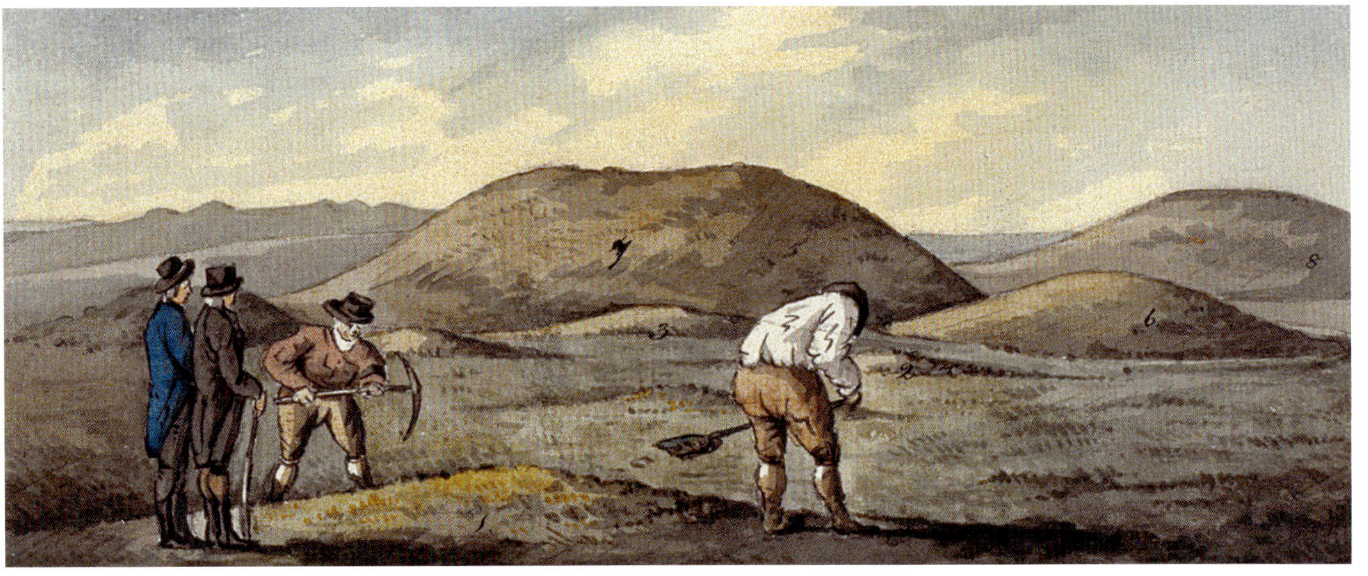

Каннингтон и его коллега, археолог Сэр Ричард Колт Хоар, которые затем исследовали многие курганы, окружающие Стоунхендж (см. стр. 24). Но хотя они все чаще применяли научные методы в своих исследованиях, Стоунхендж продолжал оставаться загадкой. Колт Хоар в своей книге «Древняя история Уилтшира» выразился о Стоунхендже так: «Как велик! Как великолепен! Как непонятен!»

Он мог оставаться непонятным, но для многих художников 18 и 19 веков Стоунхендж был источником вдохновения. Его грубо отесанные камни стали воплощением идеи живописных развалин, диких и романтических, и часто они изображали их не в этом не слишком красочном низинном пейзаже, а посреди дикой природы, где жили воображаемые ими друиды.

В 1883 г. Стоунхендж получил официальное признание как достопримечательность общенационального значения, и был включен в перечень, т.е. список памятников, которые находились якобы под защитой нововведенного Закона о защите древних памятников. К сожалению, введение этого закона не обеспечило реальную защиту, и с практической точки зрения все оставалось по-старому. Стоунхендж оставался в запущенном состоянии и продолжал разваливаться, а 31 декабря 1900 г., в последний день 19 века произошло падение еще одного камня.

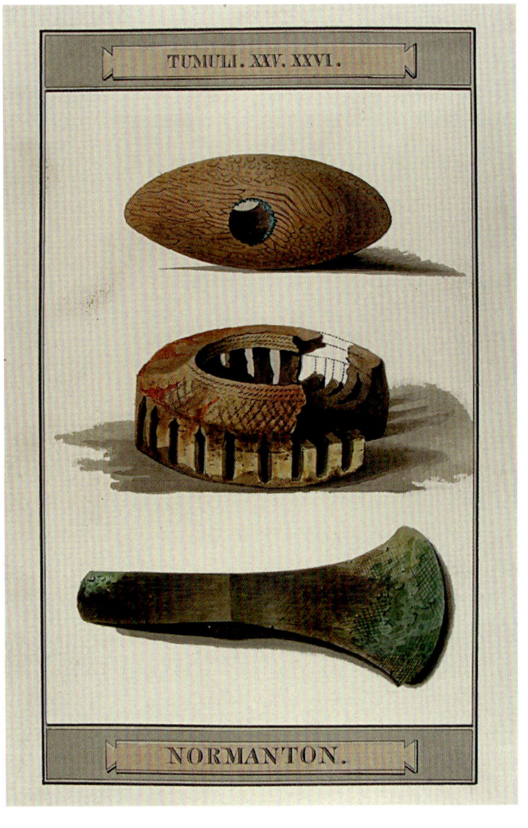

Выше: *Акварель кисти Филипа Крокера, на которой изображены Уильям Каннингтон и Сэр Ричард Колт Хоар, наблюдающие за рабочими, копающими курган в Нормантон Даун, на юг от Стоунхенджа, приблизительно в 1810 г.*
Справа: *Филип Крокер был чертежником Колт Хоара. Он создавал красивейшие акварели, фиксируя находки, обнаруженные в курганах вокруг Стоунхенджа, как, например, эти артефакты из курганов в Нормантон Даун. Эти акварели впоследствии были воспроизведены с его гравюр в книге Колт Хоара «Древняя история Уилтшира», 1812 г.*

НАЧАЛО 20-ОГО ВЕКА

Падение камней в Стоунхендже повлияло на отношение к этому памятнику и ознаменовало его переход не только в 20 век, но и изменение его статуса: он перестал быть развалинами, а стал народным достоянием. В 1901 г. имели место протесты, так как владельцы этой территории, семья Антробус из Уэст Эймсбери, впервые поставила забор вокруг Стоунхенджа и ввела очень высокую плату за вход – один шиллинг (т.е. 4,5 ф. стерлингов на сегодняшние деньги). В том же году начались первые реставрационные работы.

Единственный уцелевший вертикально стоящий камень Большого Трилитона, который имел опасный угол наклона, был выпрямлен и прочно забетонирован. Инженерные работы сопровождались раскопками, проведенными проф. Уильямом Гауландом на очень высоком уровне. Он очень быстро опубликовал свои результаты, и заключил, что камень был впервые поднят в самом конце Каменного или в начале Бронзового века, т.е. очень точно интерпретировал данные.

В то время Стоунхендж находился на земле, принадлежащей поместью семьи Антробус, расположенному недалеко оттуда, в Уэст Эймсбери. Но в 1915 г., когда умер Сэр Эдмунд Антробус, а его наследник погиб во время Первой Мировой Войны, все поместье было продано с молотка. Стоунхендж был лот 15, и он был продан за 6 600 ф. стерлингов Сесилю Чаббу, местному землевладельцу, который, по-видимому поддавшись порыву, купил его.

Три года спустя, под влиянием измененного и усовершенствованного закона о Древних памятниках 1913 г., удалось убедить Чабба подарить купленный Стоунхендж нации, и в награду он получил дворянское звание.

Однако в 1919 г. состояние Стоунхенджа снова начало вызывать озабоченность, и были запланированы многочисленные реставрационные работы, на этот раз гораздо более масштабные. Опытный археолог, полковник Уильям Хаули, был приглашен Министерством строительства, чтобы сотрудничать с инженерами, но ему было поручено еще одно задание: от имени лондонского Общества антикваров он должен был вести раскопки на всей территории Стоунхенджа. В 1919 г. он начал копать в сарсеновом кругу, где было несколько наклонно стоящих камней, падение которых долгие годы предотвращали деревянные опоры; при помощи лебедок их подняли и установили в вертикальном положении, а затем забетонировали.

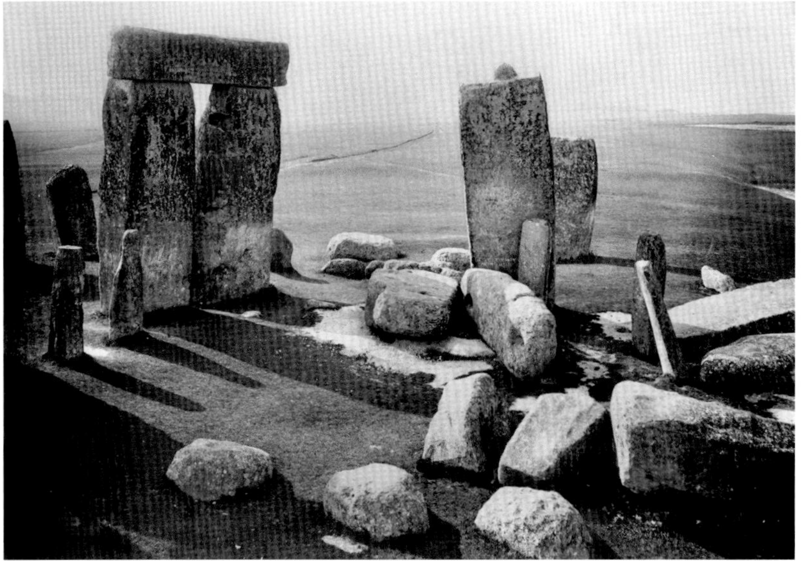

Хаули продолжал вести раскопки в течение шести лет, часто работая в одиночку, и провел исследования многих лунок Обри, примерно половины рва и значительной части восточной стороны интерьера ограждения.

Но хотя в результате реставрационных работ большая часть Стоунхенджа перестала представлять опасность, раскопки оказались малоудовлетворительными, а их результаты никогда не были ни адекватно проанализированы, ни опубликованы.

Выше: *Вид Стоунхенджа в конце 19 века; он выглядит как развалина, самый высокий, вертикально стоящий камень Большого Трилитона имеет опасный угол наклона*

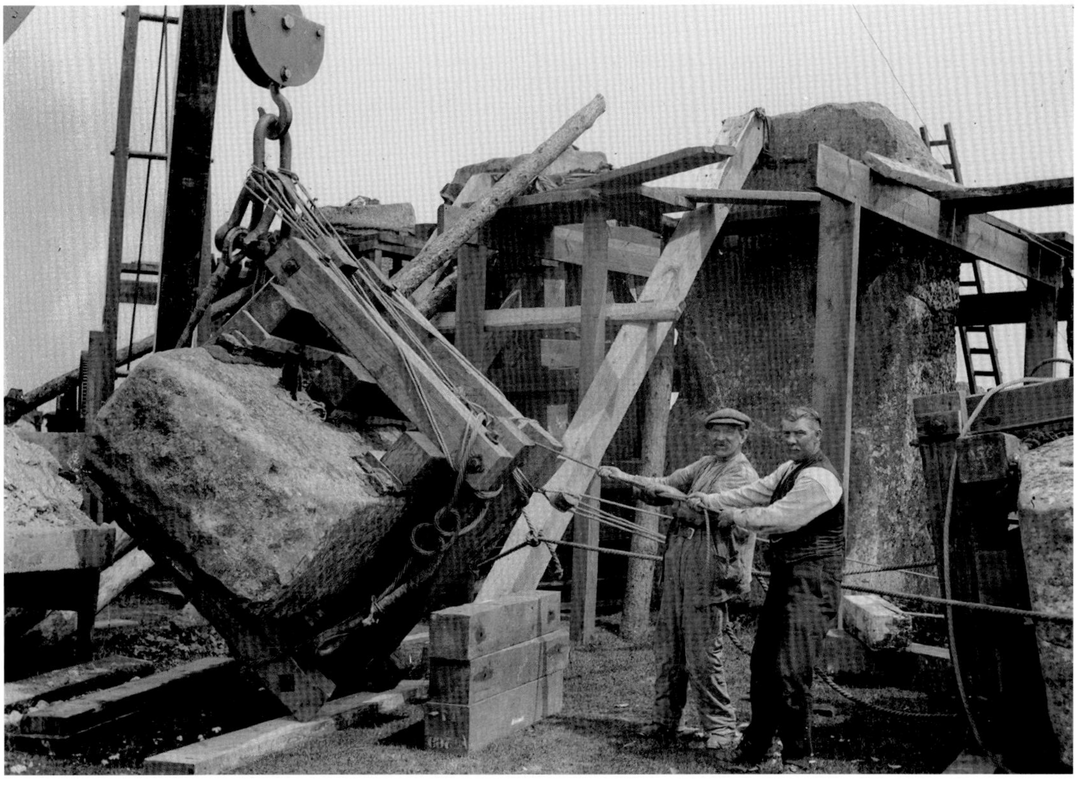

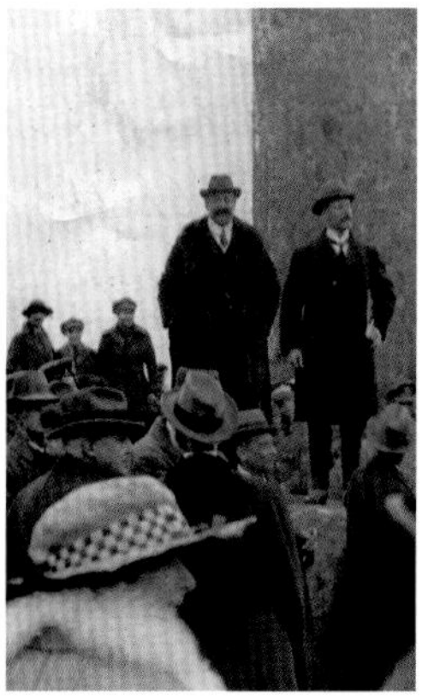

Выше: *На этой фотографии от 26 октября 1918 Сэр Альфред Монд, первый директор в Министерстве строительства (слева), от имени нации принимает Стоунхендж из рук Сесиля Чабба (справа)*

Слева: *Реставрационные работы в сарсеновом кругу (1919 г.); идет работа над заменой перекладины*

СОВРЕМЕННЫЕ ИССЛЕДОВАНИЯ

В 1950 г. археологи вернулись в Стоунхендж. Проф. Ричард Аткинсон, проф. Стюарт Пиггott и уилтширский археолог Дж.Ф.С. Стоун приняли вызов – а именно подготовку находок Хаули к публикации; они также считали необходимым провести некоторые дополнительные исследования. Сначала они провели раскопки еще в двух лунках Обри, в одной из них был обнаружен древесный уголь, который использовали для первой датировки Стоунхенджа. Полученная в результате его исследования дата между 2123 и 1570 гг. до н.э., была не очень точной, тем не менее, это был настоящий прорыв. Впервые была проведена научная датировка Стоунхенджа.

Ежегодные раскопки продолжались до 1958 г, когда началась работа над другим крупным инженерным проектом: а именно – подъемом целого трилитона, упавшего в1797 г. В ходе работы над этим проектом надо было выкопать из земли огромные упавшие камни и перевезти их на хранение до начала раскопок. Аткинсон и его коллеги получили возможность обследовать форму первоначальных ям, вырытых для камней, и узнали многое о том, как они были первоначально подняты. Наконец, замененные вертикальные камни были забетонированы, а перекладина заменена. Трилитон снова стоял вертикально и руины Стоунхенджа теперь стали гораздо понятнее. Раскопки продолжались до 1964 г., но снова, несмотря

Стоунхендж и армия

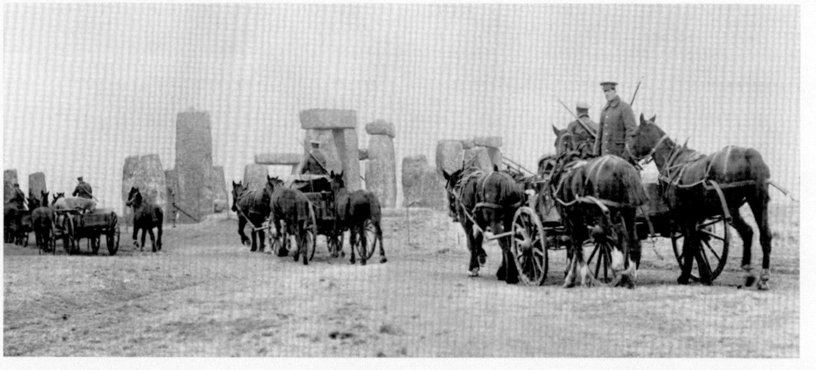

В 1897 г. британская армия начала проводить артиллерийские учения к северу от Стоунхенджа; военных привлекла относительно изолированная местность и большие территории дешевой сельскохозяйственной земли. Сначала солдаты, проходившие учения, жили в палатках, но потом, во время Первой Мировой Войны (1914–18 гг.), было построено огромное количество постоянных бараков на территории, известной сейчас под названием Ларкхилл Камп. На земле еще можно увидеть следы армейской железной дороги, по которой везли войска и снабжение из Эймсбери в лагерь. В Ларкхилл Камп оловянные бараки уже давно заменили более прочными зданиями, и он все еще является домом Королевской артиллерии.

Первые авиаторы тоже летали над территорией Стоунхенджа. Первый самолет полетел из Ларкхилла в 1909 г., год спустя, в 1910 г., были построены первые ангары для военных самолетов. Полеты в Ларкхилле прекратились в 1914 г., а в 1917 г., к западу от Стоунхенджа, построили новый аэродром. К 1918 г., в самом конце Первой Мировой Войны, аэродром в Стоунхендже стал «домом» Школы навигации и бомбометания номер 1. Основной лагерь был расположен по обеим сторонам дороги А303, а к северо-западу находился ночной лагерь, с отдельными ангарами поблизости от места, известного в наши дни как остановка в Фарго Плантейшн. К 1921 г. аэродром закрыли, а в следующем году он был возвращен его владельцу Исааку Круку (территория была реквизирована для военных нужд). Здания, построенные для армии, предполагалось разобрать, но часть их использовалась как свиноферма, а часть как временное жилье, и в 1930 г. их, наконец, снесли.

В наше время звуки летящих вертолетов и отдаленный гром артиллерийских орудий напоминает о том, что Стоунхендж и армия жили бок о бок более ста лет.

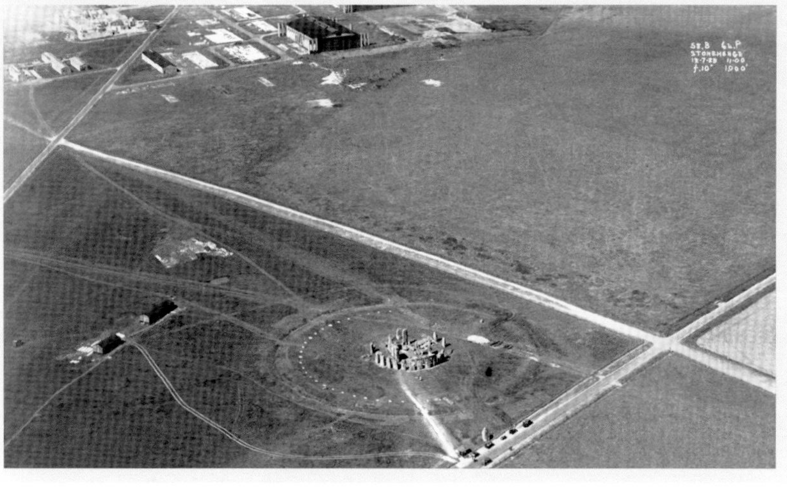

***Выше:** В 1915 г., солдаты 10 батальона Канадских стрелков пересекают территорию Стоунхенджа по пути в лагерь в Ларкхилле*

***Слева:** Аэрофотоснимок 1928 г.: на территории Стоунхенджа мы видим несколько оставшихся зданий аэродрома, недалеко от самого памятника. Они были снесены несколько лет спустя*

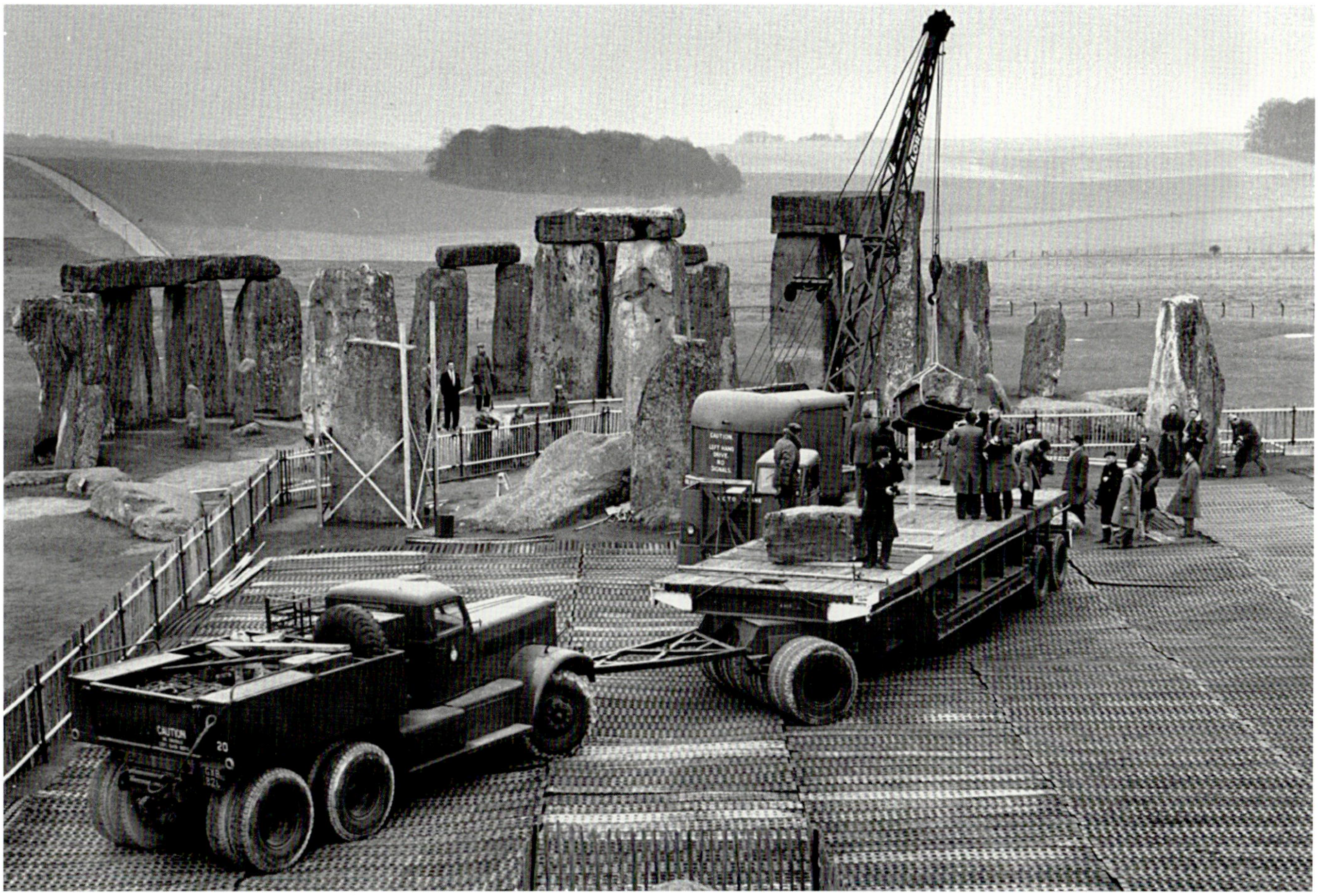

на публикацию в 1956 г. книги Ричарда Аткинсона под простым названием «Стоунхендж», не были составлены научные отчеты, и только в 1995 г. результаты всех раскопок, проведенных в 20-ом веке, были наконец проанализированы и опубликованы.

В 2008 г., впервые после свыше 40 лет, две отдельные раскопки были проведены в Стоунхендже. Это были небольшие раскопки по сравнению со стандартами, установленными в предыдущих исследованиях, но они имеют большое значение. В мае проф. Тимоти Дарвилл и проф. Джеффри Уэйнрайт вырыли небольшую траншею на линии ям Q и R, места, где находятся таинственные голубые камни, считающиеся более древними, чем сооружения из сарсенов. Но эти раскопки не дали никаких основательных свидетельств для датировки ям Q и R, однако, вместо этого оказалось, что голубые камни были разломаны и перевезены в римский период, и это были первые свидетельства того, что в то время Стоунхендж активно использовался. В результате радиоуглеродной датировки также были найдены свидетельства деятельности на территории Стоунхенджа в период Мезолита, начиная с того времени, когда неподалеку были подняты «тотемные столбы» (см. стр. 17).

В августе 2008 г. группа под руководством проф. Майка Паркера Пирсона обнаружила кремированные людские останки, впервые найденные полковником Хаули в начале 1920-х годов (см. стр. 33), и заново похороненные в лунке Обри 7 в 1935 г. К сожалению, останки были беспорядочно сброшены в пустую лунку Обри, и таким образом смешались кремированные людские останки из разных мест вокруг Стоунхенджа. Тем не менее, видно, что здесь было погребено, по меньшей мере, 63 человека,

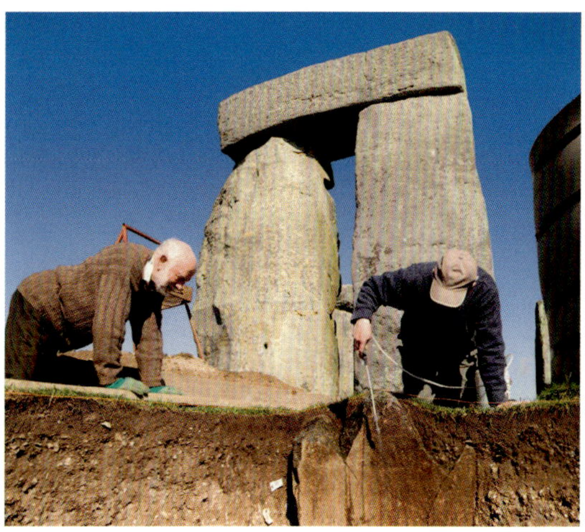

Выше: *Реставрация упавшего трилитона в 1958 г. была крупным инженерным проектом современности*

Слева: *Проф. Тимоти Дарвилл и проф. Джеффри Уэйнрайт ведут раскопки в 2008 г.; в результате было получено неожиданное свидетельство использования Стоунхенджа римлянами*

в основном, мужчин, но также женщин и детей. Недалеко от кромки лунки Обри было обнаружено единичное захоронение кремированной женщины, датируемое между 3000 и 2910 гг. до н.э., очень ранний период истории Стоунхенджа.

По мере того, как в 20-м веке изменялось наше понимание Стоунхенджа, менялся и его внешний вид и методы управления этим объектом. Хотя плату за вход ввели еще в 1901 г., посетители могли бродить среди камней много лет спустя. В 1963 г. внутренняя территория объекта была покрыта гравием, чтобы уменьшить эрозию, но к 1978 г. число посетителей настолько выросло, что было принято решение ограничить доступ к камням в обычные часы работы объекта. На центральном участке посадили траву, а на старую дорогу, ведущую через ограждение земельного сооружения, нанесли дорожное покрытие, чтобы посетители могли хорошо рассмотреть камни.

В 1986 г. Стоунхендж, как и Эйвбери, внесли в престижный Список Всемирного Наследия, тем самым было признано выдающееся значение сохранившихся доисторических развалин на обоих объектах и на окружающей их территории.

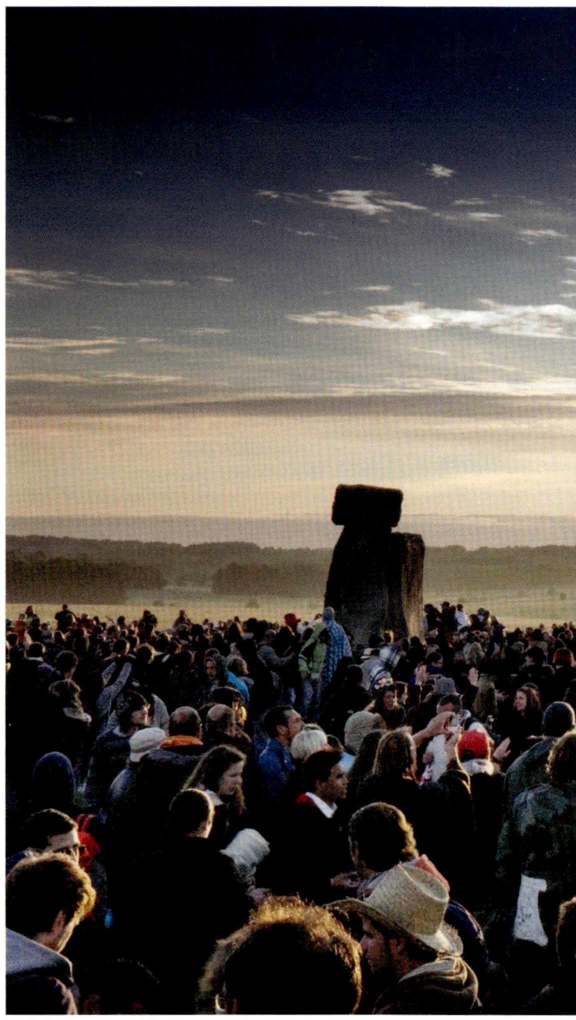

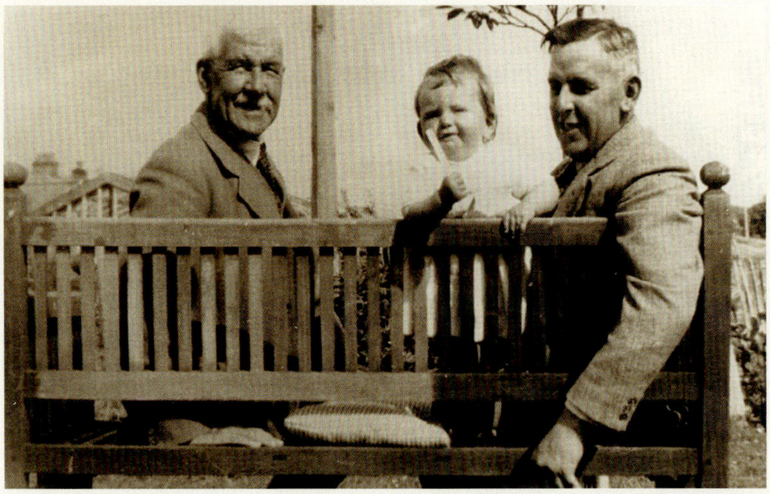

Местные перспективы

«В 1915 г. во время большого аукциона мой дедушка, Исаак, предложил за Стоунхендж сумму ниже запрошенной цены. Он предложил 6 500 ф. стерлингов, а объект был продан за 6 600 какому-то Сесилю Чаббу».

Ричард Крук, местный фермер, вспоминает об участии своей семьи в продаже Стоунхенджа, незадолго до того, когда Сесиль Чабб передал объект в дар нации:

« Мой дедушка, Исаак Крук, переехал сюда из близлежащей местности в1908 г. Он был фермером и работал на Нормантон Фарм, поэтому моему отцу дали имя Норман. Исаак держал лошадей и свиней за Стоунхенджем, в ангарах Королевского Авиационного Корпуса».

«В 1915 г. провели большой аукцион, и Исаак предложил за Стоунхендж сумму ниже запрошенной цены, а именно 6 500 ф. стерлингов, и объект был продан за 6 600 какому-то Сесилю Чаббу».

«В шестидесятые годы я уже окончил школу, и вел очень беспорядочную жизнь. В каком-то году в новостях сообщалось о двух инцидентах, имевших место в Стоунхендже: кто-то украл фуражку хранителя, и была сломана часть проволочного ограждения – сознаюсь, я сломал ее, когда перелезал через забор!»

«Мы всей группой были на танцах почти до рассвета, а затем пошли смотреть восход солнца в Стоунхендже. Я начинал работать в семь утра, и помню, что в тот год 21 июня был очень жаркий день, потому что другие работники окунули меня в корыто с водой, когда я заснул за рулем трактора».

«Лучше всего заход солнца в Стоунхендже виден с соседней фермы, владельцем которой был мой родственник; его сын женился на моей дочери, а моя вторая дочь вышла замуж за другого фермера, который живет недалеко от камней».

«Мы хорошо провернули это дело, однако не смогли купить Стоунхендж и поэтому мы на нем «женились».

Выше: *Фотография Ричарда Крука вместе с его отцом, Норманом (справа), и дедушкой Исааком (слева), сделанная в день, когда ему исполнился годик*

СТОУНХЕНДЖ – ВСЕНАРОДНОЕ ДОСТОЯНИЕ

Говорят, что каждая эпоха получает такой Стоунхендж, на какой она заслужила, и, действительно, в течение прошлых столетий очередные поколения по-разному воспринимали Стоунхендж. После научных достижений 19 века, когда стало ясно, что Стоунхендж был, в действительности, построен местными бриттами, без каких-либо экзотических влияний, в 20 веке снова появились альтернативные идеи. В наш технологический век Стоунхендж был «расшифрован» и его считают доисторическим компьютером. Впервые люди смогли выйти за пределы своего мира, и поэтому неудивительно, что в Стоунхендже обнаружили влияние инопланетян; таинственные «круги в близлежащих полях» только усилили эти предположения.

Что касается его функции, то Стоунхендж продолжительное время считали храмом – доисторическим аналогом большого собора – но его также воспринимали как символ ознаменования исторических битв и как обсерваторию для наблюдения за движением солнца, луны и звезд. В эпоху, когда компьютер символизирует высочайшее достижение, неудивительно, что Стоунхендж снова воспринимают как древний компьютер: схеме размещения его камней придавали скрытое, а также математическое значение. В последние годы Стоунхендж, который какое-то время был средоточием конфликта о летнем солнцестоянии, стал центром праздничных событий. Для многих в эпоху возрождения земных религий и нового язычества, Стоунхендж опять стал живым храмом, местом, где можно отмечать древние праздники времен года и предков. Итак, вместе с современными друидами, которые связаны со Стоунхенджем уже более ста лет, люди всех национальностей и конфессий приезжают сюда на праздники.

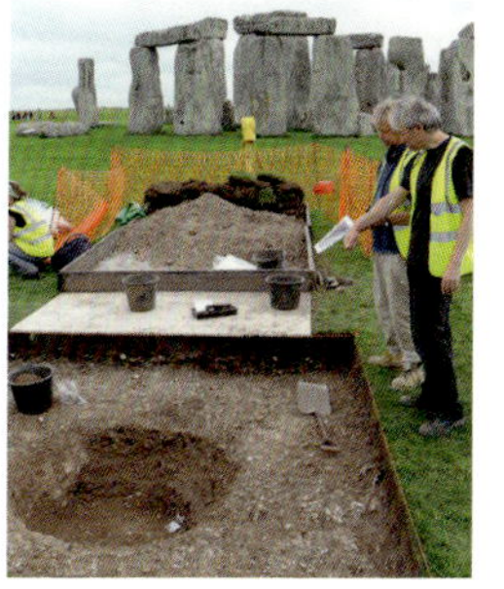

Выше: *В 2008 г. в ходе раскопок из лунки Обри номер 7 были вырыты кремированные кости, 70 лет до этого погребенные там полковником Хаули и его группой*

Ниже: *Празднование летнего солнцестояния в 2010 г.*

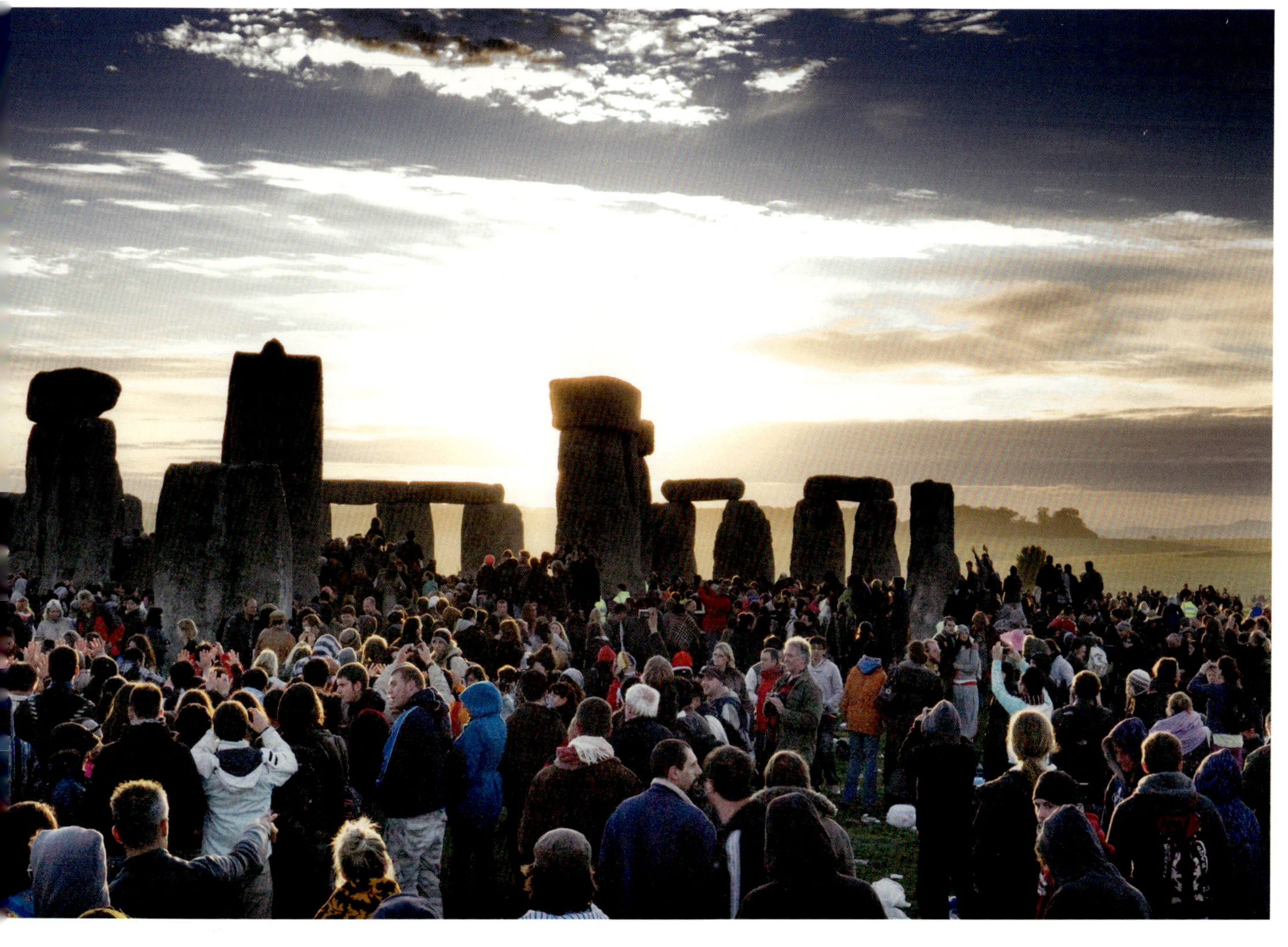

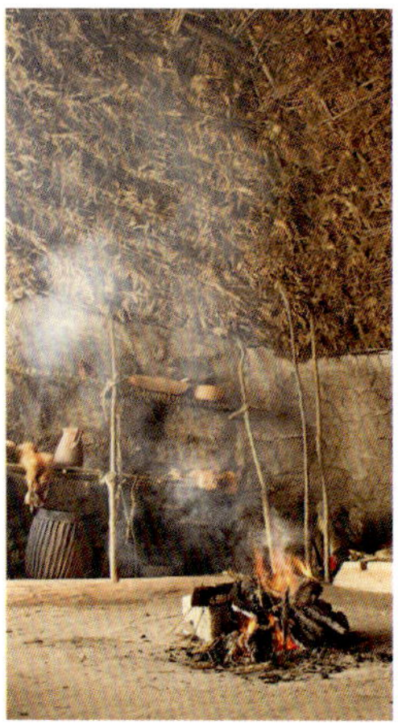

Выше: *Реставрированный интерьер одной из хижин периода Неолита. Такие археологические эксперименты помогли расширить наше понимание повседневной жизни строителей Стоунхенджа*
Ниже: *Восход солнца в морозное утро*

НЕДАВНИЕ РАБОТЫ И БУДУЩЕЕ

Наше понимание как Стоунхенджа, так и окружающего его ландшафта, будет непрерывно улучшаться и меняться. В результате раскопок в 21-ом веке, была проведена повторная датировка и дано новое определение наиболее известных памятников, а также были сделаны удивительные новые открытия. После проведения обширных геофизических обследований был найден целый ряд удивительных и загадочных новых памятников. Итак, этот хорошо изученный ландшафт все еще способен преподносить сюрпризы.

Окрестности Стоунхенджа и методы его презентации и объяснения, касающиеся как самого памятника, так и окружающего ландшафта, также радикально изменились в течение нескольких последних десятилетий. Вместо возделанных полей возродили луга, на территории вокруг памятников были вырублены деревья и очистили доступ к более обширной территории. В самом Стоунхендже перемены были еще более радикальными. К югу Стоунхендж все еще граничит с оживленной дорогой A303, и все попытки либо изменить направление дороги, либо «поместить» ее в тоннель не удались. Но к северу, старая дорога A344, проходившая недалеко от камней и отделявшая их от Авеню, была закрыта и засеяна травой. Новый центр для посетителей был построен на расстоянии 2,5 км к востоку от границы территории памятника, внесенного в Список Всемирного Наследия; там есть автостоянка, магазин, кафе, учебный центр и экспозиции на тему Стоунхенджа и его ландшафта. Оттуда посетители могут проехать на поезде до места, откуда до камней несколько минут ходьбы. В результате этого амбициозного проекта было создано видение объекта для будущих времен, которое изложено в Плане управления территорией памятника, внесенного в Список Всемирного Наследия: возродить ландшафт и спокойствие в Стоунхендже, улучшить доступ к окружающим памятникам и обеспечить защиту археологического ландшафта, где Стоунхендж является таким важным элементом.

Итак, какой он, Стоунхендж, 21 века? Несомненно, это символ; уникально размещенные камни, сразу же узнаваемы как долговечные символы прочности и достижений древних людей. Это место привлекает множество туристов, более 1 000 000 посетителей ежегодно, но это и объект, имеющий огромное археологическое и научное значение. В результате многовековых исследований, раскопок и анализов установлено время постройки Стоунхенджа и получены сведения о его строителях. По мере того как растет наше понимание о жизни людей во времена Стоунхенджа, мы узнаем все больше почему наши доисторические предки приложили к нему такие громадные усилия. Но осталось еще много неизвестного, и именно загадка Стоунхенджа – это часть его привлекательности. Этот огромный храм, самое великолепное доисторическое сооружение на всей территории Великобритании и Ирландии, никогда не раскроет всех своих тайн.

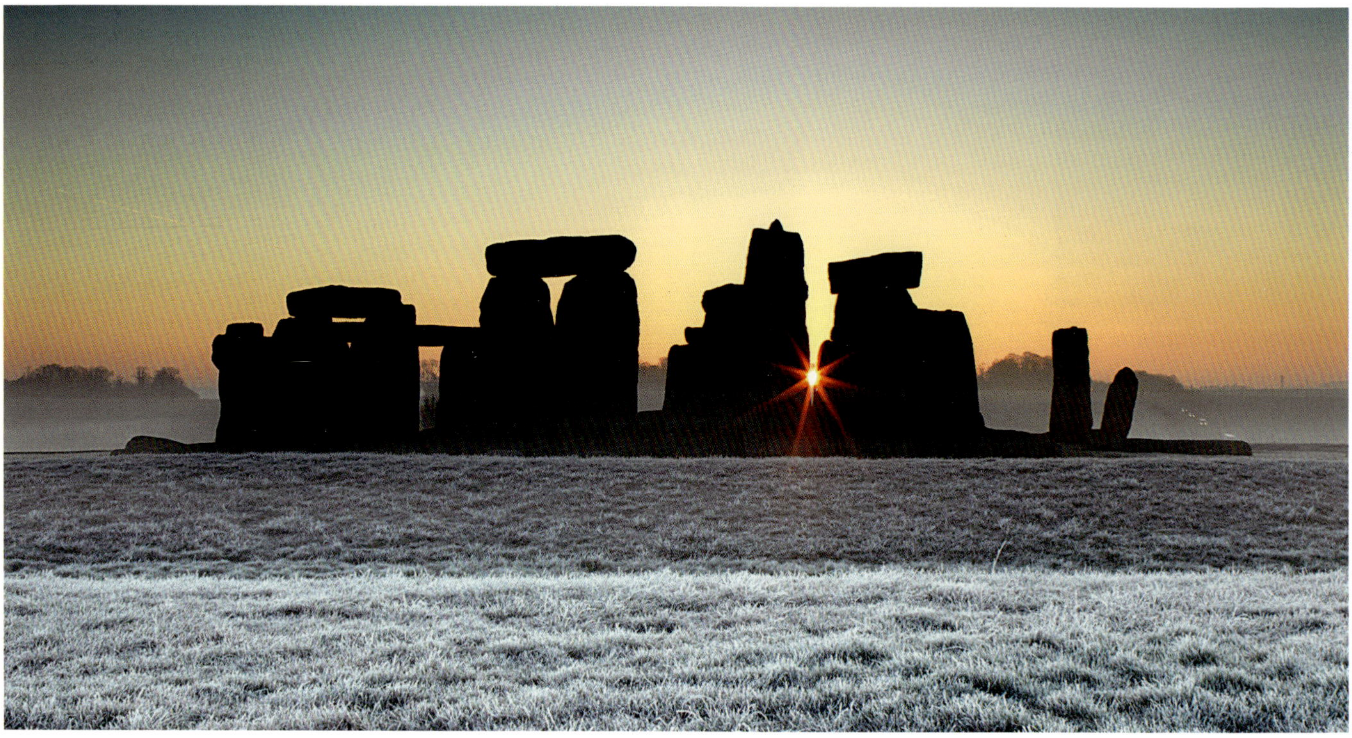